· 期权红宝书系列 ·

小马白话期权
1年100倍的稳健交易心法

小马 / 著

电子工业出版社·
Publishing House of Electronics Industry
北京·BEIJING

内 容 简 介

本书是上证 50ETF、豆粕、白糖期权实战书籍。全书分为制胜篇、策略篇、心态篇、实战篇、学习篇、趣味篇和展望篇。本书结合作者两年的期权实战经验，生动形象地介绍了如何用期权在精研标的、把握形势、资金管理的前提下获取百倍利润，从实战的角度总结了成功经验，吸取了失败教训，跳出期权理论，用通俗易懂的语言介绍期权实战。

本书适合零基础学习期权的大众投资者，以及有一定期权基础知识但又缺乏实战经验、理论知识比较丰富、想全面提高期权交易能力的人员阅读参考。

图书在版编目（CIP）数据

小马白话期权：1 年 100 倍的稳健交易心法 / 小马著. —北京：电子工业出版社，2018.10
（期权红宝书系列）
ISBN 978-7-121-34901-0

Ⅰ．①小⋯　Ⅱ．①小⋯　Ⅲ．①期权交易－基本知识　Ⅳ．①F830.91

中国版本图书馆 CIP 数据核字（2018）第 185830 号

策划编辑：黄爱萍
责任编辑：张彦红
印　　刷：三河市龙林印务有限公司
装　　订：三河市龙林印务有限公司
出版发行：电子工业出版社
　　　　　北京市海淀区万寿路 173 信箱　　邮编：100036
开　　本：720×1000　1/16　　印张：18　　字数：308 千字
版　　次：2018 年 10 月第 1 版
印　　次：2022 年 9 月第 10 次印刷
定　　价：59.00 元

凡所购买电子工业出版社图书有缺损问题，请向购买书店调换。若书店售缺，请与本社发行部联系，联系及邮购电话：(010) 88254888，88258888。
质量投诉请发邮件至 zlts@phei.com.cn，盗版侵权举报请发邮件至 dbqq@phei.com.cn。
本书咨询联系方式：(010) 51260888-819，faq@phei.com.cn。

中国投资者的期权机遇

    自 1973 年第一笔期权交易在芝加哥期权交易所（CBOE）问世以来，期权交易蓬勃发展。在境外，期权作为一种基础金融衍生工具已经被投资者普遍接受，并被广泛应用于风险管理和投资管理等诸多领域。在中国，十九大吹响了改革的新号角，期权与期货作为高级的市场交易形式，受到了国家的高度重视。从 2015 年 2 月 9 日上证 50ETF 期权诞生以来，中国资本市场已经有越来越多的期权品种登上舞台，"期权产品会使中国的金融市场和民众的生活发生巨大的变化"。期权的英文名称是 Options，又称为选择权，可以说，期权的伟大意义就在于其给了投资者更多的选择和自由。

    从交易的角度来看，期权开启了立体化交易时代。在立体化交易时代里，交易者再也无法就股票只谈股票、就股指只谈股指、就期货只谈期货。在立体化交易时代里，标的物、期货、期权是相互影响的，投资股票的人不看期权会错失很多信息，投资期货的人不看期权会错失很多信息，投资期权的人不看对应的期货也会错失很多信息。展望未来 5～10 年，不懂期权的投资者将处于天然的劣势，因为其将遭遇"信息不对称"和"工具缺失"。

    期权有诸多优点，它是一份保险、一张彩票、一个温度计，也是一个迷人的工具，它的做空机制、杠杆效应、风险收益非对称性、多场景适用性等都是上好的特征，值得投资者好好玩味。

　　期权博大精深，功能强大，但想要熟练运用并不是朝夕之功。无论是机构还是个人，无论是避险、资管还是投机，在学习使用期权工具的过程中都亟须系统的教育，期权交易者学会在这种背景下应运而生。期权交易者学会的三大宗旨是帮助期权交易者快速提升期权实战交易能力、帮助金融机构使用期权设计有竞争力的金融产品，以及帮助实体企业使用期权工具进行更有效的风险管理。在进行期权投资者教育的过程中，我们发现投资者需要一套本土化的期权实战丛书。为了满足这一迫切需求，期权交易者学会组织国内实战派专家共同编写了这套"期权红宝书系列"。

　　"期权红宝书系列"以本土化、实战化、实用性为特色，选题覆盖期权的各个细分应用。在中国期权市场蓬勃发展的初期，能够为期权的普及做一点贡献也是全体编委会成员的荣幸。祝愿中国期权工具平稳发展，给中国金融市场和民众生活带来更多有益的变化。

王勇

期权交易者学会理事长

期权红宝书系列　主编

《期权交易——核心策略与技巧解析》作者

期权交易者的快速进化

小马让我为新书写序，我欣然接受，因为我见证了《小马白话期权——1 年100 倍的稳健交易心法》这本佳作的诞生，在这个过程中也一直被小马的精神感动着……

自 2015 年 2 月 9 日国内第一个场内期权诞生以来，越来越多的国内投资者发现期权好！期权在工具层面的优势是巨大的，再配合国内场内期权品种逐渐丰富和人们对期权逐渐熟悉，学习期权在国内俨然成了一种时尚。

从我做期权投资者教育的经验来看，一个期权小白从懵懂初学到思路通透，需要经过大量的思考与实践，孤独求索的过程是比较痛苦的，往往花费大量的时间也不一定能走到豁然开朗的高台。

为什么有点难？这是因为除了对标的物的方向分析需要大量的研究之外，期权工具"非线性、多维度"的特征使得线性的大部分股票、期货投资者难以快速适应，而"非线性、多维度"这六个字恰恰是期权的本质。从线性思维到非线性思维的升级，从单维度到多维度的跃迁，不是一件容易的事情。

不过再难的事情都抵不过"干中学"这三个字。学问都是干出来的！只有在实际的期权交易中惊喜过、亏损过、迷惑过才能体会到期权的魅力与相对复杂性。只有经历过期权盘面的浮沉才能引发密集的思考与经验总结，对大多数人而言，上述经历恐怕只有在期权市场上"交学费"才能习得。

幸好有了本书！这是一本难得的好书，书中以白话平实的语言，以大量的实盘案例再现期权盘面场景，有血有肉、贴合实际。本书不仅有作者获取百倍收益的经验心得，也有失误和亏损的深刻反思，而且这些心得与反思都结合了小马在交易中的实际行情和当时的价格走势，这就有了现实的参考意义，可以帮助读者在遇到类似场景时做出决策。

最后，谈一谈我对期权学习的理解。投资者无疑可以从本书中学到精研标的的方法、常用的期权交易模式、期权资金管理的技巧等。另外，读书如读人，读书的过程就是与作者对话的过程，本书"白话"的风格更易让人感觉是在和小马"对话"。我一直说小马是快速进化的最牛期权散户，除了书中呈现的宝贵经验与技巧之外，还要向小马学两样东西，他在两年时间里快速进化靠的是什么？我觉得靠两点：①勤奋而自律；②有一套"进化方法论"。小马非常善于以史为鉴和以人为鉴，善于和专业的人在一起。

目前期权方面的书已逐渐丰富，但像本书一样实在而接地气的书屈指可数。建议大家经常翻阅、品读这本良心之作，和小马多互动，一边读书一边读人，也做一个快速进化的期权交易者。两年之后，你一定会感谢现在这一刻！

王勇

期权交易者学会理事长

期权红宝书系列 主编

《期权交易——核心策略与技巧解析》作者

投资进入新时代

  自从 2015 年听到期权这个词，在 2016 年 8 月开户进行期权交易后，就被其神奇的特点所吸引，从此就走上了一条"不归路"，潮起与潮落，欢乐与焦灼，群欢与孤独，期权成了我生活中重要的一部分。

  我曾经在单月大赚数百万元中迷失了自己，以为得到了上天的眷顾，学到了期权的精髓，信心暴涨，也曾经亏损上百万元，连续 4 个月亏损，但仍在迷茫中坚持，最后迎来了收获的喜悦。

  本书内容全部来自我的期权实战，通过近两年的实战，我感受到了期权的几个特点。

  首先是非线性。期权赚钱的时候会加速，股票的杠杆是 1∶1，期货的杠杆大概是 1∶10，然而期权的杠杆从 1∶100～1∶3 都有，而且随着持有的期权合约与方向一致带来的上涨，它的 Delta 值、Gamma 值和 Vega 值变化带来的额外利润是股票和期货都无法比拟的，赚钱的时候会越来越快，亏钱的时候会越来越慢，会有喘息和调整的机会。而且，买方永不爆仓，只要不到期，就存在翻身的机会。通过期权经常可以实现月内获利 2～10 倍，足以弥补之前亏损的金额。

  其次是多维度。众所周知，股票只有在上涨时才能赚钱，期货在上涨、下跌时能赚钱，但是期权在上涨、下跌、横盘时都可以赚钱，判断对了标的的方向、波动率的走势、时间的流逝，任何时候都是行情，不用靠天吃饭，并且可以用小资金博大收益、大资金赚稳收益，风险厌恶者可以做套利交易、现货持有者可以做保险，大家都可以在这个市场上赚钱，皆大欢喜。

再次是策略的多样性。根据标的走势、期权价格、波动率的变化，不同的投资者可以组合出花样繁多的期权策略，有的在策略实施时就能知道最大亏损或最大收益，但股票等其他投资品种很难做到这一点。各种简单或复杂的策略都是投资者对标的、期权和波动率的理解，也能反映投资能力的高低和风险偏好。

最后是可以实现稳定现金流。运用策略可以完成大资金稳定的投资收益，这部分的投资收益也不会太低，现在很多机构已经在实施了，年化收益率是 5%～30%，而确定性比股票和期货强得多，是实现资产增长的利器。

在期权投资的经历中，我付出了很多超出常人的精力，从而能把握住多次大机会，但也由于认知不足和不能知行合一遭受过较大的亏损。我不断反思，投资期权要有耐心和恒心，今后尽量达成知行合一。

总的来说，正如期权大佬周俊所说："期权不会让富人破产，却可以让穷人看到希望。"期权是获得暴利的工具，是对冲风险的优质手段，也是资产增值的利器。

参与本书编写的还有王勇老师，在此一并表示感谢。

最后送读者两句话，请在阅读本书和实际操作时认真体会：

- 财不入急门。
- 知不可为时则不为。

小马

2018 年 8 月于北京

轻松注册成为博文视点社区用户（www.broadview.com.cn），扫码直达本书页面。

- **提交勘误**：您对书中内容的修改意见可在 提交勘误 处提交，若被采纳，将获赠博文视点社区积分（在您购买电子书时，积分可用来抵扣相应金额）。

- **交流互动**：在页面下方 读者评论 处留下您的疑问或观点，与我们和其他读者一同学习交流。

页面入口：*http://www.broadview.com.cn/34901*

目 录

一、制胜篇

1

探本溯源判断大势——精研标的

投资上证 50ETF 期权，说到底，就是看标的证券上证 50 交易型开放式指数证券投资基金（证券简称：50ETF，证券代码：510050）的走势，认购、认沽期权的走势都和它相关。510050 的走势和上证 50 指数（证券代码：000016）的走势息息相关，而上证 50 指数和 50ETF 的走势与它们的 50 只成分股走势有很大关系。不管是简单的单腿买认购或认沽，还是复杂的策略，归根到底离不开对标的的研究，不要舍本逐末、水中捞月，不要为投资期权只研究期权，而对标的的波动视而不见。

有期权大佬说过，期权的投资策略越简单越好，很多人一直做投资期权的各种策略，到一定阶段时才发现两个方向以上的策略大部分都是失效的，因为要考虑构建成本和流动性。我们要把主要精力花在做好研究上，先把标的物的行情弄清楚，再结合期权就有机会获得收益。期权只是一个灵活的工具，像渔民出海捕鱼，最主要的是定位鱼群在哪里，知晓鱼群的种类是什么，而不是研究渔网是怎么织出来的。

因为期权权利方亏损有限、收益无限，所以在产品的设计上，就要专门付出一定的时间价值作为对卖方的补偿。因此，标的必须要有比较大的涨（跌）幅，认购（沽）期权才能取得较好的收益，比如 2018 年 1 月 12 日，上证 50ETF 的价格是 3.018 元，50ETF 购 1 月 3000 合约（合约解释：50ETF 指标的，购指方向，1 月指行权月份，3000 指行权价）的价格是 407 元/张，如图 1-1 所示，它的内在价值是 180 元/张，时间价值是 227 元/张，时间价值占比超过 55%，如果持有到期，标的 50ETF 必须涨到 3.040 元才能保本。对标的的判断精确度不同，期权的收益千差万别，在同样的月份，有的人可以赚 10%，有的人可以赚 100%，而有的人可以赚 300%，这就是期权——一种神奇的金融衍生品。

图 1-1　2018 年 1 月 12 日上证 50ETF 期权行情

　　标的和成分股与当前股市大的趋势有关，只有看准了大趋势，才可能赚大钱。中国股市从 2016 年开始，随着经济的复苏、摩根士丹利资本国际公司（Morgan Stanley Capital International，MSCI）的加入，国家引导的价值投资，反对炒小炒新，坚决防范系统性金融风险，发生大规模股灾的概率应该很小，所以业绩好、分红高、处于行业龙头的优质股票从长期来看应该还是在盘旋中上升、慢牛行情，以做多为主。当然，涨多了调，调多了涨的现象会存在，可以根据趋势采取不同的策略，在各种行情下都可以赚钱。

　　我从 2016 年 8 月投资期权以来，在 2016 年 10—12 月，2017 年 5—7 月和 10—11 月，2018 年 1 月赚大钱，都是因为及时把握了保险举牌、美国加息、保险起涨、消费崛起、蓝筹发力等大趋势性行情，从头赚到尾，如图 1-2 所示。

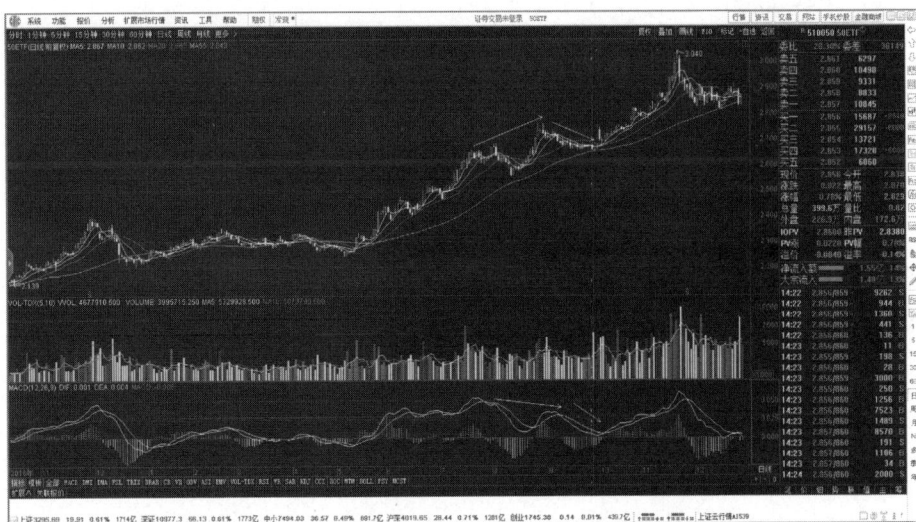

图 1-2　2016 年年底至 2017 年年底上证 50ETF 行情

2

五菱之光大放异彩——成分分析

上证 50ETF 的跟踪标的为上证 50 指数。上证 50 指数的编制方法如下。

上证 50 指数是根据科学客观的方法，挑选上海证券市场规模大、流动性好的最具代表性的 50 只股票组成样本股，以便综合反映上海证券市场最具市场影响力的一批龙头企业的整体状况。上证 50 指数自 2004 年 1 月 2 日起正式发布。其目标是建立一个成交活跃、规模较大、主要作为衍生金融工具基础的投资指数。

1）样本选取

（1）样本空间：上证 180 指数样本股。

（2）样本数量：50 只股票。

（3）选样标准：规模；流动性。

（4）选样方法：根据总市值、成交金额对股票进行综合排名，取排名前 50 位的股票组成样本，但市场表现异常并经专家委员会认定不宜作为样本的股票除外。

2）指数计算

上证 50 指数采用派许加权方法，以样本股的调整股本数为权数进行加权计算。计算公式为

$$报告期指数=报告期成分股的调整市值/基期×1000$$

其中，调整市值 $=\sum$（市价×调整股本数）。

调整股本数采用分级靠档的方法对成分股股本进行调整。上证 50 指数的分级靠档方法如表 1-1 所示。

表 1-1

流通比例/%	≤10	(10, 20]	(20, 30]	(30, 40]	(40, 50]	(50, 60]	(60, 70]	(70, 80]	>80
加权比例/%	流通比例	20	30	40	50	60	70	80	100

3）指数的修正

（1）修正公式。

上证 50 指数采用"除数修正法"修正。

当成分股名单发生变化或成分股的股本结构发生变化或成分股的调整市值出现非交易因素的变动时，采用"除数修正法"修正原固定除数，以保证指数的连续性。修正公式为

$$修正前的调整市值/原除数=修正后的调整市值/新除数$$

其中，修正后的调整市值 = 修正前的调整市值 + 新增（减）调整市值；由此公式得出新除数（即修正后的除数，又称新基期），并据此计算以后的指数。

（2）需要修正的情况。

① 除息。凡有成分股除息（分红派息），指数不予修正，任其自然回落。

② 除权。凡有成分股送股或配股，在成分股的除权基准日前修正指数。修正公式为

$$修正后调整市值 = 除权报价×除权后的股本数+$$
$$修正前调整市值（不含除权股票）$$

③ 停牌。当某一成分股停牌，取其最后成交价计算指数，直至复牌。

④ 摘牌。凡有成分股摘牌（终止交易），在其摘牌日前进行指数修正。

⑤ 股本变动。当有成分股发生其他股本变动（如增发新股、配股上市、内部职工股上市引起的流通股本增加等）时，在成分股的股本变动日前修正指数。

⑥ 停市。当部分样本股停市时,指数照常计算;当全部样本股停市时,指数停止计算。

4)成分股调整

上证 50 指数依据样本稳定性和动态跟踪相结合的原则,每半年调整一次成分股,调整时间与上证 180 指数一致。在特殊情况下,也可能对样本临时调整。

每次调整的比例在一般情况下不超过 10%。样本调整设置缓冲区,排名在 40 名之前的新样本优先进入,排名在 60 名之前的老样本优先保留。

从图 1-3 中可以看出,目前第一大权重中国平安的占比为 15.49%,第二大权重贵州茅台的占比接近 8%,接下来分别是招商银行、兴业银行、民生银行,前十大权重股占比超过 50%。50ETF 的主要权重是银行、保险、券商、食品饮料、基建等行业,都是业绩好、盘子大、股性活的优质股票。

根据上海证券交易所网站每天发布的 50ETF 每日申购赎回清单可以计算出权重股占比的变化和成分股的调整。多熟悉 50 只成分股的基本面、经营情况、行业地位、行业发展、K 线、技术指标、大概的股价和形态,对投资期权大有益处。根据对大趋势的判断,期权可以做短线、中线、长线,应对不同的行情选择不同的策略。

对 50 只成分股的板块分析如下。

1)保险板块

我国人均 GDP(Gross Domestic Product,国内生产总值)超过 8000 美元,进入中等收入国家行列,居民的养老、健康保险保障需求和长期储蓄需求猛增,保险业进入长期景气周期。监管部门打击行业乱象,整顿市场秩序,引导保险行业回归保障,进行供给侧改革,行业集中度有所提升。保险业投资的实际利率上行,固定收益类资产回报增厚。保险科技逐步推广应用,孕育孵化新增长点,企业估值获得提升。上述因素对大型保险企业业绩构成支撑。越来越多的人开始买保险,甚至农村人手头有了余钱,也都开始买保险了。

2)银行板块

以上证 50 指数权重前几位的招商银行、兴业银行、民生银行、浦发银行等为代表的银行业，报表资产质量稳定向好、净息差企稳、利润增长逐季提速，值得继续关注。自 2016 年第四季度以来，银行板块持续涨幅居前，主要支撑逻辑是经济数据企稳向好，银行资产质量企稳带来的业绩改善。从银行报表数据来看，银行业资产质量稳定向好、净息差企稳、利润增长逐季提速，逻辑得以验证。

27	名称	涨幅	现价	数量	金额	权重	NO
601318	中国平安	-4.86	70.35	5600	393960	15.49%	1
600519	贵州茅台	-2.44	664.18	300	199254	7.83%	2
600036	招商银行	-3.2	28.76	5300	152428	5.99%	3
601166	兴业银行	-0.64	17.05	6400	109120	4.29%	4
600016	民生银行	-0.94	8.46	12200	103212	4.06%	5
600887	伊利股份	-2.19	31.67	3100	98177	3.86%	6
601328	交通银行	-0.16	6.22	14200	88324	3.47%	7
600000	浦发银行	-0.16	12.62	6000	75720	2.98%	8
600030	中信证券	-1.68	18.1	4100	74210	2.92%	9
601288	农业银行	-0.27	3.75	19700	73875	2.90%	53.80%
601668	中国建筑	-0.86	9.23	7700	71071	2.79%	11
601601	中国太保	-3.58	42.26	1600	67616	2.66%	12
601398	工商银行	-0.49	6.05	11100	67155	2.64%	13
600104	上汽集团	-1.73	31.16	1800	56088	2.21%	14
600837	海通证券	-1.46	12.86	4200	54012	2.12%	15
601169	北京银行	-2.21	7.07	7500	53025	2.08%	16
600048	保利地产	-1.44	13.65	3700	50505	1.99%	17
601766	中国中车	-1.15	12.03	3800	45714	1.80%	18
601988	中国银行	-0.76	3.92	10900	42728	1.68%	19
600019	宝钢股份	0.24	8.37	4500	37665	1.48%	21.45%
601211	国泰君安	-0.8	18.63	1900	35397	1.39%	21
601818	光大银行	-0.49	4.07	8200	33374	1.31%	22
600028	中国石化	0.66	6.1	5400	32940	1.30%	23
600518	康美药业	-2.13	21.62	1500	32430	1.28%	24
600050	中国联通	-1.51	6.51	4700	30597	1.20%	25
601688	华泰证券	-1.6	17.18	1700	29206	1.15%	26
601006	大秦铁路	0.45	9.02	3100	27962	1.10%	27
601628	中国人寿	-2.73	30.66	900	27594	1.08%	28
601336	新华保险	-4.54	67.76	400	27104	1.07%	29
601989	中国重工	0	5.88	4600	27048	1.06%	11.94%
601186	中国铁建	-0.97	11.21	2400	26904	1.06%	31
601857	中国石油	0.25	8.09	3300	26697	1.05%	32
600919	江苏银行	-1.34	7.34	3500	25690	1.01%	33
601390	中国中铁	-0.82	8.48	2900	24592	0.97%	34
601088	中国神华	0.87	23.1	1000	23100	0.91%	35
600958	东方证券	-1.87	13.68	1600	21888	0.86%	36
600029	南方航空	-3.25	11.9	1800	21420	0.84%	37
600999	招商证券	-1.23	16.93	1200	20316	0.80%	38
600340	华夏幸福	0.1	31.06	600	18636	0.73%	39
601669	中国电建	-0.55	7.26	2400	17424	0.69%	8.91%
601985	中国核电	-0.55	7.25	2400	17400	0.68%	41
600111	北方稀土	1.31	13.89	1100	15279	0.60%	42
600606	绿地控股	0.28	7.29	1900	13851	0.54%	43
600547	山东黄金	-0.03	30.28	400	12112	0.48%	44
601800	中国交建	-2.48	12.96	800	10368	0.41%	45
603993	洛阳钼业	2.18	6.56	1400	9184	0.36%	46
600309	万华化学	0	37.94	200	7588	0.30%	47
601229	上海银行	-0.56	14.22	500	7110	0.28%	48
601878	浙商证券	-0.61	16.29	200	3258	0.13%	49
601881	中国银河	-0.29	10.25	300	3075	0.12%	3.90%

图 1-3　50ETF 申赎名单及成分股占比（2017 年 12 月 27 日）

3）券商板块

这个板块有些分化，表现也不同，随着券商行业佣金价格战的进行，中小券商毫无优势，投研、资管、融资融券、自营业务等占比越来越高，一些有创新能力、有强大投研能力的龙头券商业绩越来越好，行业集中度也越来越高。部分大券商的创新业务持续松绑，从目前跟踪的政策方向来看，证券行业的创新模式未来有望从自上而下的"标准化创新"过渡到自下而上的"自主创新"。

4）消费升级板块

上证 50 指数板块里的消费类股票主要是贵州茅台和伊利股份。当今国民收入和可支配收入逐渐提高，尤其是习近平同志在十九大报告中强调，中国特色社会主义进入新时代，我国社会主要矛盾已经转化为人民日益增长的美好生活需要和不平衡不充分的发展之间的矛盾。随着人们消费的升级，在这个板块中很多公司的业绩都稳健上升，股价也稳健上升。

根据沪深港通情况分析如下。

随着沪深港通的开通，尤其是 2017 年以来，外资持续流入 A 股蓝筹股，从上证 50 指数到沪深 300，从保险到白酒，从家电到医药，纷纷扫货。

图 1-4～图 1-8 是 2017—2018 年年初沪股通净买额前十大成交股的流入情况，从图中可以看出，中国平安、贵州茅台、伊利股份、各银行股等都是外资青睐的对象。

图 1-4　2017 年 4 月 20 日沪股通流入情况

沪深港通十大成交股 ❓ 数据日期:2017-04-25 ▾ 沪深港通个股成交榜:输代码、名称或拼音 🔍查询 更多

| | 沪股通十大成交股 | 深股通十大成交股 | 港股通(沪)十大成交股 | 港股通(深)十大成交股 | | 更多 |

排名	代码	股票简称	相关链接	收盘价	涨跌幅	沪股通净买额	沪股通买入金额	沪股通卖出金额	沪股通成交金额
1	601318	中国平安	成交榜 数据 行情 股吧	36.48	0.86%	2.65亿	3.09亿	4393.57万	3.53亿
2	600519	贵州茅台	成交榜 数据 行情 股吧	418.89	5.10%	1.42亿	2.44亿	1.03亿	3.47亿
3	601166	兴业银行	成交榜 数据 行情 股吧	15.37	0.07%	1.63亿	1.77亿	1488.59万	1.92亿
4	600585	海螺水泥	成交榜 数据 行情 股吧	21.34	-2.02%	-4196.58万	5806.61万	1.00亿	1.58亿
5	600036	招商银行	成交榜 数据 行情 股吧	18.95	0.26%	1.09亿	1.32亿	2256.71万	1.54亿
6	600276	恒瑞医药	成交榜 数据 行情 股吧	56.39	-0.35%	5687.75万	9462.90万	3775.15万	1.32亿
7	600104	上汽集团	成交榜 数据 行情 股吧	27.28	0.18%	-1709.59万	4828.27万	6537.88万	1.14亿
8	601668	中国建筑	成交榜 数据 行情 股吧	9.74	-0.41%	1735.40万	5459.51万	3724.11万	9183.62万
9	601006	大秦铁路	成交榜 数据 行情 股吧	7.85	-2.61%	-3649.71万	2535.62万	6185.33万	8720.95万
10	600009	上海机场	成交榜 数据 行情 股吧	33.80	-1.23%	1437.50万	5010.32万	3572.81万	8583.13万

点击查看更多

图 1-5 2017 年 4 月 25 日沪股通流入情况

沪深港通十大成交股 ❓ 数据日期:2017-05-10 ▾ 沪深港通个股成交榜:输代码、名称或拼音 🔍查询 更多

| | 沪股通十大成交股 | 深股通十大成交股 | 港股通(沪)十大成交股 | 港股通(深)十大成交股 | | 更多 |

排名	代码	股票简称	相关链接	收盘价	涨跌幅	沪股通净买额	沪股通买入金额	沪股通卖出金额	沪股通成交金额
1	601318	中国平安	成交榜 数据 行情 股吧	39.84	4.87%	1.20亿	2.70亿	1.49亿	4.19亿
2	600519	贵州茅台	成交榜 数据 行情 股吧	410.09	0.33%	1.20亿	1.52亿	3126.97万	1.83亿
3	600276	恒瑞医药	成交榜 数据 行情 股吧	55.36	1.80%	1.17亿	1.28亿	1083.27万	1.39亿
4	600066	宇通客车	成交榜 数据 行情 股吧	19.21	-0.10%	6960.96万	8213.73万	1252.77万	9466.50万
5	601166	兴业银行	成交榜 数据 行情 股吧	15.42	-0.13%	-1342.20万	4012.87万	5355.06万	9367.93万
6	601901	方正证券	成交榜 数据 行情 股吧	8.07	0.00%	8008.04万	8053.94万	45.90万	8099.83万
7	601336	新华保险	成交榜 数据 行情 股吧	48.78	3.88%	6143.16万	6962.25万	819.09万	7781.34万
8	600104	上汽集团	成交榜 数据 行情 股吧	27.20	0.04%	-1913.11万	2910.33万	4823.44万	7733.77万
9	601888	中国国旅	成交榜 数据 行情 股吧	51.56	0.66%	3362.28万	5486.86万	2124.58万	7611.44万
10	600196	复星医药	成交榜 数据 行情 股吧	29.98	2.29%	6806.66万	7175.66万	369.00万	7544.66万

点击查看更多

图 1-6 2017 年 5 月 10 日沪股通流入情况

沪深港通十大成交股 ❓ 数据日期:2017-06-21 ▾ 沪深港通个股成交榜:输代码、名称或拼音 🔍查询 更多

| | 沪股通十大成交股 | 深股通十大成交股 | 港股通(沪)十大成交股 | 港股通(深)十大成交股 | | 更多 |

排名	代码	股票简称	相关链接	收盘价	涨跌幅	沪股通净买额	沪股通买入金额	沪股通卖出金额	沪股通成交金额
1	600519	贵州茅台	成交榜 数据 行情 股吧	472.71	1.37%	2.15亿	4.53亿	2.38亿	6.91亿
2	600276	恒瑞医药	成交榜 数据 行情 股吧	49.99	1.40%	5490.85万	2.68亿	2.13亿	4.81亿
3	601318	中国平安	成交榜 数据 行情 股吧	49.43	2.77%	-1.01亿	1.24亿	2.25亿	3.50亿
4	601901	方正证券	成交榜 数据 行情 股吧	9.81	-0.51%	1.52亿	1.55亿	291.84万	1.58亿
5	600900	长江电力	成交榜 数据 行情 股吧	14.71	1.03%	1.03亿	1.15亿	1157.34万	1.26亿
6	600887	伊利股份	成交榜 数据 行情 股吧	20.59	3.88%	6240.07万	9227.64万	2987.57万	1.22亿
7	600104	上汽集团	成交榜 数据 行情 股吧	29.97	3.17%	6133.62万	9072.65万	2939.03万	1.20亿
8	600009	上海机场	成交榜 数据 行情 股吧	37.59	6.11%	7028.33万	9274.80万	2246.47万	1.15亿
9	601939	建设银行	成交榜 数据 行情 股吧	6.19	0.32%	1866.67万	5203.25万	3336.58万	8539.82万
10	600036	招商银行	成交榜 数据 行情 股吧	21.31	1.09%	-1777.74万	3261.63万	5039.37万	8301.00万

点击查看更多

图 1-7 2017 年 6 月 21 日沪股通流入情况

图 1-8　2018 年 1 月 12 日沪股通流入情况

图 1-9～图 1-15 是 2017 年年初至 2018 年 1 月沪股通流入情况，可以看出，都是流入多、流出少。

沪股通历史数据		深股通历史数据		港股通(沪)历史数据		
日期	当日资金流入	当日余额	历史资金累计流入	当日成交净买额	买入成交额	卖出成交额
2017-02-10	11.16亿元	118.84亿元	1374.50亿元	10.26亿元	25.18亿元	14.92亿元
2017-02-09	17.74亿元	112.26亿元	1364.24亿元	16.35亿元	30.31亿元	13.95亿元
2017-02-08	5.61亿元	124.39亿元	1347.88亿元	4.88亿元	17.76亿元	12.88亿元
2017-02-07	11.17亿元	118.83亿元	1343.01亿元	9.93亿元	24.22亿元	14.28亿元
2017-02-06	21.47亿元	108.53亿元	1333.07亿元	20.67亿元	31.51亿元	10.85亿元
2017-02-03	6.88亿元	123.12亿元	1312.41亿元	6.27亿元	18.84亿元	12.57亿元
2017-01-26	4.82亿元	125.18亿元	1306.14亿元	4.11亿元	14.53亿元	10.42亿元
2017-01-25	-0.11亿元	130.11亿元	1302.03亿元	-0.88亿元	12.99亿元	13.87亿元
2017-01-24	7.35亿元	122.65亿元	1302.90亿元	6.76亿元	17.65亿元	10.89亿元
2017-01-23	7.20亿元	122.80亿元	1296.15亿元	6.56亿元	17.14亿元	10.58亿元
2017-01-20	9.24亿元	120.76亿元	1289.59亿元	8.59亿元	17.20亿元	8.61亿元
2017-01-19	3.33亿元	126.67亿元	1281.00亿元	2.87亿元	15.58亿元	12.71亿元
2017-01-18	8.61亿元	121.39亿元	1278.13亿元	8.05亿元	21.79亿元	13.74亿元
2017-01-17	6.64亿元	123.36亿元	1270.08亿元	5.09亿元	17.52亿元	12.43亿元
2017-01-16	-12.66亿元	142.66亿元	1265.00亿元	-13.30亿元	19.93亿元	33.24亿元
2017-01-13	6.34亿元	123.66亿元	1278.30亿元	5.97亿元	21.18亿元	15.21亿元
2017-01-12	6.92亿元	123.08亿元	1272.33亿元	6.46亿元	17.63亿元	11.17亿元
2017-01-11	8.46亿元	121.54亿元	1265.87亿元	7.93亿元	19.40亿元	11.47亿元
2017-01-10	-5.66亿元	135.66亿元	1257.94亿元	-6.35亿元	10.68亿元	17.04亿元
2017-01-09	-8.47亿元	138.47亿元	1264.29亿元	-9.17亿元	12.99亿元	22.16亿元

图 1-9　2017 年 1—2 月沪股通流入情况

沪股通历史数据			深股通历史数据		港股通(沪)历史数据	
日期	当日资金流入	当日余额	历史资金累计流入	当日成交净买额	买入成交额	卖出成交额
2017-05-17	6.00亿元	124.00亿元	1516.80亿元	5.60亿元	21.65亿元	16.06亿元
2017-05-16	16.53亿元	113.47亿元	1511.20亿元	15.81亿元	32.67亿元	16.86亿元
2017-05-15	8.81亿元	121.19亿元	1495.39亿元	8.34亿元	28.19亿元	19.85亿元
2017-05-12	-3.87亿元	133.87亿元	1487.05亿元	-4.59亿元	20.70亿元	25.29亿元
2017-05-11	14.06亿元	115.94亿元	1491.64亿元	13.27亿元	32.24亿元	18.97亿元
2017-05-10	11.49亿元	118.51亿元	1478.37亿元	10.87亿元	25.30亿元	14.43亿元
2017-05-09	11.41亿元	118.59亿元	1467.50亿元	10.72亿元	23.91亿元	13.19亿元
2017-05-08	-5.70亿元	135.70亿元	1456.78亿元	-5.99亿元	20.29亿元	26.29亿元
2017-05-05	-7.74亿元	137.74亿元	1462.77亿元	-8.10亿元	21.87亿元	29.97亿元
2017-05-04	-5.00亿元	135.00亿元	1470.87亿元	-5.70亿元	29.78亿元	35.49亿元
2017-04-28	7.95亿元	122.05亿元	1476.58亿元	7.53亿元	28.67亿元	21.14亿元
2017-04-27	2.31亿元	127.69亿元	1469.05亿元	-0.30亿元	27.47亿元	27.77亿元
2017-04-26	4.20亿元	125.80亿元	1469.35亿元	2.73亿元	26.48亿元	23.75亿元
2017-04-25	8.00亿元	122.00亿元	1466.62亿元	6.91亿元	26.97亿元	20.06亿元
2017-04-24	0.50亿元	129.50亿元	1459.71亿元	-0.18亿元	22.89亿元	23.06亿元
2017-04-21	0.81亿元	129.19亿元	1459.88亿元	0.28亿元	22.39亿元	22.11亿元
2017-04-20	9.30亿元	120.70亿元	1459.61亿元	8.44亿元	30.57亿元	22.12亿元
2017-04-19	4.51亿元	125.49亿元	1451.16亿元	3.22亿元	28.22亿元	25.00亿元
2017-04-18	-5.27亿元	135.27亿元	1447.94亿元	-5.79亿元	30.95亿元	36.74亿元
2017-04-12	-3.98亿元	133.98亿元	1453.74亿元	-5.18亿元	24.04亿元	29.22亿元

图 1-10　2017 年 4—5 月沪股通流入情况

沪股通历史数据			深股通历史数据		港股通(沪)历史数据	
日期	当日资金流入	当日余额	历史资金累计流入	当日成交净买额	买入成交额	卖出成交额
2017-06-16	6.53亿元	123.47亿元	1535.65亿元	5.30亿元	26.81亿元	21.51亿元
2017-06-15	14.34亿元	115.66亿元	1530.35亿元	13.87亿元	32.90亿元	19.03亿元
2017-06-14	-10.07亿元	140.07亿元	1516.47亿元	-10.36亿元	18.62亿元	28.98亿元
2017-06-13	-0.96亿元	130.96亿元	1526.83亿元	-1.66亿元	20.27亿元	21.93亿元
2017-06-12	-10.19亿元	140.19亿元	1528.49亿元	-10.81亿元	20.15亿元	30.96亿元
2017-06-09	9.03亿元	120.97亿元	1539.30亿元	8.22亿元	36.15亿元	27.93亿元
2017-06-08	10.31亿元	119.69亿元	1531.07亿元	9.62亿元	28.22亿元	18.60亿元
2017-06-07	5.74亿元	124.26亿元	1521.46亿元	5.12亿元	25.55亿元	20.43亿元
2017-06-06	8.93亿元	121.07亿元	1516.34亿元	8.34亿元	22.40亿元	14.06亿元
2017-06-05	8.71亿元	121.29亿元	1508.00亿元	8.09亿元	24.62亿元	16.53亿元
2017-06-02	7.04亿元	122.96亿元	1499.91亿元	5.97亿元	23.72亿元	17.75亿元
2017-06-01	-18.72亿元	148.72亿元	1493.94亿元	-19.35亿元	22.73亿元	42.08亿元
2017-05-31	-13.32亿元	143.32亿元	1513.29亿元	-13.85亿元	22.66亿元	36.51亿元
2017-05-26	-3.00亿元	133.00亿元	1527.15亿元	-3.38亿元	23.68亿元	27.05亿元
2017-05-25	10.75亿元	119.25亿元	1530.52亿元	9.68亿元	32.34亿元	22.66亿元
2017-05-24	3.51亿元	126.49亿元	1520.84亿元	2.69亿元	22.50亿元	19.81亿元
2017-05-23	-2.72亿元	132.72亿元	1518.15亿元	-3.48亿元	28.45亿元	31.93亿元
2017-05-22	0.85亿元	129.15亿元	1521.63亿元	0.36亿元	18.22亿元	17.86亿元
2017-05-19	3.88亿元	126.12亿元	1521.28亿元	3.15亿元	17.63亿元	14.48亿元
2017-05-18	1.66亿元	128.34亿元	1518.12亿元	1.33亿元	17.90亿元	16.57亿元

图 1-11　2017 年 5—6 月沪股通流入情况

沪股通历史数据	深股通历史数据		港股通(沪)历史数据			
日期	当日资金流入	当日余额	历史资金累计流入	当日成交净买额	买入成交额	卖出成交额
2017-08-11	-7.32亿元	137.32亿元	1715.29亿元	-7.78亿元	32.20亿元	39.98亿元
2017-08-10	-4.37亿元	134.37亿元	1723.07亿元	-4.91亿元	27.49亿元	32.40亿元
2017-08-09	7.47亿元	122.53亿元	1727.98亿元	7.01亿元	25.83亿元	18.83亿元
2017-08-08	10.52亿元	119.48亿元	1720.98亿元	10.12亿元	27.06亿元	16.94亿元
2017-08-07	16.21亿元	113.79亿元	1710.86亿元	15.52亿元	33.85亿元	18.33亿元
2017-08-04	20.75亿元	109.25亿元	1695.34亿元	20.15亿元	38.08亿元	17.93亿元
2017-08-03	13.21亿元	116.79亿元	1675.19亿元	12.83亿元	34.19亿元	21.35亿元
2017-08-02	1.74亿元	128.26亿元	1662.36亿元	1.24亿元	34.51亿元	33.26亿元
2017-08-01	9.69亿元	120.31亿元	1661.11亿元	8.97亿元	30.28亿元	21.31亿元
2017-07-31	9.39亿元	120.61亿元	1652.15亿元	8.88亿元	26.32亿元	17.44亿元
2017-07-28	14.65亿元	115.35亿元	1643.27亿元	14.11亿元	29.37亿元	15.26亿元
2017-07-27	15.14亿元	114.86亿元	1629.16亿元	14.61亿元	34.55亿元	19.94亿元
2017-07-26	12.99亿元	117.01亿元	1614.54亿元	12.28亿元	36.73亿元	24.46亿元
2017-07-25	0.32亿元	129.68亿元	1602.27亿元	-0.21亿元	21.44亿元	21.65亿元
2017-07-24	2.07亿元	127.93亿元	1602.47亿元	1.45亿元	25.17亿元	23.72亿元
2017-07-21	3.82亿元	126.18亿元	1601.03亿元	3.32亿元	26.17亿元	22.85亿元
2017-07-20	-1.90亿元	131.90亿元	1597.70亿元	-2.31亿元	25.17亿元	27.47亿元
2017-07-19	7.54亿元	122.46亿元	1600.01亿元	7.02亿元	30.46亿元	23.43亿元
2017-07-18	11.29亿元	118.71亿元	1592.99亿元	10.84亿元	36.84亿元	26.00亿元
2017-07-17	0.75亿元	129.25亿元	1582.14亿元	0.18亿元	35.14亿元	34.96亿元

图 1-12　2017 年 7—8 月沪股通流入情况

沪股通历史数据	深股通历史数据		港股通(沪)历史数据			
日期	当日资金流入	当日余额	历史资金累计流入	当日成交净买额	买入成交额	卖出成交额
2017-09-11	18.19亿元	111.81亿元	1834.03亿元	17.49亿元	40.30亿元	22.81亿元
2017-09-08	-2.55亿元	132.55亿元	1816.54亿元	-3.04亿元	28.63亿元	31.67亿元
2017-09-07	2.24亿元	127.76亿元	1819.58亿元	1.69亿元	26.75亿元	25.06亿元
2017-09-06	0.82亿元	129.18亿元	1817.89亿元	0.33亿元	26.10亿元	25.78亿元
2017-09-05	1.63亿元	128.37亿元	1817.56亿元	1.08亿元	28.55亿元	27.47亿元
2017-09-04	6.07亿元	123.93亿元	1816.48亿元	5.02亿元	33.89亿元	28.87亿元
2017-09-01	22.78亿元	107.22亿元	1811.46亿元	21.62亿元	44.79亿元	23.17亿元
2017-08-31	11.92亿元	118.08亿元	1789.84亿元	11.36亿元	37.85亿元	26.49亿元
2017-08-30	22.99亿元	107.01亿元	1778.48亿元	22.36亿元	49.47亿元	27.12亿元
2017-08-29	9.11亿元	120.89亿元	1756.13亿元	8.50亿元	34.87亿元	26.37亿元
2017-08-28	19.07亿元	110.93亿元	1747.62亿元	18.50亿元	46.15亿元	27.65亿元
2017-08-25	17.17亿元	112.83亿元	1729.12亿元	16.48亿元	37.07亿元	20.58亿元
2017-08-24	7.59亿元	122.41亿元	1712.64亿元	7.12亿元	30.31亿元	23.19亿元
2017-08-22	-2.02亿元	132.02亿元	1705.52亿元	-2.45亿元	19.42亿元	21.87亿元
2017-08-21	-1.57亿元	131.57亿元	1707.96亿元	-2.70亿元	20.70亿元	23.40亿元
2017-08-18	0.37亿元	129.63亿元	1710.67亿元	-0.10亿元	20.60亿元	20.70亿元
2017-08-17	-0.28亿元	130.28亿元	1710.77亿元	-0.73亿元	20.13亿元	20.85亿元
2017-08-16	2.08亿元	127.92亿元	1711.49亿元	1.49亿元	18.16亿元	16.67亿元
2017-08-15	-2.06亿元	132.06亿元	1710.01亿元	-2.65亿元	21.81亿元	24.47亿元
2017-08-14	-2.12亿元	132.12亿元	1712.66亿元	-2.63亿元	25.29亿元	27.93亿元

图 1-13　2017 年 8—9 月沪股通流入情况

沪股通历史数据		深股通历史数据		港股通(沪)历史数据		
日期	当日资金流入	当日余额	历史资金累计流入	当日成交净买额	买入成交额	卖出成交额
2017-11-13	1.94亿元	128.06亿元	1933.77亿元	1.09亿元	47.32亿元	46.24亿元
2017-11-10	2.15亿元	127.85亿元	1932.68亿元	1.13亿元	46.47亿元	45.34亿元
2017-11-09	17.43亿元	112.57亿元	1931.55亿元	16.78亿元	48.65亿元	31.86亿元
2017-11-08	10.80亿元	119.20亿元	1914.76亿元	10.28亿元	51.23亿元	40.95亿元
2017-11-07	9.70亿元	120.30亿元	1904.48亿元	9.09亿元	49.71亿元	40.62亿元
2017-11-06	-0.23亿元	130.23亿元	1895.39亿元	-1.09亿元	32.72亿元	33.81亿元
2017-11-03	-1.89亿元	131.89亿元	1896.47亿元	-2.56亿元	38.01亿元	40.58亿元
2017-11-02	8.92亿元	121.08亿元	1899.04亿元	8.10亿元	41.01亿元	32.90亿元
2017-11-01	16.23亿元	113.77亿元	1890.94亿元	15.47亿元	46.82亿元	31.35亿元
2017-10-31	-10.41亿元	140.41亿元	1875.47亿元	-11.47亿元	34.87亿元	46.34亿元
2017-10-30	-12.56亿元	142.56亿元	1886.94亿元	-13.39亿元	46.68亿元	60.07亿元
2017-10-27	1.27亿元	128.73亿元	1900.33亿元	-0.90亿元	43.88亿元	44.78亿元
2017-10-26	14.46亿元	115.54亿元	1901.24亿元	13.42亿元	54.81亿元	41.39亿元
2017-10-25	2.87亿元	127.13亿元	1887.82亿元	2.07亿元	35.39亿元	33.33亿元
2017-10-24	-22.07亿元	152.07亿元	1885.76亿元	-22.57亿元	30.27亿元	52.84亿元
2017-10-23	-11.84亿元	141.84亿元	1908.32亿元	-12.39亿元	25.39亿元	37.78亿元
2017-10-20	-1.26亿元	131.26亿元	1920.72亿元	-2.00亿元	29.01亿元	31.01亿元
2017-10-19	-0.95亿元	130.95亿元	1922.72亿元	-1.48亿元	45.22亿元	46.70亿元
2017-10-18	-6.51亿元	136.51亿元	1924.20亿元	-7.30亿元	29.04亿元	36.34亿元
2017-10-17	2.19亿元	127.81亿元	1931.49亿元	1.58亿元	29.93亿元	28.35亿元

图 1-14　2017 年 10—11 月沪股通流入情况

沪股通历史数据		深股通历史数据		港股通(沪)历史数据		
日期	当日资金流入	当日余额	历史资金累计流入	当日成交净买额	买入成交额	卖出成交额
2018-01-12	15.92亿元	114.08亿元	2085.02亿元	15.05亿元	43.61亿元	28.56亿元
2018-01-11	-0.77亿元	130.77亿元	2069.97亿元	-1.60亿元	43.98亿元	45.57亿元
2018-01-10	14.08亿元	115.92亿元	2071.56亿元	13.31亿元	56.73亿元	43.41亿元
2018-01-09	14.72亿元	115.28亿元	2058.25亿元	13.60亿元	50.31亿元	36.71亿元
2018-01-08	7.45亿元	122.55亿元	2044.65亿元	6.33亿元	49.31亿元	42.97亿元
2018-01-05	10.38亿元	119.62亿元	2038.31亿元	9.29亿元	44.75亿元	35.45亿元
2018-01-04	28.17亿元	101.83亿元	2029.02亿元	27.22亿元	62.70亿元	35.47亿元
2018-01-03	26.92亿元	103.08亿元	2001.80亿元	25.95亿元	62.07亿元	36.12亿元
2018-01-02	21.13亿元	108.87亿元	1975.85亿元	20.01亿元	47.48亿元	27.47亿元
2017-12-29	8.71亿元	121.29亿元	1955.83亿元	8.11亿元	32.00亿元	23.89亿元
2017-12-28	15.92亿元	114.08亿元	1947.72亿元	14.39亿元	45.41亿元	31.02亿元
2017-12-27	7.98亿元	122.02亿元	1933.34亿元	7.52亿元	47.70亿元	40.18亿元
2017-12-21	7.40亿元	122.60亿元	1925.82亿元	6.87亿元	34.62亿元	27.75亿元
2017-12-20	-5.17亿元	135.17亿元	1918.95亿元	-5.86亿元	30.67亿元	36.53亿元
2017-12-19	9.09亿元	120.91亿元	1924.81亿元	8.49亿元	33.17亿元	24.68亿元
2017-12-18	15.44亿元	114.56亿元	1916.32亿元	15.04亿元	37.48亿元	22.44亿元
2017-12-15	-10.65亿元	140.65亿元	1901.27亿元	-11.63亿元	37.67亿元	49.31亿元
2017-12-14	2.48亿元	127.52亿元	1912.91亿元	2.02亿元	31.81亿元	29.79亿元
2017-12-13	21.60亿元	108.40亿元	1910.89亿元	20.67亿元	45.65亿元	24.98亿元
2017-12-12	-4.86亿元	134.86亿元	1890.21亿元	-5.26亿元	31.09亿元	36.35亿元

图 1-15　2017 年 12 月—2018 年 1 月沪股通流入情况

从图 1-16 可以看出，2017—2018 年，北向资金的流入情况为净流入。

外资持续流入，尤其是不惧调整，疯狂抢筹蓝筹白马股，我觉得主要有两方面原因：一是外资看好 A 股市场的低估值、高成长的蓝筹白马股，二是美元指数持续走低（如图 1-17 所示），美国股市又常在高位，需要寻找价值洼地，一直低迷的 A 股市场无疑是好的选择，于是就不停地买。对个人选股来说，可以参考沪深港通资金流入流出，参考它们的操作买卖股票。

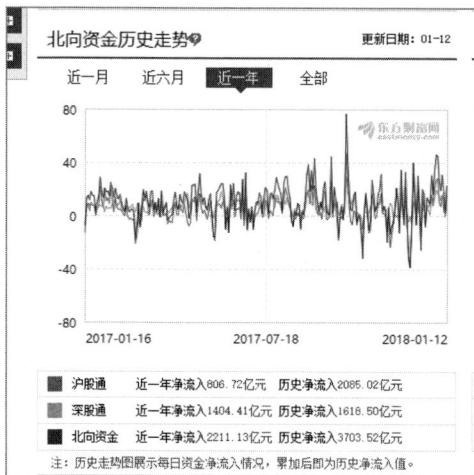

图 1-16　北向资金历史走势

图 1-17　2017 年—2018 年 1 月美元指数走势

　　综上所述，这就是我长期看好上证 50 指数的原因。当然，在实际操作中，涨多了调、调多了涨、大票小票轮动的波浪式前进是必然会有的。然而，期权是涨、跌、横都能赚钱的工具，只要把握好节奏，在各种行情下都可以获利。

3

新时代有了新常态——顺应形势

从 2017 年 5 月开始，A 股市场就有了与以往齐涨齐跌的行情不一样的表现形势，大金融大消费崛起，上证 50 崛起，沪深 300 里的蓝筹白马股崛起，很多白马股年内大涨，中国平安、贵州茅台、伊利股份、恒瑞医药等翻番，格力电器、美的集团、小天鹅、五粮液等股票大涨，很多中、小股票跌幅为 30%～50%，大消费、大蓝筹、大市值股票的崛起与这几年美国蓝筹科技股苹果、谷歌、脸书，香港股市腾讯控股、中国恒大等的崛起是一样的，以前是以小为美，现在都转换了投资风格。在这个变化过程中，及时掉转船头跟上了的投资者就赚钱，死死守住无业绩、无资金、无流动的中小创的投资者就逐渐沉沦，前段时间股民的结构大概是 15% 的股民在漂亮 50，15% 的股民在次新股搏击，还有 70% 的股民在那些没有行情的股票里逐渐沉沦。现在，这种现象有所改观。

究其原因，有以下几个方面。

（1）行业集中。漂亮 50 中的股票大多数集中在消费行业，其中医药、食品饮料、日用消费品占比较高。现在很多行业的集中度升高，大公司、大企业占尽了资金优势、资源优势、用户优势，中国的互联网行业 BAT 独大，其他小公司创业实际很难成功，模式很容易被照搬。

（2）消费升级。现在人们手头宽裕，在一些重要的商务活动、朋友宴请、家庭聚会喝酒时都会考虑茅台之类的好酒，前几大白酒品牌的销量、毛利率、业绩都稳步提升。随着消费升级，出于健康考虑，以前人们常喝低端乳饮料，现在走亲访友开始带金典、特仑苏、纯甄之类较高档次的牛奶，不仅城市如此，农村也逐渐如此。

（3）政策导向。当前管理层鼓励价值投资，打击炒小、炒新，打击炒作无业绩股票行为，打击游资瞎炒、忽悠散户接棒行为，小盘股在死气沉沉的过程中常常出现"闪崩"，投资者不敢买入。

（4）资金导向。近年来，公募基金和沪深港通北向资金积极买入蓝筹股，在很多蓝筹股的前十大流通股东中公募基金占比由 2016 年第一季度的 10.7%升至 2017 年第一季度的 13.7%，2017 年陆港通北向资金为 2200 亿元，大部分买入漂亮 50。

新时代有新常态，价值投资的理念逐渐深入人心，不看业绩和估值的炒小、炒新逐渐炒成死水一潭。上证 50ETF 期权和以后推出的 300 期权，恰巧承接了优质蓝筹股的基底，从长期来看走出慢牛的趋势。

当然，这是价值投资总体趋势，每个阶段有每个阶段的热点，涨多了调整，调整充分了继续涨的情况存在，对于其他期权品种，经常有它的趋势性机会，只有把握好节奏，根据不同的行情对期权采取不同的投资策略，才能争取稳健收益和超额收益。

4

大道至简制胜秘籍——趋势跟踪

一位睿智的趋势跟踪交易者曾说过一个故事。当时他在百慕大群岛，有个交易新手想学习秘诀。"你就告诉我简单明了的方法吧。"新手说。经验丰富的老手把这个新手带到海滩上。他们站在那里，看着海浪冲击海岸线。新手问："你这是什么意思？"老手回答："咱们走到海浪冲击海岸线的地方。现在开始保持节拍，当海浪后退时，你就往前跑；当海浪过来时，你就往回跑。你知道怎样才能与海浪保持同一节奏吗？跟随海浪进进退退并遵从它们的引导。"

迈克尔·卡沃尔在《趋势跟踪：顶级交易大师的操盘获利策略》里说，一切获利的系统都进行趋势交易，创造利润所需的价差暗含一段趋势。趋势跟踪交易者得到显著收益，是因为他们的最终决策依据于一份核心信息：价格。在不确定性和不利因素愈发显著的市场环境里，基于单一、简单和可靠的事实做决定是特别有效的。所有趋势跟踪交易者最基本的交易策略就是"截断亏损，让利润奔跑。"

其实期权权利仓做好趋势跟踪就足够了，在底部反弹形成多头前，利润很低，而且伴随震荡，只有趋势调整为强多头，板块发力齐向上，收益才会开始爆发，而多头趋势终结，一般是趋势转换的开始，伴随主要动力提前转弱，由整理转为多头失败，行情结束。交易并不复杂，只要分清强趋势行情和结束转换的信号，就不会冒险和等待，在其他时间里小仓位参与就行。

简单来看，对于50ETF来说，一旦盘中跌破5日均线，那么市场多头趋势基本终结，短期转换为震荡格局，但是是否确认为震荡格局的变数在于保险等核心板块，如果保险震荡并没有转弱，日内有时保险大幅上涨，50ETF则可能跟随发力，行情再起。如果保险板块转弱，则很可能是下跌的领先信号，市场可能会进一步调整，以上升或跌破 5 日线为止盈、止损信号，外加主要板块轮动思维，投资期权的成功率很高。比如，在 2017 年 11 月期权行权日和 2018 年 1 月行权日附近，都是保险板块领先于上证 50 指数调整，而后上证 50 指数开始调整。

如果用这个思维观察市场，那么就不会错过 2018 年 1 月的 18 连阳（如图 1-18 所示），因为没有触发平仓逻辑（从未跌破 5 日线），所以根本不用考虑止盈。另外，还可以有趋势内短线调整机会，比如特定信号下，大幅冲高先平仓等回落，不触发平仓再接回，回调 5 日均线不破位时的加仓机会等。

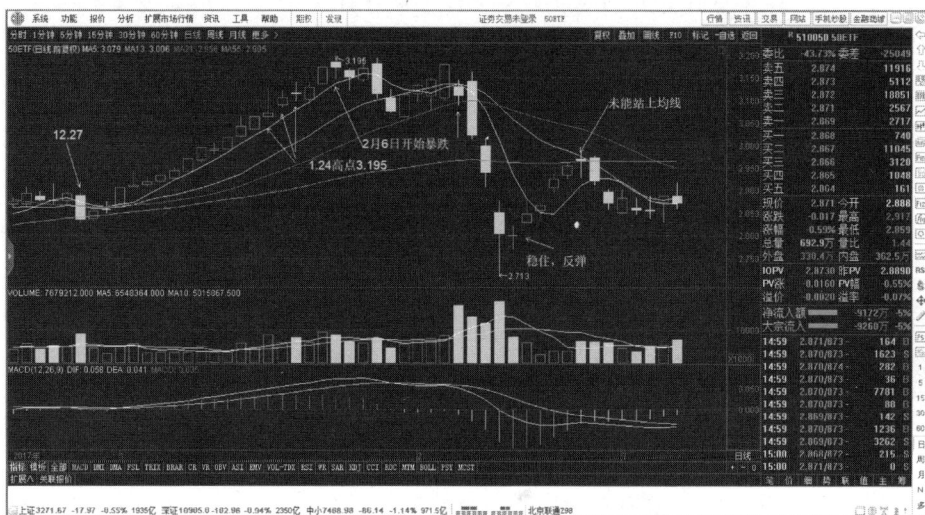

图 1-18　2018 年 1—3 月 50ETF 行情

5

无惧颠簸绝不下车——赚大波段

  2017 年，在经历了 4 个月漫长的横盘后，期权的波动率到了 8%的低位，50ETF 也在 2.3～2.4 元窄幅震荡，在这之前，认购、认沽期权都亏钱，卖方只有 4 个月能赚 18%。到了 5 月 5 日，50ETF 终于见底，从此开始了波澜壮阔的大行情（如图 1-19 所示）。此时，市场压抑许久，并且在那时上证 50 最大的权重中国平安等保险股开始起涨，第二大权重贵州茅台持续了很长时间的行情，期权的波动率也逐渐回升，而且 50ETF 的周线出现发散（如图 1-20 所示），一轮行情一触即发！

  在那时，我有 3 万元本金的 5 月合约持仓，在 5 月初至少亏了一半。在看到标的股起涨，50ETF 也站上均线时，我增加了 2 万元本金，合计 5 万元。在周线发散的行情里，一般会上涨 7～9 周！所以我坚定持仓不下车，在 5 月行权日（5 月 24 日）时，5 万元已经涨成了 15 万元。而后在 5 月 25 日，50ETF 取得更大涨幅，大涨 2.96%，那时的期权合约非常便宜， 6 月合约当天就大涨 300%～700%，波动率大涨 40%多，到了 12%（如图 1-21 所示），持仓合约赚得盆满钵满，15 万元在这一天就涨到了 50 余万元。在 5 月的期权投资过程中，不断有人劝我止盈，但我看到周线发散和中国平安（如图 1-22 所示）、贵州茅台（如图 1-23 所示）、招商银行还在趋势中，就坚决不下车！我忽略了其中的波动，做好合约管理，一直移仓、换仓到 7 月，最后收获了最大收益（如图 1-24 所示）。

  眼光要放长远，有的人想在每个日内波段、每个分时波动都赚到，但往往在卖出后，没有勇气接回来，最后错失大行情。

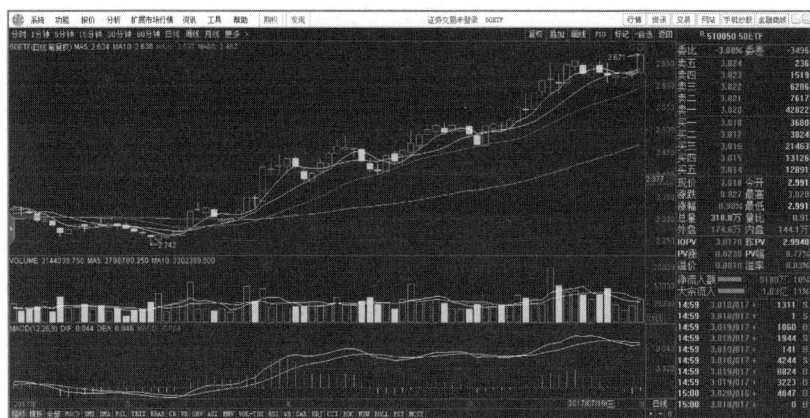

图 1-19　2017 年 5 月以来 50ETF 日线

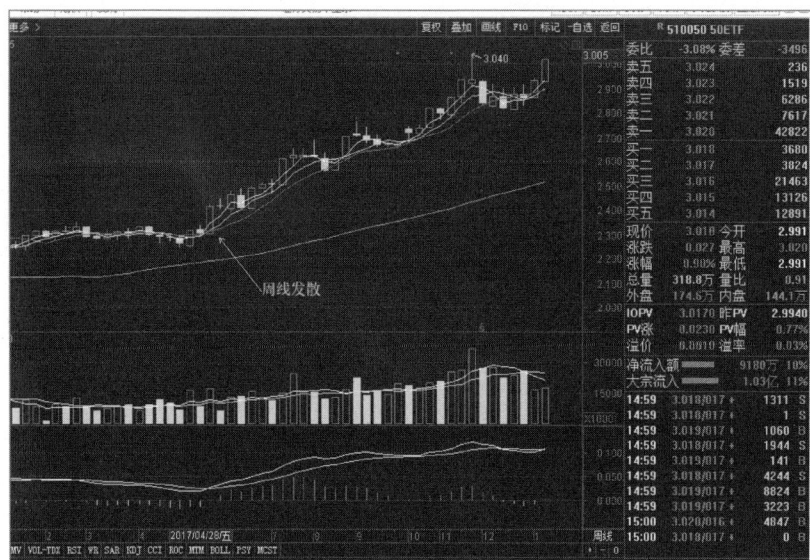

图 1-20　2017 年 5 月 50ETF 周线发散

一个交易新手走近一位趋势跟踪老手，问道："这笔交易你的获利目标是多少？"趋势跟踪老手回答说，他的目标是利润无限增长。

退出一笔获利的交易也许是一种挑战，因为在考虑获利回吐之前，你必须坦然地任凭趋势走得尽可能远一些，先到达顶峰，然后再开始下降。比如，你的账面利润有 100% 了，这时候如果兑现，那些账面收益就会变成真实收益。但是，如果趋势仍然向上，你就犯了一个大错误，因为限制了利润的增长。如果你做了好几笔交易，那么会有很多获利空间。当然，对当月期权合约来说，到期必须平仓，然后落袋为安或移仓下一个月，这才是很好的获利了结方式。

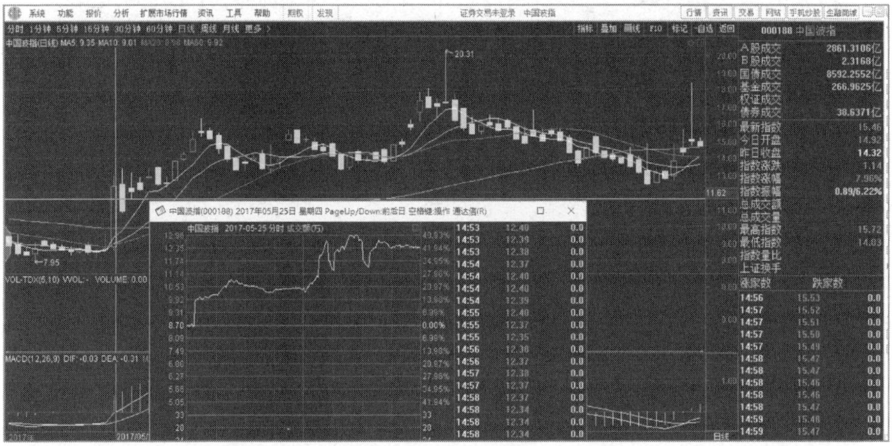

图 1-21　2017 年 5 月 25 日波动率大涨

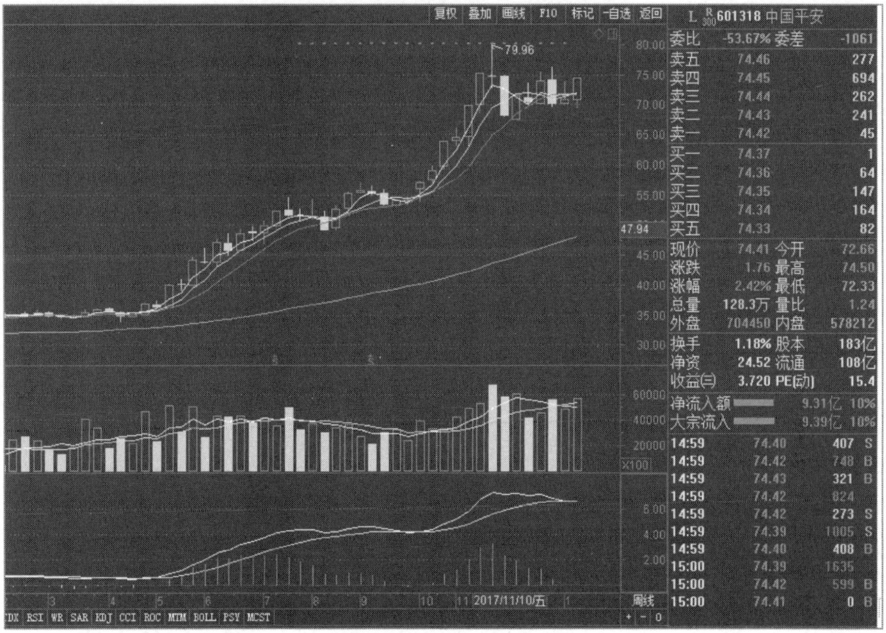

图 1-22　中国平安起涨

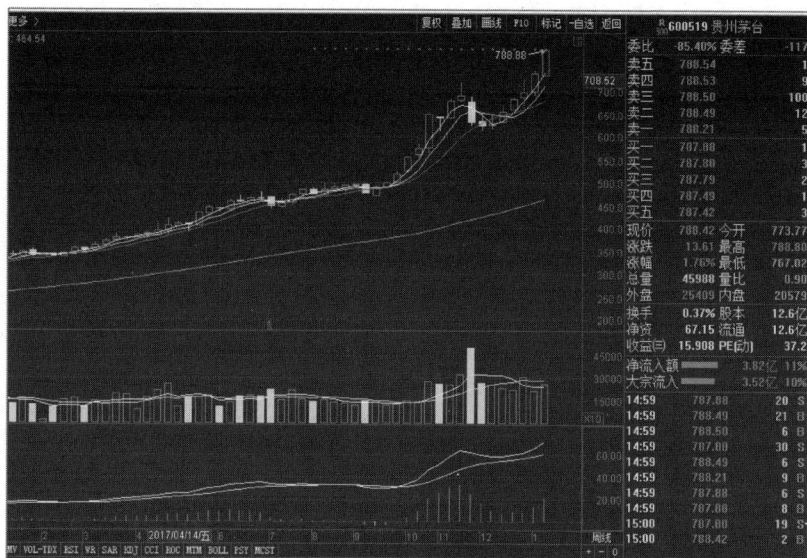

图 1-23　2017 年以来贵州茅台的周线

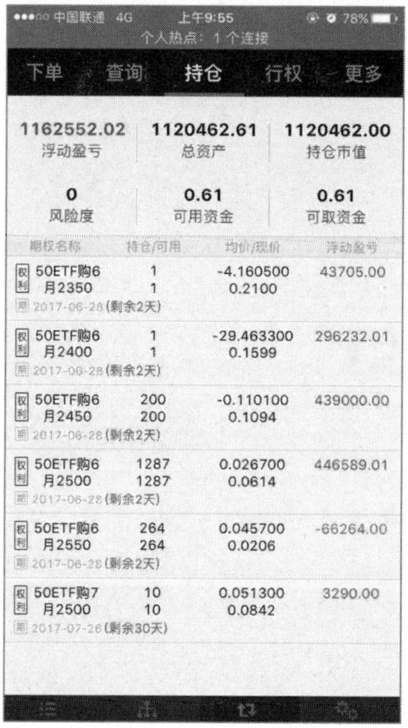

图 1-24　2017 年 6—7 月个人期权账户收益

6

快速回调也赚大钱——择机做空

2016—2017 年，50ETF 主流还是慢牛，但是在一些快速调整时，还是可以通过做空赚到大钱的，那是因为：股票上涨需要靠资金的推动，往往比较慢，而在股票快速回调时，不需要人们恐慌抛盘，你什么都不需要做，自然有人抛，然后股票就会像水银泻地一般地快速下跌，这时候，就可以买入认沽期权赚取大利润。

2016 年 12 月，在 11 月底 K 线走出一个很长的上影线后开始下跌（如图 1-25 所示），而 12 月又是利空云集。比如，证监会刘士余主席批评保险的疯狂举牌，直接称之为害人精、妖精，限制一些保险公司的交易；美国在 12 月加息；年底资金紧张；前面 10 月至 11 月累积了 2 个月单边上涨，调整一下也很正常。多重因素叠加导致 12 月是暴跌月。我开始做多碰上月初大阴线，损失惨重，反手做空后又来个反抽，认沽再次损失惨重，但我继续加仓认沽，坚定做空，后来再加入卖出认购，充分享受了下跌带来的收益。同期持有股票的有些人很惨，而投资期权的人还能获取一份收益（如图 1-26 所示），真是涨跌都可以赚钱。

更加经典的是 2018 年 2 月 6—9 日（如图 1-27 和图 1-28 所示），美国加息叠加美股暴跌，50ETF 在短短四五天里从 3.2 元跌到 2.71 元，跌幅超过 15%，一举将 1 月的 18 连阳抹去，回到了 2017 年 9 月底的位置，随后 2 月认沽期权暴涨几十倍、上百倍。

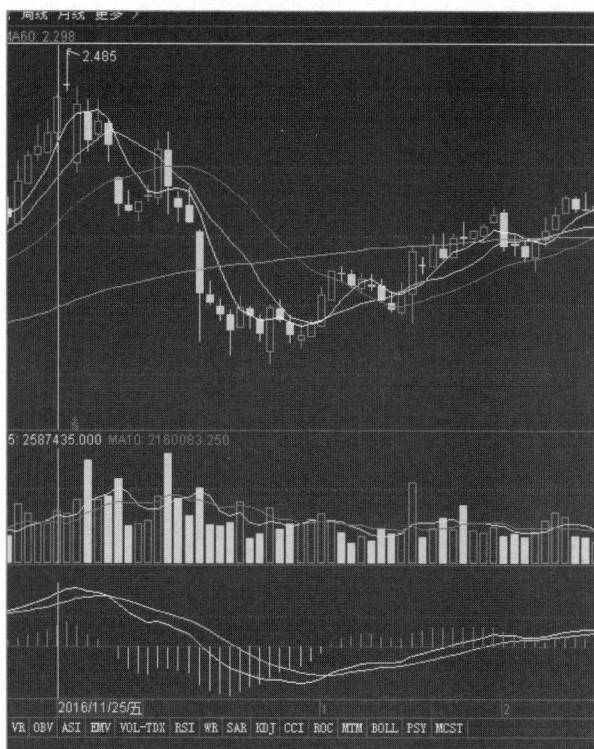

图 1-25　2016 年 12 月 50ETF 走势

图 1-26　2016 年 12 月个人期权账户收益

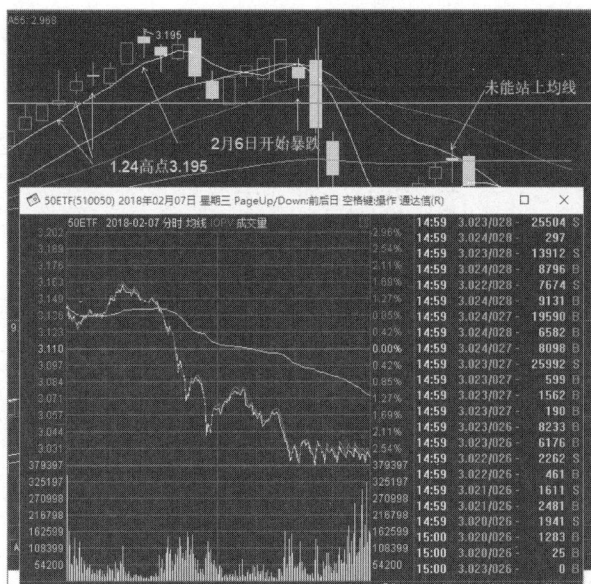

图 1-27　2018 年 2 月 7 日左右 50ETF 走势

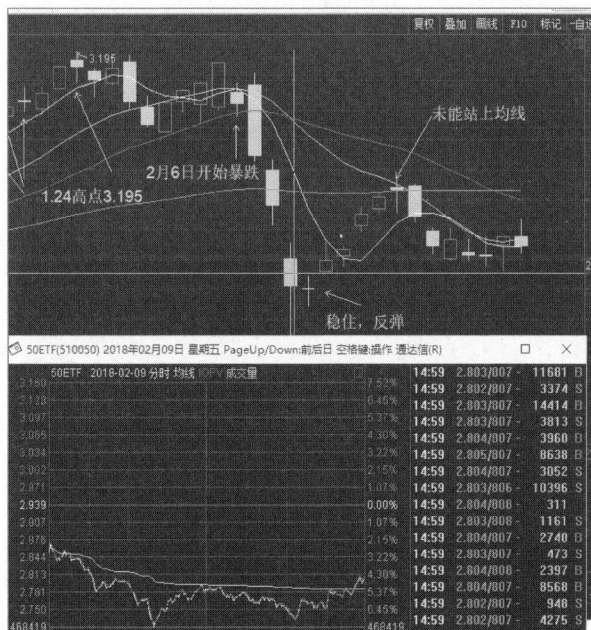

图 1-28　2018 年 2 月 9 日 50ETF 走势

50ETF 沽 2 月 2950 合约（如图 1-29 所示）最低为 22 元/张，最高为 2798 元/张，涨幅约为 127 倍。

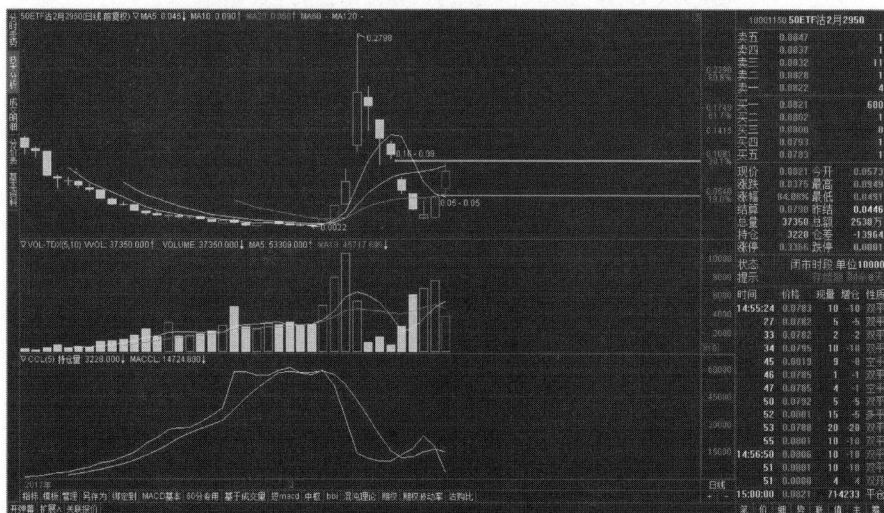

图 1-29　50ETF 沽 2 月 2950 合约日线

50ETF 沽 2 月 3000 合约（如图 1-30 所示）最低为 38 元/张，最高为 3208 元/张，涨幅约为 84 倍。

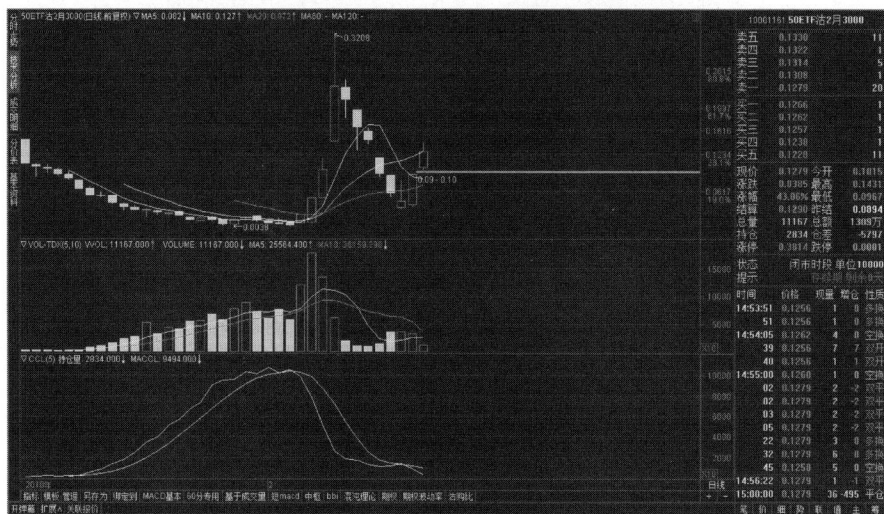

图 1-30　50ETF 沽 2 月 3000 合约日线

50ETF 沽 2 月 3100 合约（如图 1-31 所示），最低为 180 元/张，最高为 3946 元/张，涨幅超过 21 倍。

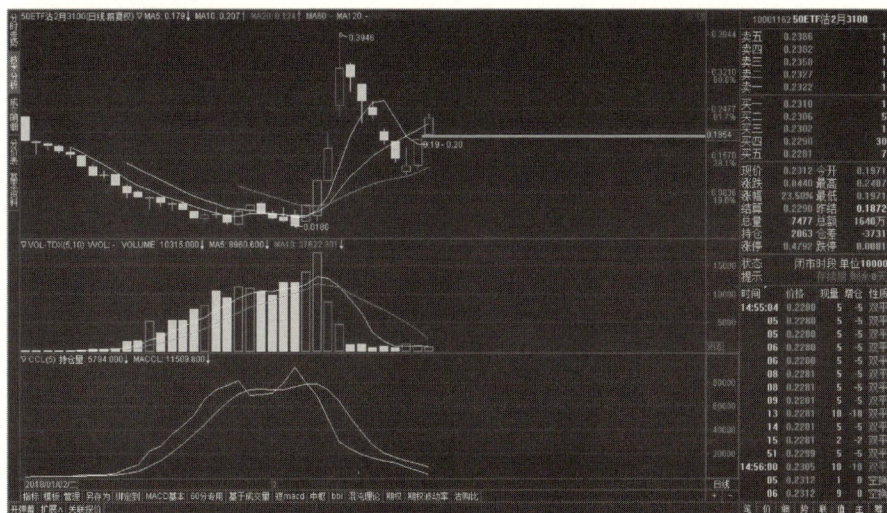

图 1-31　50ETF 沽 2 月 3100 合约日线

东方财富网股吧里有投资者在 2 月投入 10 万元，几天盈利就超过 80 万元（如图 1-32 所示）。

图 1-32　东方财富网股吧里投资者买入的认沽合约

7

把握期权跳动脉搏——看波动率

隐含波动率是期权的一个重要指标，经过一系列复杂的公式计算推导出来，类似于股票的市盈率，从我交易的经验来看，波动率可更通俗地理解为期权的买卖方情绪指标，反映的是供求，是人们买卖期权合约的激烈程度，在其他条件（如时间、标的价格、行权价、利率等）都不变的情况下，如果买方意愿超过卖方意愿，权利金价格会上升，波动率就会上升，反之就会下降，而供求比较特殊，还能在一定程度上体现出人们对到期月的波动率预期。波动率是交易出来的一个量，是根据价格推算出来的一个量，本身不蕴含预期，这个预期是人们赋予的，本身只能体现供求关系。

一般来说，波动率为8%，相当于月中平值合约的时间价值为80元/张左右；波动率为15%，相当于平值合约的时间价值为150元/张左右。这个看法在2016年还比较准确，2017—2018年随着散户参与度越来越高和从众心理、羊群效应的影响，波动率更加贴近于散户的心理指数。比如，标的一涨，如果大家都在买购，波动率肯定是上升的，如果大家都在对认购期权获利了结，大体上就是波动率下跌，下跌途中也比较明显。2017年11月以来，只要标的一上涨，散户就纷纷买认购期权，导致波动率不断攀升，从12%很快上升到18%（如图1-33所示），而进入12月以后，行情有所转变，在经过一番大跌后，大家都很谨慎，买了认购合约的人纷纷见利就跑，波动率随着标的的上涨而下降，而下跌时纷纷抄底，导致波动率上升。这也是买方很苦恼的事情，明明盼着标的上涨多赚点，却被高抛低吸者分去了不少利润。于是，11月出现的标的涨1%，期权涨50%～100%的情况变成了12月标的涨0.5%，期权也只涨10%～20%的情况（如图1-34和图1-35所示）。

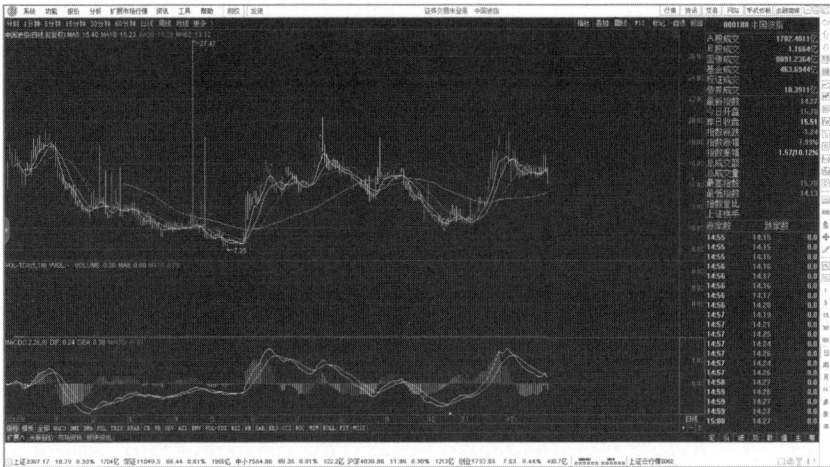

图 1-33 中国波指（000188）日线

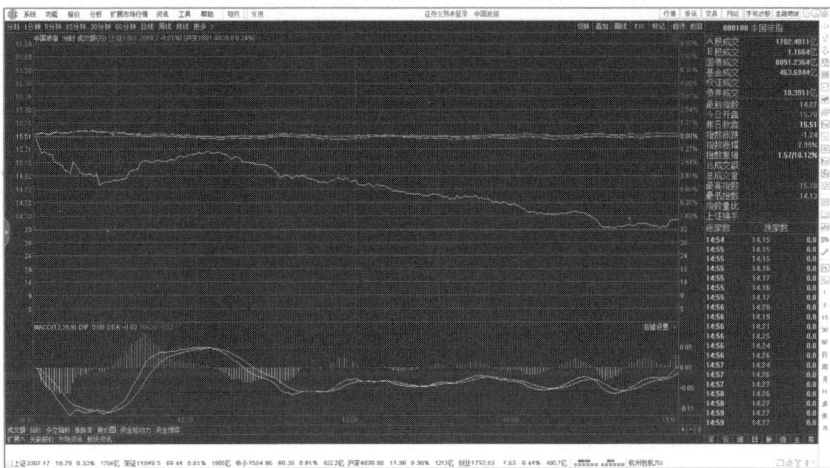

图 1-34 2017 年 12 月 29 日中国波指的走势

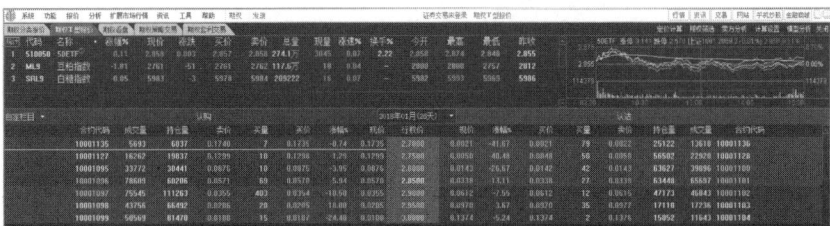

图 1-35 2017 年 12 月 29 日的 2018 年 1 月合约报价

应该期权价格是因，波动率是果，但有些人理解为波动率是因，其实不是的，波动率高低和期权投资者的情绪有很大关系。波动率是把双刃剑，可以起助涨或助跌的效果，是仅仅次于标的价格波动的重大指标，也是期权相对于股票、期货、期指所不同的指标。

小经验：如果在月初时期权的波动率特别高，那么时间价值也特别高，其实不太适合做买方，尤其是虚值期权的买方，大概率情况下要先吃亏，除非标的有较大的波动起伏，只有波动率和时间价值很高的期权合约才能赚大钱。否则，横盘能消耗你的耐心和资金。此时，比较适合做卖方，或者牛差（熊差）。当然，标的大涨、大跌时除外。

举例：投资期权时间久了，总可以碰到"捡钱"的机会，我们只需要等待波动率异常波动。比如，50ETF 就出现过这样的情况，在 2018 年 2 月 6—9 日暴跌，波动率急剧上升，在那个时候卖出看跌期权，就相当于"捡钱"。标的短时间暴跌，但在当前全球经济复苏的过程中，再继续暴跌的可能性很小，即使标的再下跌，那时期权的隐含波动率也已经很高了（40%，平时为 20%）。这种情况不可持续，在 2 月 9 日标的探底回升收下引线时，卖出认沽期权，成功获利的概率极大。

8

卖方朋友买方敌人——时间价值

时间价值是期权区别于股票和期货的一个独特因素，是买方对责任有限的必然付出，也是对卖方义务无限的必然补偿。

距离到期日越近，期权的时间价值越低（如图 1-36 所示）；距离到期日越远，期权的时间价值越高（如图 1-37 所示）。同样，越是深度实值的期权，时间价值占它价值的比例越小；而在虚值期权的价值里，则全是时间价值。时间价值会随着时间的流逝而逐渐减少，在快到期的前半个月，则快速衰减。

由于时间价值占期权合约价值的 30%~100%，其实期权买方获利的概率是比较低的，一般只有当标的快速、大幅度波动时才能获取超额利润。

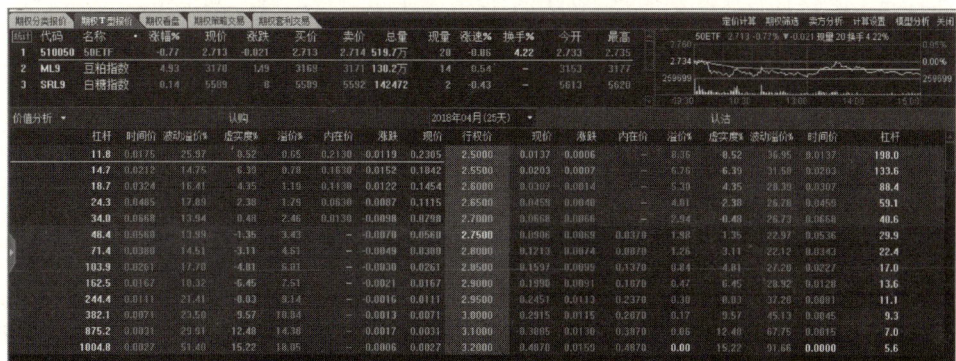

图 1-36　50ETF 期权 4 月合约的时间价值

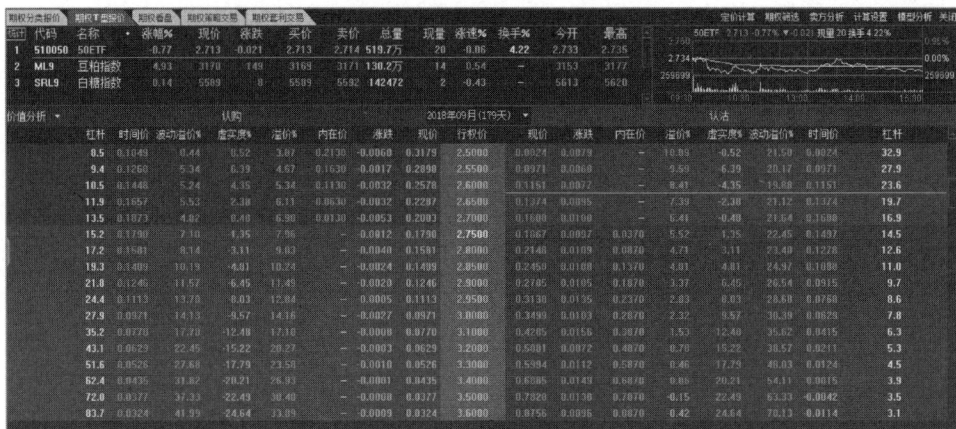

图 1-37　50ETF 期权 9 月合约的时间价值

　　标的走势、波动率都是不确定的，唯有时间的流逝是确定的，所以派生出期权的另一种玩法——卖方赚时间价值，这是确定性比较高的玩法，大资金通常喜欢赚取时间价值。常见的赚取时间价值的卖方玩法有如下几种。

　　（1）卖远期合约（卖跨），经常调整 Delta 值中性，不让自己暴露方向性风险，赚取时间价值。

　　（2）用期货、现货等对冲，赚取单方向时间价值。

　　（3）带有一定方向判断地赚取时间价值和标的波动。

　　（4）在当月期权快到期时，采用中性策略不带方向的赚时间价值。

　　（5）在期权到期前一周（或半个月），卖（深度）虚值期权，赚取时间价值快速流逝的利润。

9

拥有跋涉前行拐杖——技术分析

我们使用技术分析方法，是为了在充满不确定性的空间里为自己设定一个具有连贯性和一致性的标杆体系，便于以此行事，即使为此我们错过一些机会也是值得的，因为谁也无法否认，想抓住所有机会的系统一定是最愚蠢的系统，同时也是不存在的。但如果没有一个一致性的标杆体系，我们常常会茫然无措。

有的人精研技术、沉迷于技术，通过常用的技术指标或者自己创立的技术指标指导自己的操作，正确过，也错过，在对的时候赚大钱，尤其是当感觉行情走势完全符合自己的技术判断时，那种成就感油然而生。有的人则对技术不以为然，觉得技术是不能普遍适用的，但它为何还会存在那么多年呢？我认为，不可尽信技术，但是不可不参考技术，不可不研究技术，因为对一段行情你总要有自己判断的标准、参考的因素，不能全凭感觉下单。也许你的技术指标并未100%正确，也不可能 100%正确，但在正确的时候你要在场，对期权买方而言，正确率达到30%时就能保本，达到 50%时利润就能翻倍。使用技术把握期权起爆点的人会比趋势跟随者获取更大的超额利润。指数或者 ETF 参考的成分股比较多，受单笔大资金的影响比较小，走势也比较平滑，经常会按照标准的上涨、下跌幅度、时间等规律运行。

常见的技术指标有均线、KDJ 指标（随机指标）、MACD（指数平滑移动平均线）、背离、9 转、量价、K 线、黄金分割、多周期协同（1 分、5 分、15 分、30分、60 分、日线、周线）、多指标共振等，如图 1-38 所示。大道至简，对于一段比较明显的趋势，有时候看一眼 K 线就能有大致的判断。有的人根据上述技术指标常常预估出大的行情的低点和高点（当然也有误判），能把握标的运行的方向、速度、高度，当行情在的时候能从头赚到尾，又因为期权买方的收益无限、亏损有限的特点，只要做好资金管理，能够在一定程度上容忍错误，保证在有大行情时一定在场，收益就很好。这时候，应该提前做好合约的调整，尽量增加利润、减少亏损。

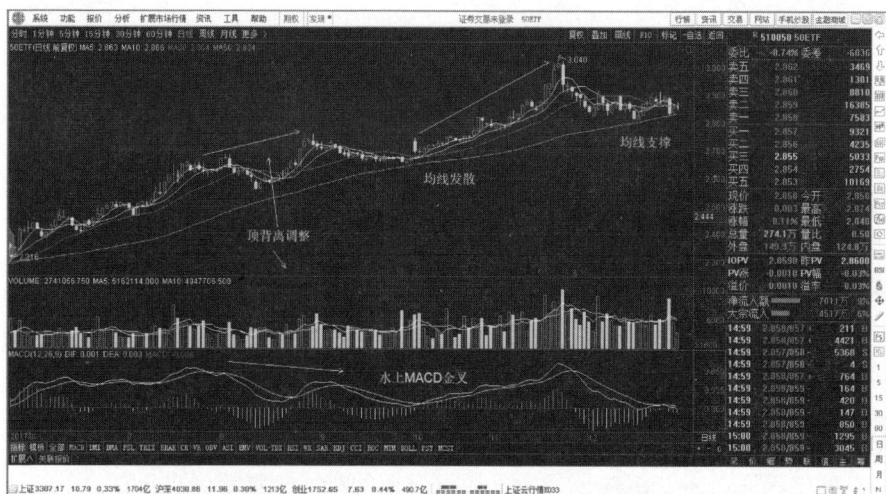

图 1-38　常见技术指标，均线和 MACD

　　当然，技术指标也有局限性。第一，趋势行情不可能每个月都有，作为买方，如果保持一直在场，可能很高的时间价值和震荡的行情会吞噬你的权利金。第二，会有"黑天鹅"和突发事件的存在，破坏原有的趋势，导致运行良好的技术指标突发拐点，如 2016 年 9 月中旬，本来是圆弧底逐渐走出，看似要突破，结果月底出现缺口下杀，认购权利方损失殆尽。又如 2017 年 12 月 23 日，一根大阴线下来，当月认购合约悉数下跌 50%，在技术派看来，应该短期内会有一个反弹，然而却像 11 月一路上涨不回调一样，12 月一路下跌不反弹（如图 1-39 所示）。第三是最重要的，精确的买卖点难以把握，期权买早 1 小时与买晚 1 小时收益就可能差 1 倍，比如 2016 年 12 月初（如图 1-40 所示），我上午割肉平仓认购合约，买入认沽合约，结果下午风云突变，标的爆拉，认购合约平仓时为 7 万多元，下午认沽合约收盘为 3 万余元，损失超过 50%，如果坚持到尾盘再平认购，市值可以到 14 万元，虽然后来由于美国加息、险资被限制、年底等因素导致标的持续下跌，然而，我只要晚换仓半天，一来一回就会有 3～4 倍的利润差。

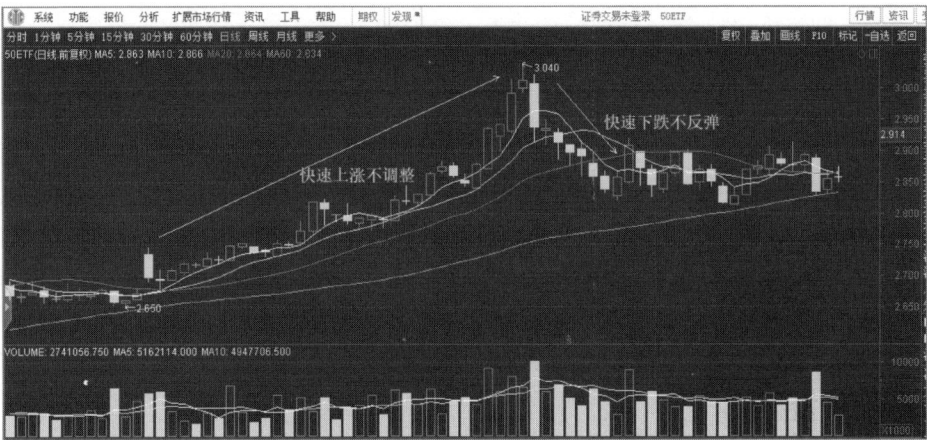

图 1-39　2017 年 11—12 月 50ETF 日线

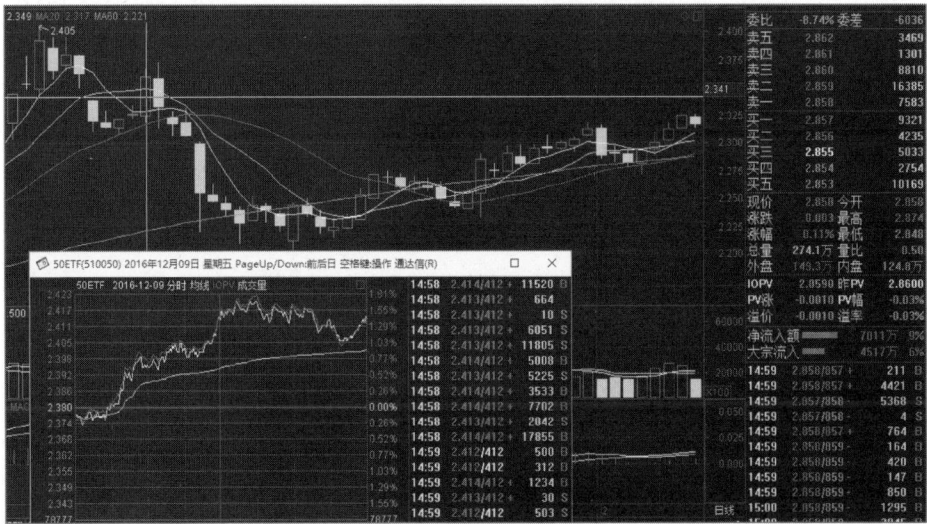

图 1-40　2016 年 12 月 9 日及之后 50ETF 走势

　　预测是认识市场的一个重要手段，投资者从菜鸟到高手的进化过程必然从分析预测开始，而常见的预测又从技术分析开始。只有对行情有正确的认识，才能谈得上对市场的把握能力，事实上，正确的认识和预测并不能保证稳定盈利，到了一定程度就要特别注重习惯和规则，但这并不能说明预测不重要，相反，预测是基础。

　　对于期权来说，左侧交易如果成功，利润可能是右侧交易的数倍。对于股票来说，可能你早买一天或晚买一天，最多差 20%，但是当期权大行情来临时，早买一天或晚买一天可能差数倍，比如 2017 年 5 月 25 日，标的暴涨，期权暴涨，当日许多期权涨幅为 300%～700%，如果在这之前一天潜伏，在这个月最后期权涨幅为 600%～1200%，若涨了 700% 再追进，当月涨幅就只有翻倍而已。左侧交易需忍受浮亏，有时候就是因为在浮亏面前坚持不下去，最后倒在黎明前。

10

康庄大道靠自己走——交易系统

在开始投资期权一段时间后，一些人有了自己的交易思路和方法，有的人喜欢做买方，有的人喜欢做卖方，有的人喜欢做跨式不判断方向赚取时间价值，有的人喜欢套利更加稳妥，有的人喜欢单方向重仓博，有的人只希望每个月收租2%～5%。一些新手会根据别人的成功经验调整自己的交易系统，但往往在一两次交易后发现不赚钱就去找新的成功经验。事实证明适合自己的、有较大概率持续盈利或盈利几次就能覆盖前面成本的交易系统，才是最好的。

在期权交易里，因为每个人的资金量大小、交易习惯、风险偏好、看盘习惯都不相同，所以不能和别人采取一样的交易系统，主要区别有如下几点。

第一，每个人对标的和期权的研究深度不同。有时候你盯着别人已经实践过的正确经验，却忘了当前行情已不适用那种模式，从而在别人已改变策略时你还在坚持。第二，人的心态和可忍受回撤不同。通俗地说，对行情有底气的或赚了钱的人对回撤有更好的容忍度，心态也较好，而亏了钱或者本来预期收益不高的人对部分回撤会患得患失，影响交易时的心态。第三，长短线习惯和盯盘时间不同。有的人喜欢做长线，或者买当月合约到行权日再平仓，或者买远月合约，有的人喜欢时刻盯着，做短线日内，1小时不下单就不舒服。在不同的行情里，长线和短线适用的场景有区别，在连续大波段时需要持仓，在震荡行情下常常需要止盈、止损。第四，抄底和追趋势的风格不同。有的人喜欢期权左侧下单抄底，有的人喜欢趋势出来后追趋势。左侧抄底的人会面临短期的浮亏，但是左侧的波动率比较低，期权价格很便宜，大资金会买在比较合理的价位。右侧出来追随趋势浮亏较少，但那时期权波动率和价格都上去了。两者各有特点。第五，每个人的资金量大小不相同，有的人只有几万元投资期权，希望一个月有几倍、几十倍的利润，而有的个人投资者或者机构有几百万元，甚至上千万元投资期权，只要每个月能收益 3%，并且回撤小，他们就非常开心了。

归根到底，还是要根据不同的行情、对标的和期权的研究水平、自有资金量、风险偏好、可忍受回撤、盯盘时间等，构建一套真正属于自己的良好的交易系统，不可不经思考，见风使舵，人云亦云，不能只看到别人吃肉，却不知道别人在挨打时怎么应对。

11

洞悉细节把握先机——盘面观察

期权投资的盘面观察主要包括两个方面：标的和成分股的观察，期权合约和波动率的观察。

标的和成分股的观察主要是在看盘时注意标的和主要的成分股、成本板块，比如看 50ETF 期权不仅要看 IH 当月、上证 50 指数（000016）、50ETF（510050）、中国平安、贵州茅台、招商银行、伊利股份、中证银行（399986）、证券公司（399975）的跳动，它们的涨跌对标的有很大的影响，它们的走势对期权合约有更大的影响，还要看 50ETF 的净值（IOPV）与价格之间的升贴水关系。我的习惯是把 IH 当月和 50ETF 合约的走势叠加到一起（如图 1-41 所示），因为 IH 当月合约单子较小，更加灵敏，在趋势有短期拐点的时候，IH 转变比 50ETF 更快，加速也更快，有时 IH 会领先 5～15 秒拐弯，可以作为下单的一个依据参考。

更重要的是看主要的成分股和个股的协同、联动。有时候在早盘 15 分钟内观察到如果上述主要的成分股和板块均出现较大幅度上涨并未回调，那么当天可能是艳阳天；如果当天 10 点左右各股涨跌幅都不大，零星出现红绿，那么当天可能是弱势震荡；如果开盘后一起走低，并且没有出现反弹的现象，可能当天收阴的概率较大。这几种情况在末日轮里参考价值非常大，基本上可以确定在末日轮是买购、买沽，还是卖出跨式。

期权盘面的观察，首先是**持仓量**（如图 1-42 所示），当前各合约的持仓量反映了人们对收盘点位的预期，持仓量最大的合约当然是最集中的预期，但是不一定会收在那个位置。2017 年 8 月及其之前，标的的价格一般能上涨（下跌）到持仓量最大的合约行权价那个位置，8 月之后由于大家都赚到钱了，又极度看好行情，疯狂涌入虚值认购合约，持仓量最大的虚值合约峰值持仓量达 12 万张，最后在一个月的调整里，虚值认购合约全部归零。当然，如果和大多数人买一样的合约，那么进场和出场比较容易，且点差小。因为上市时间长，**季度月**在各阶段的行情都经历过，持仓量参考价值不大。

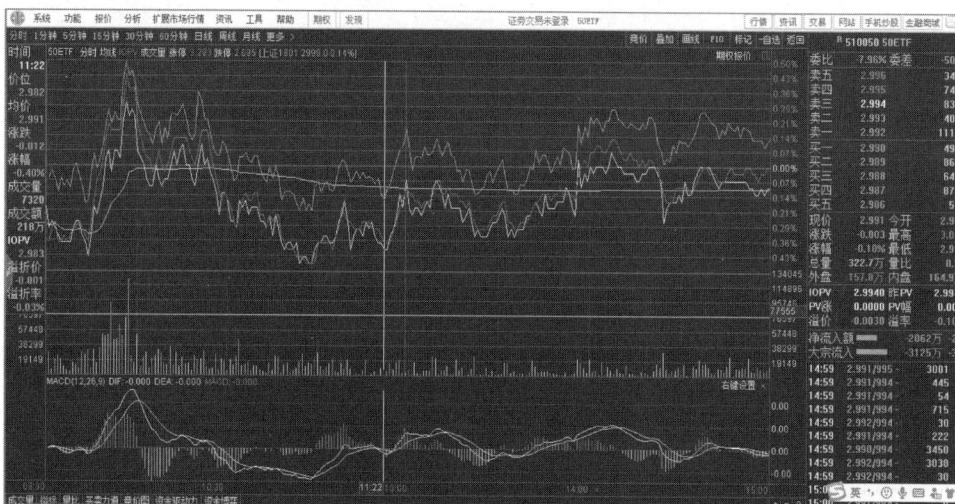

图 1-41   IH1801 与 50ETF 叠加（2018 年 1 月 11 日）

图 1-42   合约的持仓量情况

2016 年 11 月我发现了一个很有意思的现象，当时标的大概为 2.35 元左右，虚两档的 50ETF 购 11 月 2450 合约持仓量却最大，达到了 10 多万张，而平值的50ETF 购 11 月 2350 合约的持仓量只有几万张，奇怪的是虚两档的合约持仓量最大。结果后来标的确实涨到了 2.45 元以上（如图 1-43 所示），该合约持仓获利后从容撤退，不知道是否有先知先觉的资金提前布局。

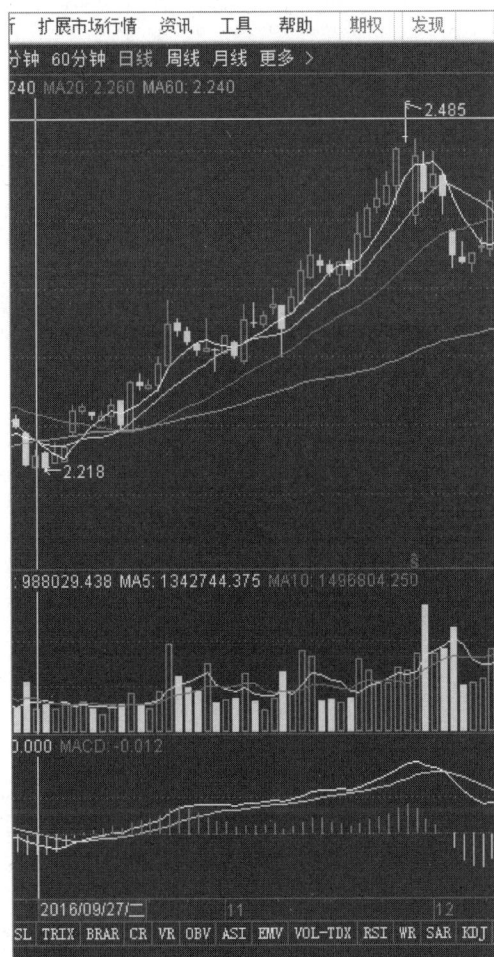

图 1-43　2016 年 11 月行情

期权合约的**仓差**（如图 1-44 所示），是指每日持仓量的数量增减，通过观察仓差的变化，可以看出人们建仓、移仓、减仓的方向，以及是在涨势中加仓，还是获利了结，同时可以通过仓差和期权持仓量的情况，对未来行情预判，毕竟期权开户门槛为 50 万元，参与者比一般炒股的散户还是略有经验的。不过，对仓差最好要区分买开、卖开的增减仓。

图 1-44　2018 年 1 月 11 日当月合约持仓量和仓差

比较不同到期月份相同行权价合约的价格适合在往下个月移仓时使用，比如在 2018 年 1 月 11 日，标的收盘价是 2.991 元，50ETF 购 1 月 2900 合约价格是 1004元/张（如图 1-45 所示），50ETF 购 2 月 2900 合约的价格是 1274 元/张（如图 1-46所示），2 月合约的存续时间比 1 月合约多 35 个自然日，为了获得更长交易时间，在两者的价格差别不大时可以移仓至 2 月合约。

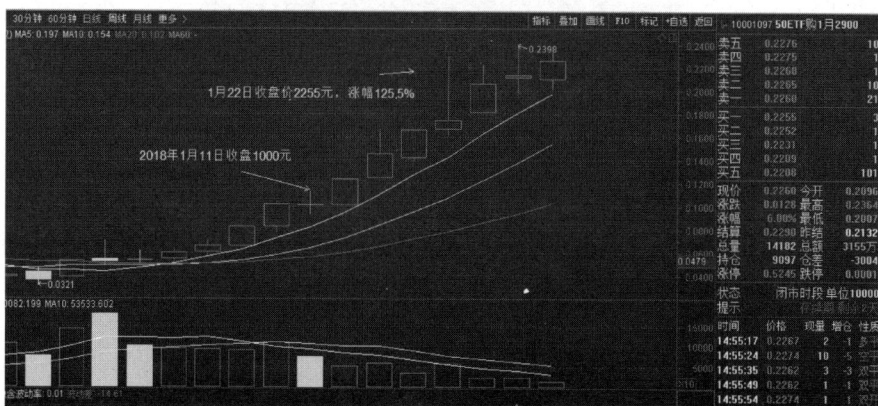

图 1-45　2018 年 50ETF 购 1 月 2900 合约日线

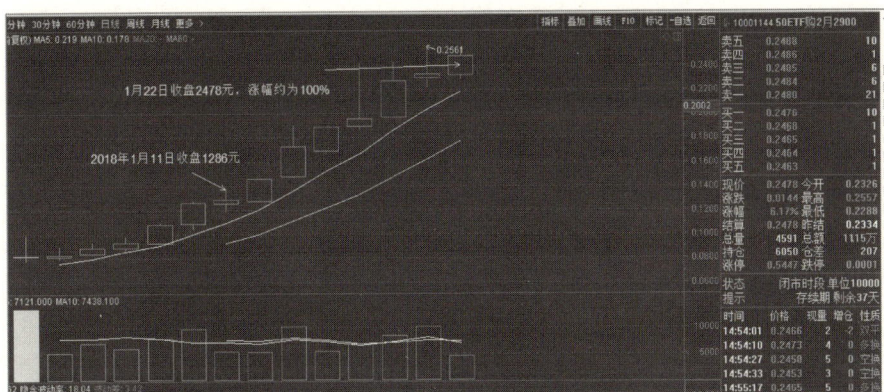

图 1-46　2018 年 50ETF 购 2 月 2900 合约日线

12

期权凭啥快速赚钱——论非线性

对期权买方吸引力最大的地方是它的非线性杠杆，买方与卖方的权利和义务不对称，买方的风险与收益不对称，买方随着标的物涨跌的盈亏变化是非匀速的。

也就是说，涨的时候会越涨越快，跌的时候会越跌越慢。涨得越来越快除了和股票一样因为标的的基数变大外，又区别于期货的恒定杠杆和浮盈加仓，主要的原因要从影响期权价格的几个希腊字母说起。

为什么买期权能够加速赚钱？以买入认购期权为例，期权上涨导致 Delta 值变大，如图 1-47 所示，虚值期权的 Delta 值从 0.001 到 0.5，越虚值的期权，Delta 值越小，平值期权的 Delta 值约为 0.5，也就是说当标的涨 1 分钱，该认购期权要

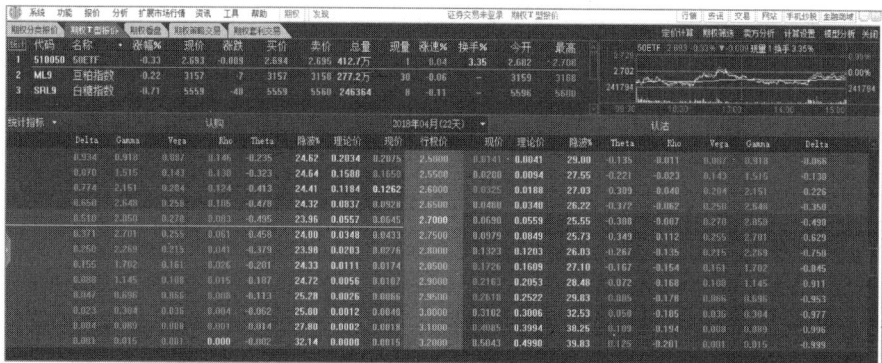

图 1-47 期权 T 型报价显示的希腊字母值

涨 0.5 分钱，当从平值期权向实值期权和深度实值期权变化时，Delta 值就接近于
1，标的涨 1 分钱，它会涨 0.8～1 分钱，从绝对金额来看，比之前处于虚值和平
值期权涨的金额要多得多。从虚值到平值、平值到实值的过程中（如图 1-48 所示），
Delta 值增加得特别快，带来超额利润也特别快。这就是说，当你拥有时，它会给
你更多。

从图 1-49 中可以看出，平值期权的 Gamma 值最大，在其他因素不变的情况
下，期权在从虚值转平值再到实值的过程中，涨幅是非常美妙的。在移仓的过程
中，只要每次都抓住转换的时机，利润会非常丰厚。

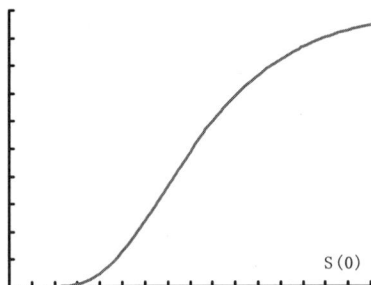

图 1-48　Delta 值与股价的关系　　　　图 1-49　Gamma 值与股价的关系

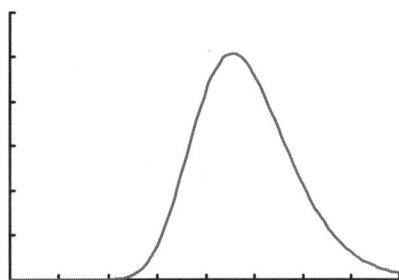

再从 Vega 值来看，当一段行情（上涨/下跌）还在初期时，相关合约的涨幅
还都是犹豫和迟疑的，波动率不会太高；当人们都发现趋势来临时，赚钱效应才
会明显，就和股票牛市的三阶段一样，当处于第二阶段时，很多人涌入股市，股
票会涨得越来越快，期权也是一样，当赚钱效应明显时，强大的买方会不计成本
地买入期权，推升波动率，波动率的上升会进一步推进期权的价格飙升，会出现
标的价格不变动，而期权价格飙升的现象，从而产生加速赚钱的效果。

期权在下跌的过程中，从实值变成平值、平值变成虚值，它的 Delta 值在逐
渐变小，Gamma 值也会逐渐变小，但是 Vega 值不一定变小，从而会越跌越慢，
给人们喘息或休整的机会。

可以看出，标的（如图 1-50 所示）在这个阶段有所上涨，股票（ETF）和期
货都是线性杠杆，收益会比较稳定，但是当月认购期权合约 50ETF 购 11 月 2850
（如图 1-51 所示）、50ETF 购 11 月 2900（如图 1-52 所示）的上涨速度越来越快，
最后一周达到巅峰，投资者的收益在最后快速翻倍上涨，同期 50ETF 涨幅为 10%，

小马白话期权——1年100倍的稳健交易心法

而这两个合约从最低到最高的涨幅分别达到22倍、44倍。如果把握趋势比较好，通过期权向上移仓等操作，收益会更加惊人。这是期权非线性杠杆最吸引人的地方。

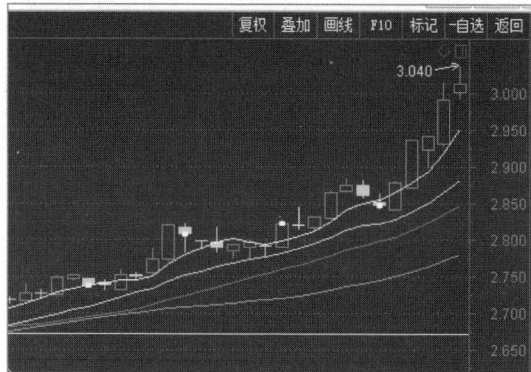

图1-50　2017年11月50ETF走势

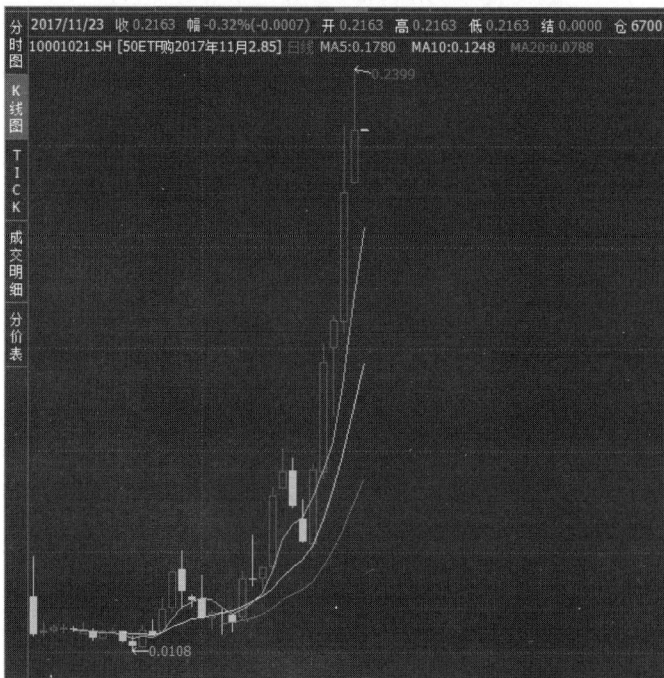

图1-51　2017年50ETF购11月2850合约走势

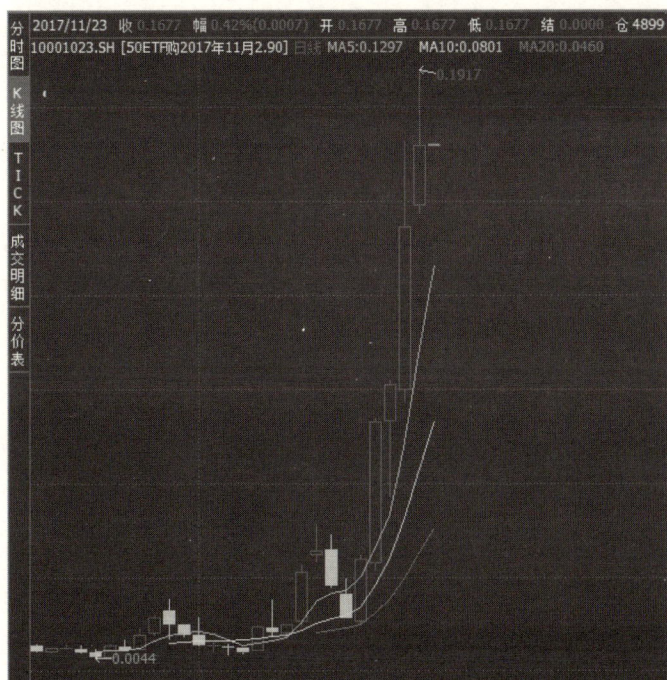

图 1-52　2017 年 50ETF 购 11 月 2900 合约走势

二、策略篇

13

尽锐出战精准施策——期权策略

期权策略种类繁多，对于个人投资者和散户而言，我认为能用到的策略主要是买入认购、买入认沽、卖出认购、卖出认沽、合成多头、合成空头、牛市价差、熊市价差、买入跨式、卖出跨式等最多两条腿的策略，三四条腿的铁鹰、蝶式、领口则应用比较少。

对于不同的行情，适用的策略各不相同，如果做月度行情，各种策略适用的行情如表 2-1 所示。

表 2-1 常用的期权策略

期权策略	适用行情	通常如何判断这类行情
买入认购	短期会有较大涨幅	形态走好、利好较多、资金竞相进入
买入认沽	短期会有较大跌幅	形态走差、利空多多、资金纷纷流出
卖出认购	横盘、微跌	形态纠缠、均线压制、波动率和时间价值较高
卖出认沽	横盘、小涨	形态纠缠、均线支撑、波动率和时间价值较高
合成多头	上涨行情，且降低总资金杠杆	月初时间价值较高，且符合形态走好，基本单边慢涨、抵消时间价值损耗
合成空头	月初时间价值较高、下跌行情，且降低总资金杠杆	月初时间价值较高，且符合形态走差，基本单边慢跌、抵消时间价值损耗
牛市价差	上涨，但涨幅在一定范围内	缓慢上涨、有反复的行情
熊市价差	下跌，但行情在一定范围内	缓慢下跌、有反复的行情
买入跨式	预期短期内会有大幅波动	短期内会有未知结果的大事件，节前，标的价格接近某一行权价的末日轮
卖出跨式	预期一段时间不会有大幅波动	行情萎靡、各方无心恋战，波动率较高，赚时间价值

表 2-2 为我总结的期权策略的七种武器，但我也无法精准判断何时会出现这类行情，只有趋势走到一定程度时才会发现。

表 2-2　期权策略的七种武器

武器\作用	霸王枪	离别钩	碧玉刀	多情环	长生剑	孔雀翎	箱子
料敌	标的与波动率同涨（急涨）	标的涨、波动率跌（急涨、反弹）	标的跌、波动率涨（急跌、主跌）	标的和波动率同跌（缓跌、回调）	标的横、波动率跌（横盘）	标的大波动、波动率涨（横盘突破）	标的和波动率同横（下跌横盘）
单式	买轻、中虚购	卖平、轻虚购	买轻、中虚沽	卖平、轻虚购	卖轻、中虚购/沽	少买轻虚购/沽	少买轻、中虚购/沽
组合	认购比例价差	牛市价差	认沽比例价差	熊市价差	卖出跨式	买入跨式	备兑开仓
防守	趋势结构支撑反转	趋势结构支撑反转	趋势结构压力反转	趋势结构压力反转	趋势结构撑压反转	固定时间止损	趋势结构撑压反转
变招	急涨变慢涨则切换到牛差策略	向下跌破可切换到空头策略	急跌变缓跌可切换到熊差策略	预估反弹可切换到牛差策略	随着横盘时间加长逐步止盈	增加方向敞口，逐步止盈	根据趋势动态调整，渐增方向仓位
追击	调仓到平、虚购	加买购	调入低行权价沽	加买沽	卖出轻虚值合约	逐步加仓	卖平、轻虚购
谨记	需在指数周级别相对走强后寻找小级别介入点	可用短线卖跨策略配合牛市价差长持	可买跨策略阶段配合	亦适用卖跨策略，突破任一行权价止盈	持有需密切关注波动率走势，达到任一行权价止盈、止损	平仓再开时注意波动率，一般情况不要平仓再开	设置箱体上下区间，突破则变换策略

在一般的散户投资者心里，似乎就只有上涨买购、下跌买沽两种操作。然而，单边大涨和单边大跌的行情在一年里占的次数不会太多，有时候应该降低收益预期，采取赢面大、收益小一些的卖出期权和合成策略实现正收益，等到行情爆发时，再选择比较激进的单腿买方策略。

例如，图 2-1 右侧 2017 年 12 月行情，在前几天下跌行情里，买入认沽是最赚钱的。但是快速下跌后，较难继续深跌。在短期快速下跌后进入宽幅震荡行情，不是认购合约涨 50%~100%、认沽合约跌 30%~50%，就是认沽合约涨 50%~100%，认购合约跌 30%~50%，最后，在相当长的一段时间里，认购和认沽都不赚钱。对于这种纠缠行情，应当选择牛市价差合约，比如选择买入 50ETF 购 12 月 2750/2800 合约，卖出时间价值为 400 元/张的 50ETF 购 12 月 2900 合约，最后几天，50ETF 购 12 月 2900 合约跌到几十元/张，而 50ETF 购 12 月 2750/2800 合约价格略有上涨，就可以赚 10%～30%的利润。可惜的是，我这个月没有这样做，结果认购合约亏惨了。

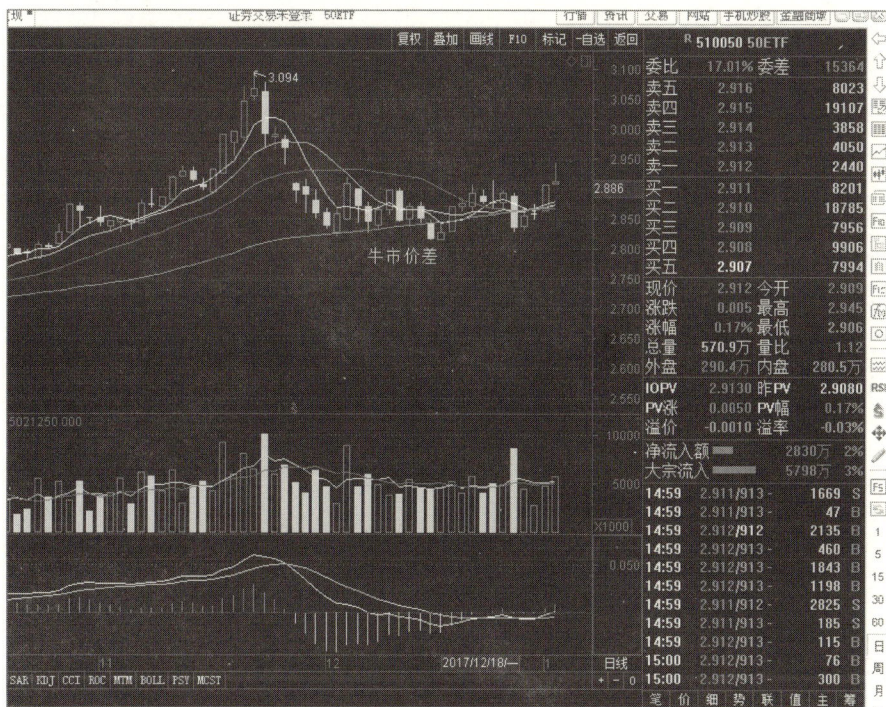

图 2-1　2017 年 11—12 月 50ETF 走势

根据不同的行情选择不同的策略，是保证能稳定盈利的一个重要因素，新手切不可一直单腿买入认购或认沽，要适应形势的变化，如果"一招不鲜"，就要尝试其他策略，包括卖方策略。

14

一样终点风景不同——合约选择

根据实际操作，首先讲两段天壤之别的经历，2017年5月，50牛市行情启动，我在2016年经验的基础上，先买入50ETF购5月2300合约，后来逐步移仓买入平值50ETF购5月2350合约（如图2-2所示），大概是150元/张买的，但我也不知道会上涨到什么价位。同时，买入少量50ETF购5月2400合约。

发生日期	成交时间	合约代码	合约名称	证券代码	持仓类别	买卖	开平	备兑标志	业务状态	成交价格
20170512	13:00:57	10000871	50ETF购5月2350	510050	权利方	买入	开仓	非备兑	成交	0.0144
20170512	13:00:57	10000871	50ETF购5月2350	510050	权利方	买入	开仓	非备兑	成交	0.0144
20170512	13:03:29	10000871	50ETF购5月2350	510050	权利方	买入	开仓	非备兑	成交	0.0145
20170512	13:03:53	10000871	50ETF购5月2350	510050	权利方	买入	开仓	非备兑	成交	0.0146
20170512	13:06:52	10000871	50ETF购5月2350	510050	权利方	买入	开仓	非备兑	成交	0.0148
20170512	13:07:01	10000871	50ETF购5月2350	510050	权利方	买入	开仓	非备兑	成交	0.0148
20170512	13:07:09	10000871	50ETF购5月2350	510050	权利方	买入	开仓	非备兑	成交	0.0148

图2-2　2017年5月期权部分操作记录

最后，在5月24日行权日，平仓价格如图2-3所示。

50ETF购5月2350合约从140元/张左右买入到400多元/张卖出，利润大概是2倍，而50ETF购5月2400合约27元/张买入，4元/张平仓，基本损失殆尽，为什么会这样呢？从5月24日的标的走势就可以看出原因。

标的从2.403元开盘，最后收在2.399元（如图2-4所示），50ETF购5月2350合约（如图2-5所示）最后的收盘价是500元/张，50ETF购5月2400合约（如图2-6所示）归零。我保存了实力，从而享受了5月25日开始的波澜壮阔的大行情，而如果 50ETF 购 5 月主力持仓 2400 合约的话，那就没有机会翻身了，因为 4 元/张刚刚够手续费。

发生日期	成交时间	合约代码	合约名称	证券代码	持仓类别	买卖	开平	备兑标志	业务状态	成交价格
20170524	14:01:19	10000799	50ETF购6月2400	510050	权利方	买入	开仓	非备兑	成交	0.0192
20170524	14:28:57	10000798	50ETF购6月2350	510050	权利方	卖出	平仓	非备兑	成交	0.0501
20170524	14:29:04	10000799	50ETF购6月2400	510050	权利方	买入	开仓	非备兑	成交	0.0205
20170524	14:29:04	10000799	50ETF购6月2400	510050	权利方	买入	开仓	非备兑	成交	0.0204
20170524	14:29:13	10000799	50ETF购6月2400	510050	权利方	买入	开仓	非备兑	成交	0.0205
20170524	14:45:16	10000872	50ETF购5月2400	510050	权利方	卖出	平仓	非备兑	成交	0.0004
20170524	14:45:16	10000872	50ETF购5月2400	510050	权利方	卖出	平仓	非备兑	成交	0.0004
20170524	14:45:38	10000871	50ETF购5月2350	510050	权利方	卖出	平仓	非备兑	成交	0.0448
20170524	14:45:44	10000799	50ETF购6月2400	510050	权利方	买入	开仓	非备兑	成交	0.0191
20170524	14:46:03	10000799	50ETF购6月2400	510050	权利方	买入	开仓	非备兑	成交	0.0194
20170524	14:46:16	10000799	50ETF购6月2400	510050	权利方	买入	开仓	非备兑	成交	0.0195

图 2-3　5 月合约平仓

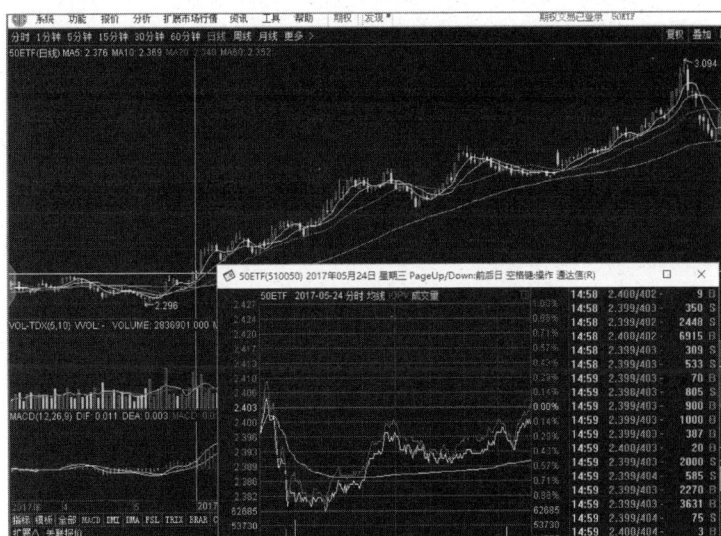

图 2-4　2017 年 5 月行权日标的走势

在这一阶段，50ETF 购 5 月 2350 合约和 50ETF 购 5 月 2400 合约的走势分别如图 2-5 和图 2-6 所示。

同样的现象出现在 2017 年 10 月，在经历了 10 月 9 日的高开低走大阴线后，50ETF 缓慢上行，最后当月收在了 2.802 元，如图 2-7 所示。

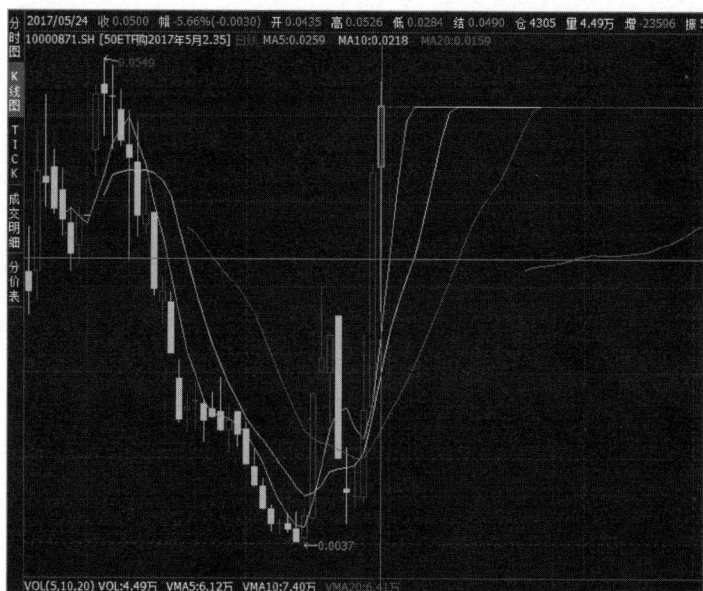

图 2-5　2017 年 50ETF 购 5 月 2350 走势

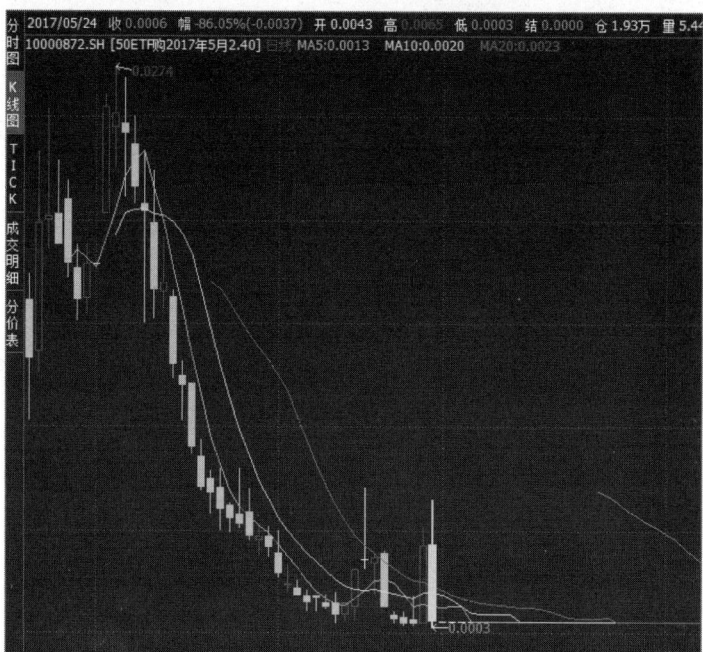

图 2-6　2017 年 50ETF 购 5 月 2400 走势

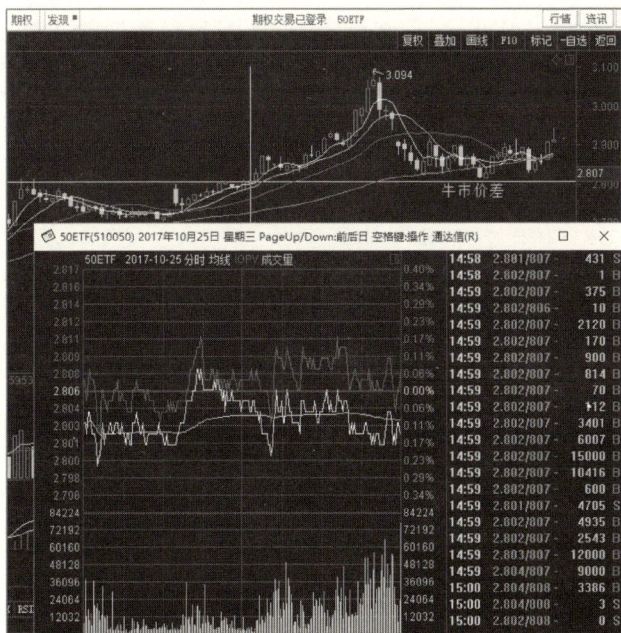

图2-7　2017年10月25日50ETF收盘价为2.802元

有的人在这次又犯了错误，分别买了50ETF购10月2750合约赚了2倍，而50ETF购10月2800、50ETF购10月2850合约（如图2-8所示）最后成功归零，又错过了11月的大行情。

发生日期	成交时间	合约代码	合约名称	证券代码	持仓类别	买卖	开平	备兑标志	业务状态	成交价格
20171010	10:59:26	10000994	50ETF购10月2750	510050	权利方	买入	开仓	非备兑	成交	0.0248
20171010	10:59:30	10000994	50ETF购10月2750	510050	权利方	买入	开仓	非备兑	成交	0.0247
20171010	10:59:30	10000994	50ETF购10月2750	510050	权利方	买入	开仓	非备兑	成交	0.0247
20171010	10:59:30	10000994	50ETF购10月2750	510050	权利方	买入	开仓	非备兑	成交	0.0247
20171010	10:59:30	10000994	50ETF购10月2750	510050	权利方	买入	开仓	非备兑	成交	0.0248
20171010	11:00:14	10000994	50ETF购10月2750	510050	权利方	买入	开仓	非备兑	成交	0.0241
20171010	11:00:14	10000994	50ETF购10月2750	510050	权利方	买入	开仓	非备兑	成交	0.0241
20171010	14:55:40	10000995	50ETF购10月2800	510050	权利方	卖出	平仓	非备兑	成交	0.0105
20171010	14:55:40	10000995	50ETF购10月2800	510050	权利方	卖出	平仓	非备兑	成交	0.0105
20171010	14:55:40	10000995	50ETF购10月2800	510050	权利方	卖出	平仓	非备兑	成交	0.0105
20171010	14:55:40	10000995	50ETF购10月2800	510050	权利方	卖出	平仓	非备兑	成交	0.0105
20171011	13:27:35	10001001	50ETF购10月2850	510050	权利方	卖出	平仓	非备兑	成交	0.0039
20171011	13:27:43	10001001	50ETF购10月2850	510050	权利方	卖出	平仓	非备兑	成交	0.0039
20171011	13:28:00	10001001	50ETF购10月2850	510050	权利方	卖出	平仓	非备兑	成交	0.0039
20171011	13:28:30	10001001	50ETF购10月2850	510050	权利方	卖出	平仓	非备兑	成交	0.0039
20171011	13:29:28	10001001	50ETF购10月2850	510050	权利方	卖出	平仓	非备兑	成交	0.0039

图2-8　10月买入50ETF购10月2750、2800、2850合约

小马白话期权——1 年 100 倍的稳健交易心法

卖出平仓（如图 2-9 和图 2-10 所示），不同合约最后的走势（如图 2-11～图 2-13 所示）、收益再次天壤之别。

发生日期	成交时间	合约代码	合约名称	证券代码	持仓类别	买卖	开平	备兑标志	业务状态	成交价格
20171023	10:18:13	10000995	50ETF购10月2800	510050	权利方	卖出	平仓	非备兑	成交	0.0055
20171023	10:18:13	10000995	50ETF购10月2800	510050	权利方	卖出	平仓	非备兑	成交	0.0055
20171023	10:18:13	10000995	50ETF购10月2800	510050	权利方	卖出	平仓	非备兑	成交	0.0055
20171023	10:18:13	10000995	50ETF购10月2800	510050	权利方	卖出	平仓	非备兑	成交	0.0055
20171023	10:18:13	10000995	50ETF购10月2800	510050	权利方	卖出	平仓	非备兑	成交	0.0055
20171023	10:18:13	10000995	50ETF购10月2800	510050	权利方	卖出	平仓	非备兑	成交	0.0055
20171023	10:18:13	10000995	50ETF购10月2800	510050	权利方	卖出	平仓	非备兑	成交	0.0055
20171023	10:20:11	10000994	50ETF购10月2750	510050	权利方	卖出	平仓	非备兑	成交	0.0362
20171023	10:20:11	10000994	50ETF购10月2750	510050	权利方	卖出	平仓	非备兑	成交	0.0361
20171023	10:20:12	10000994	50ETF购10月2750	510050	权利方	卖出	平仓	非备兑	成交	0.0361
20171023	10:20:12	10000994	50ETF购10月2750	510050	权利方	卖出	平仓	非备兑	成交	0.0361
20171023	10:20:12	10000994	50ETF购10月2750	510050	权利方	卖出	平仓	非备兑	成交	0.0360

图 2-9　10 月 23 日卖出平仓 50ETF 购 10 月 2750、50ETF 购 10 月 2800 合约

20171024	09:42:57	10000994	50ETF购10月2750	510050	权利方	卖出	平仓	非备兑	成交	0.0424
20171024	09:43:00	10000994	50ETF购10月2750	510050	权利方	卖出	平仓	非备兑	成交	0.0424
20171024	09:44:03	10000994	50ETF购10月2750	510050	权利方	卖出	平仓	非备兑	成交	0.0424
20171024	09:44:07	10000994	50ETF购10月2750	510050	权利方	卖出	平仓	非备兑	成交	0.0424
20171024	09:44:19	10000994	50ETF购10月2750	510050	权利方	卖出	平仓	非备兑	成交	0.0424

图 2-10　10 月 24 日卖出平仓 50ETF 购 10 月 2750 合约

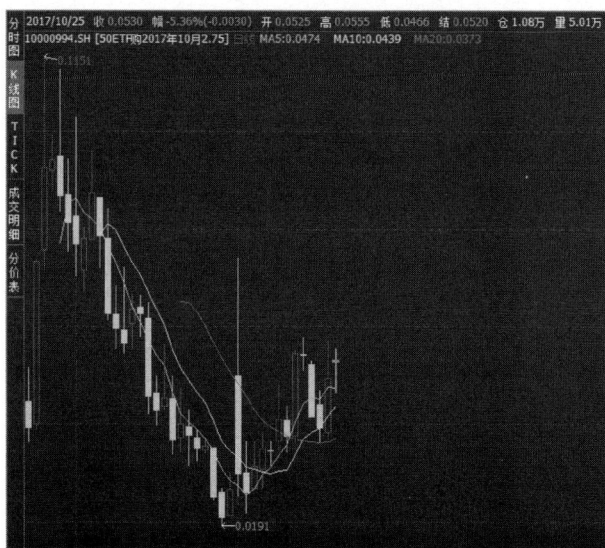

图 2-11　2017 年 50ETF 购 10 月 2750 合约走势

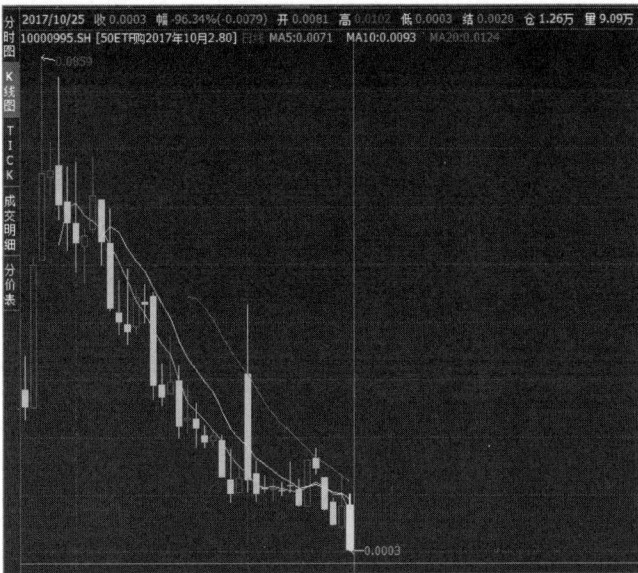

图 2-12   2017 年 50ETF 购 10 月 2800 合约走势

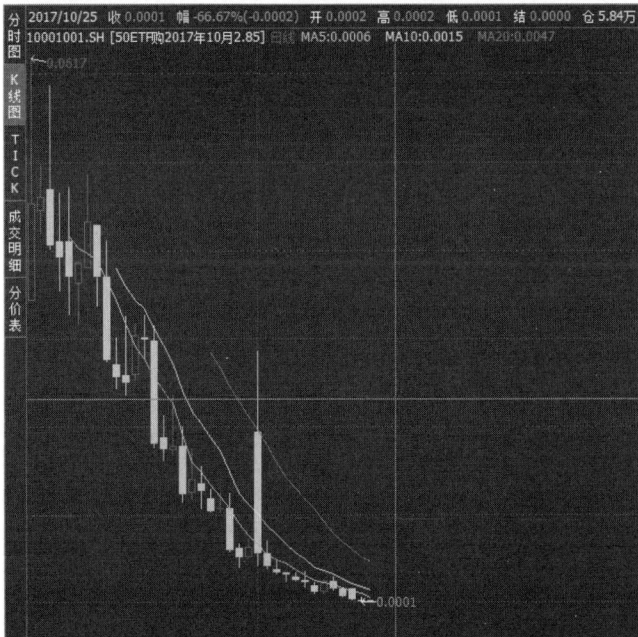

图 2-13   2017 年 50ETF 购 10 月 2850 合约走势

如果合约选择差一档，有的翻两三倍，有的归零。

简单地说，不要想着暴富而全买深度虚值合约。

小经验：我的操作习惯是，开始先买平值和虚一档合约，如果行情符合预期，再慢慢移仓，不全部买 1 个合约，至少买两个合约。在行情波动大时有时会持有 4 个合约。

15

腾挪方得最优收益——移仓管理

移仓，是期权投资里一门很重要的学问。如果看准了趋势，对持仓的期权合约进行上下行权价移仓，把当月合约往下月合约移仓，操作得好会起到事半功倍的效果，如果操作得不好，移仓后刚好是拐点或波动率下降，则移仓也是快速亏损的利器，前面好不容易获得的两三倍或者五倍的利润可能会"损兵折将"。下面以实际操作经验说明。

1）上涨趋势时赚取更大利润

比如，2017 年 5—6 月，行情逐渐上涨，呈现比较明显的上升趋势，我将低行权价的 50ETF 购 6 月 2450 合约换成 50ETF 购 6 月 2500 合约（如图 2-14 所示）。

发生日期	成交时间	合约代码	合约名称	证券代码	持仓类别	买卖	开平	备兑标志	业务状态	成交价格
20170606	10:06:20	10000813	50ETF购6月2550	510050	权利方	卖出	平仓	非备兑	成交	0.0055
20170606	10:06:27	10000800	50ETF购6月2450	510050	权利方	买入	开仓	非备兑	成交	0.0311
20170606	10:06:41	10000800	50ETF购6月2450	510050	权利方	买入	开仓	非备兑	成交	0.0310
20170606	10:06:53	10000801	50ETF购6月2500	510050	权利方	买入	开仓	非备兑	成交	0.0127
20170606	14:15:57	10000800	50ETF购6月2450	510050	权利方	卖出	平仓	非备兑	成交	0.0537
20170608	14:16:33	10000801	50ETF购6月2500	510050	权利方	买入	开仓	非备兑	成交	0.0252
20170608	14:17:02	10000801	50ETF购6月2500	510050	权利方	买入	开仓	非备兑	成交	0.0257
20170608	14:17:17	10000800	50ETF购6月2450	510050	权利方	卖出	平仓	非备兑	成交	0.0554
20170608	14:17:45	10000801	50ETF购6月2500	510050	权利方	买入	开仓	非备兑	成交	0.0257
20170608	14:22:50	10000800	50ETF购6月2450	510050	权利方	卖出	平仓	非备兑	成交	0.0553
20170608	14:35:06	10000800	50ETF购6月2450	510050	权利方	卖出	平仓	非备兑	成交	0.0600
20170608	14:39:31	10000801	50ETF购6月2500	510050	权利方	买入	开仓	非备兑	成交	0.0307
20170609	09:50:03	10000800	50ETF购6月2450	510050	权利方	卖出	平仓	非备兑	成交	0.0849

图 2-14 2017 年 6 月初期权合约操作

在其他很多比较明显的标的和期权合约上涨趋势中，我都是在较低行权价合约有了较大盈利时，就换一部分到上一档合约。移仓的规则一般如下（以认购为例）。

（1）从基本面、技术面和趋势能看出来是一段较好的单边或曲折向上的行情。

（2）低行权价合约有较大的浮盈，比如 2 倍、3 倍，至少利润是 100%，才好进行下一步的移仓操作。

（3）除非有很大把握，否则移仓的金额不超过上一合约盈利或总体的 1/3。

（4）若行情涨得较快并还在趋势中，可以把 1000 元/张左右的合约换成 200～500 元/张的合约，以便获得更大收益，但要注意资金分配，不能全部买入深度虚值合约。

（5）移仓时机的选择很重要，一是在一段上涨行情暂时休整，处于横盘或小幅调整时，从下往上移，此时高行权价合约跌幅较多；二是在行情上涨时，两档合约的涨幅基本一致，即将拉开距离时；三是在行情大幅上涨时，两档合约的涨幅差距较大，如果追涨进去，要注意回落风险。

（6）切记不要一口吃成胖子，不要全部往上移仓！如果不到预期的行权价或者行情大幅回落，那便前功尽弃，要保持金字塔或纺锤形资金持仓结构！

2）横盘和小幅下跌躲避

如何在不减仓的情况下应对横盘和浅幅调整呢？举例说明，在经历了 2017 年 10 月缓慢上涨和拉升之后，11 月初出现了横向窄幅震荡的过程（如图 2-15 所示），这时候就比较尴尬了，原来趁着 10 月行情好买的 11 月合约，由于时间价值的损耗和波动率的下降在这一轮横盘和小跌中会出现比较大的差异（如图 2-16～图 2-18 所示，见表 2-3）。这时，就应当将原来较高行权价的虚值合约往下移仓到平值和实值合约，既能享受上涨的收益，也能躲避时间价值损耗的风险。当然，前提还是基于你对行情的判断。这虽然是一个综合性的分析，但是从盘面上还是能看出一些端倪的，从而可以做出正确的判断。

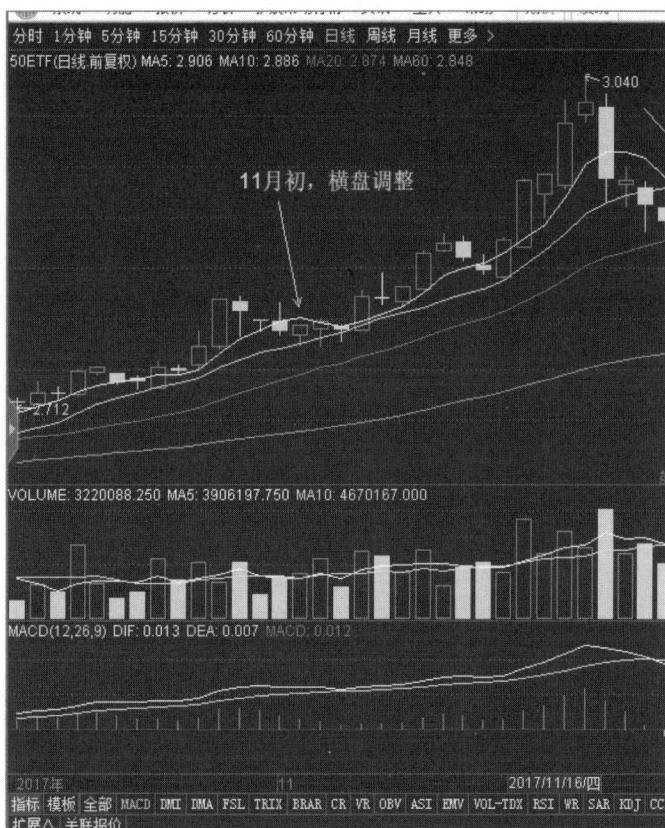

图 2-15　2017 年 10—11 月 50ETF 走势

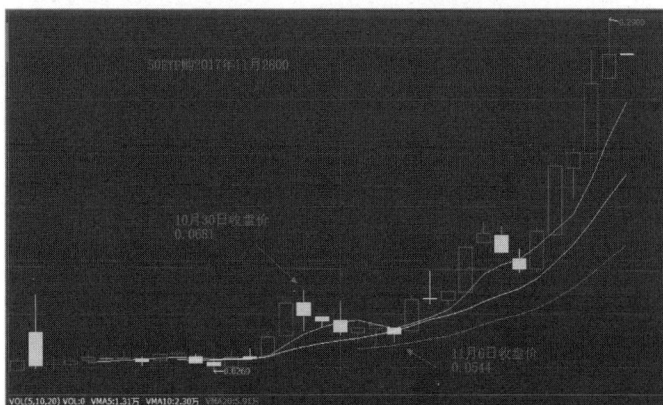

图 2-16　50ETF 购 11 月 2800 合约走势

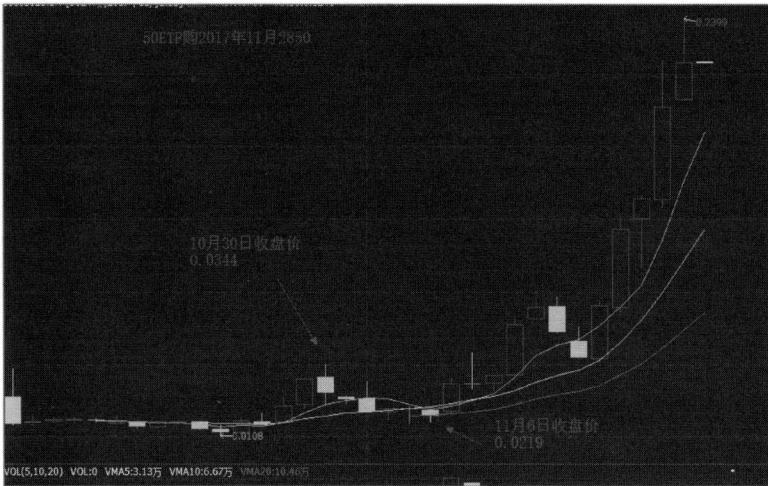

图 2-17　50ETF 购 11 月 2850 合约走势

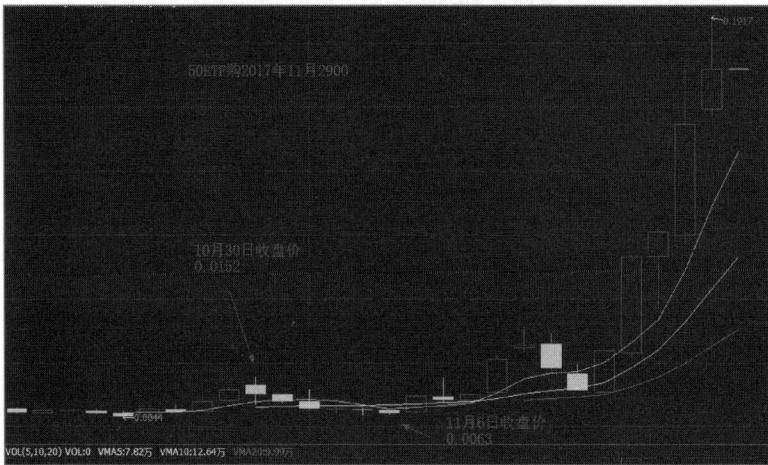

图 2-18　50ETF 购 11 月 2900 合约走势

表 2-3　标的和合约回调时跌幅对比

标的和合约	10 月 30 日收盘价	11 月 6 日收盘价	涨 跌 幅
50ETF	2.807 元	2.789 元	−0.65%
50ETF 购 11 月 2800	0.0681 元	0.0544 元	−20%
50ETF 购 11 月 2850	0.0344 元	0.0219 元	−37%
50ETF 购 11 月 2900	0.0152 元	0.0063 元	−69%

当时我先把 50ETF 购 11 月 2850 合约平掉，移仓到 50ETF 购 11 月 2800 合约躲避标的横盘和虚值合约大幅下行的风险，如图 2-19 所示。

20171031	14:54:41	10001021	50ETF购11月2850	510050	权利方	卖出	平仓	非备兑	成交	0.0308
20171031	14:55:15	10001021	50ETF购11月2850	510050	权利方	卖出	平仓	非备兑	成交	0.0307
20171102	10:25:03	10001015	50ETF购11月2800	510050	权利方	买入	开仓	非备兑	成交	0.0526
20171102	10:25:03	10001015	50ETF购11月2800	510050	权利方	买入	开仓	非备兑	成交	0.0526
20171102	10:25:10	10001015	50ETF购11月2800	510050	权利方	买入	开仓	非备兑	成交	0.0526
20171102	10:25:10	10001015	50ETF购11月2800	510050	权利方	买入	开仓	非备兑	成交	0.0526

图 2-19　2017 年 11 月初期权合约操作

通过这次下调仓位躲避横盘对时间价值的损耗，可以保存大部分实力，便于在行情好转时执行第一步操作。

3）大幅下跌时的移仓

标的和期权合约大幅下跌时，最好的办法当然是止损做反手，次优办法就是向下移仓，等待反弹，比如 2017 年 8 月（如图 2-20 所示）出现 50ETF 先大幅下跌，月中就反弹的情况。但是在我的操作中，止损反手和向下移仓使用得太少了，最后，由于时间价值的损耗和未能到达之前的高度，看着合约逐渐归零，期权账户金额也亏损较大。

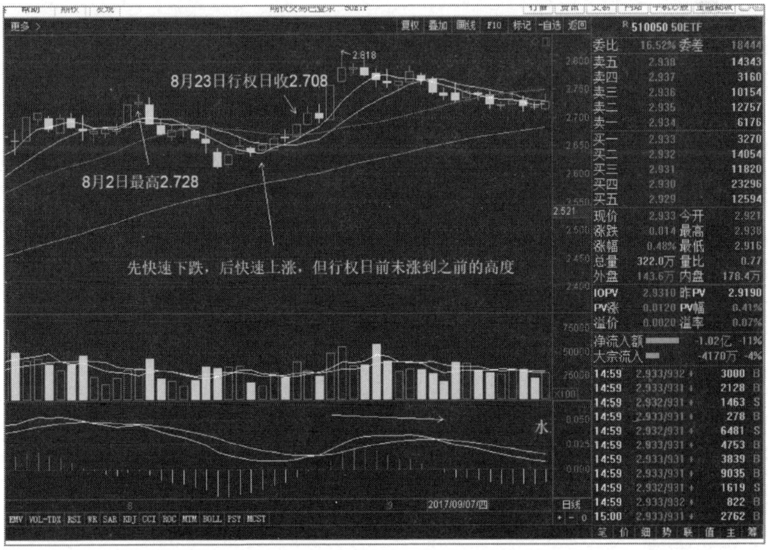

图 2-20　2017 年 8—9 月 50ETF 走势

4）当月和下月之间移仓

有的人习惯在合约快到期前几天将当月合约提前移仓到下个月，以避免巨大的 Gamma 值波动。此举具有两面性，临近到期日时，标的如有大幅波动，期权的波动会更大，比如 2017 年 11 月末 50ETF 连续拉升一周，11 月认购期权经常出现 50%～100%的日涨幅，而移仓到 12 月的期权合约往往只有 20%～40%，之前几个月里有时是最后几天下跌，比较稳妥的办法是逐渐移仓，最后一周每天移一点，既可以享受大 Gamma 值，又可以避免全部大 Gamma 值带来的巨大波动。

16

细水长流方为正道——资金管理

风险管控能力越强，头寸的能力越强。资金管理很重要，市场的机会很多，只有有足够的资金并合理分配才能持续获利。

资金管理，首先是盈利出金，要保证每月盈利大部分都会出金。出金的目的一是落袋为安有成就感，二是降低建仓头寸的风险。如果账户本金在一段时间内维持不变，例如半年保持不变，万一遇到"黑天鹅"情况，即使满仓，由于本金固定，也不会遭到重创。

在资金管理上，我根据自己的交易风格设置头寸管理办法并坚决执行。例如，按月操作的期权，一旦有较大的盈利，就会把盈利出金，然后再用本金继续操作。这样操作，一方面，我能保证每次操作都是拿本金操作，我盈亏的比例都是按本金做的；另一方面，我没有盈利干扰，所以会很清楚，每次下单之前也都会特别谨慎。

2016 年 11 月底，我在 10 月投入 15 万元的基础上涨到了 60 多万元，取走 50 多万元用于买股票和其他开支，其余 10 多万元买 12 月期权合约；2017 年 5 月，我投入了 5 万元，6 月底涨到 100 余万元，我把利润大部分取走，继续留 30 多万元买 7 月合约，取走的钱用于中航黑豹、有色 B 等风险较小的股票投资和其他开支。在当时的行情下，较好的股票最多只会跌 20%，这些钱用来做期权的后备军。2017 年 11 月，我把期权赚的大部分钱用于买中国平安、平安银行、伊利股份等股票，留下不到 30% 的资金继续在期权里。

另外，遵循涨多了会调，跌多了会涨的规律，每个月度行情时，以认购为例，月初可以适当激进些，买平值和虚一档的合约，中间可以往上换，到了接近月底，行情已经快到尾声，切记不要再激进，这时候你的合约已经涨成了实值合约，就不要往上移仓，保存胜利果实是第一位的。比如，如果你的合约涨了 3 倍，每天的涨跌都在 20%之内，你想多赚一些，在月末换成虚值合约，结果大跌 50%，利润减少大半。

当然，这也不是每次都对，2017 年 7 月和 11 月、2018 年 1 月，我就过于保守。比如 11 月，标的都到 3.05 元了，我的主力合约还是 50ETF 购 11 月 2800、50ETF 购 11 月 2850 合约，自然也少了不少利润，但算是比较稳健的。

出金，就是将大额利润转走，保存实力。2017 年 7 月，有的人买的一个期权合约 15 天赚了 15 倍，从 40 多元/张涨到 600 多元/张，他的总资金从 3 万元涨到 20 多万元，又全部买了 8 月合约，结果烟消云散，纸上富贵一回。

小经验：

如果买了就跌呢？

现在说买了就跌的情况，15 万元跌到 5 万元的情况。

2017 年 1—4 月，漫长的横盘，每个月都亏。

1 月下手重了些，投入了 15 万元买入认沽期权，结果在 1 月 16 日 50ETF 突然拉升，认沽期权损失惨重。行情不朝着自己预判的方向移动，那就少投入点，止损与否不好判断，那就不见趋势不加仓，后面投入不随意增加，1 月投入 15 万元，2 月投入 4.3 万元，3 月投入 10 万元，4 月投入几万元。1—4 月那样低波动的时期，没有盈利时就少投入。

试问，是否有人移仓时是把前面赚的全部移过去？

那样，要么继续大赚，要么亏完。如果亏完，对自己的心态是巨大的打击。而我前面赚的大部分都转走了，只保留了每个月固定投入的本金，或者根据盈利，适当增加一部分，绝不冲昏头脑。如果早知道 11 月有大行情，那我也不只投入那么一点点，砸锅卖铁不更好吗？

对初学者来说，投入期权的资金一般占金融资产的 5%～10%为好。对中户来说，每次投入期权的资金也最好在 30 万元以内，有大盈利的时候根据行情可以适当投入利润的 20%。

17

小小试水配远近月——感知温度

对于新开户的期权小白来说，不要一下子投入太多的资金。比如刚刚只有五六十万元开户条件的人，建议首次投入不要超过 2 万元，要用能亏得起的钱做期权，先用这些钱试水，感知期权的温度，了解买方卖方、认购认沽的习性，股票和期货高手可以根据自己的操作系统和期权特性操作期权，如果有盈利和良好的交易模式，再看行情适当加仓，切忌一次投入太多，例如如果只有 50 万元，每次投入 10 万元，那么前面的大概率是交学费，如果趋势不利，很容易亏钱又失去信心。

一些新手做期权交易不知道从哪里做起，用一句话来说，从轻仓做起、从简单做起。

要有 1 笔单子体会"做空也能赚钱"。

要有 1 笔盈利的单子体会"哇！原来杠杆这么大"！

要有 1 笔卖期权的单子体会"原来卖方赚钱是挺轻松的嘛"。

要有 1 笔卖期权亏损的单子体会"卖期权亏起来也蛮快的啊"。

要有 1 笔买入很虚值期权的单子，一直持有到期，且归零，体会"原来真的是可以到期归零啊，幸好没满仓"。

要有 1 次在波动率高位买期权，做对了方向却没有赚到钱的经历。

以上单子，一定要轻仓，甚至 1 手也可。必要的痛一定要经历，在痛的时候问自己"如果我这时重仓了会怎样？"

配远近月，在初始投入时，可以根据自己对行情的判断，远月合约和近月合约都适当搭配，用近月合约感受期权对短期市场变化的敏感，用远月合约树立中线意识，更重要的作用是：不会一个月就亏完本金，可以有时间在不断变化的行情中调整操作思路。我认识好几个朋友，就是开始时仓位投入太重，结果亏了几个月后，就放弃了期权，非常可惜。

另外，希望从模拟操盘中得到可靠的经验也是不现实的，因为模拟单子亏损时你无法感受到刻骨的伤痛，无法对亏损留有深刻的记忆，只有在实盘下犯错误时，才会痛彻心扉，才会真正思考、长记性。虽然模拟单高手的大势分析判断能力很强，但模拟下单毕竟抱有游戏心态，区别就像运动员平时的训练和大赛的表现，这两种状态看似差不多，但不同的是调动潜能的能力千差万别。所以，还是要下水试试，才知道池水的温度。

18

完整地吃完一条鱼——善后处理

期权的善后处理，如同吃一整条鱼，吃到最后如何处理鱼刺，既要享受鱼的美味，又不能被鱼刺刺到，对于期权盈利的善后处理，以按月买入期权为例，当有了较大的浮盈时，怎么处理既能保持上行的收益，又尽量避免较大的回撤呢？

除了腾挪方得最优收益——移仓管理外，我采取的办法是在靠近行权日前10天左右，如果标的走势和你的持仓方向一致，一般不随意往上移仓，甚至还往低行权价合约移仓以获得较小的涨跌幅度。

办法有如下三种。

（1）将实值、平值合约平仓，按照相等的张数移仓到虚一档合约，把其他资金转走，既能保证上行收益，又能做到亏损有限，既可以抗衡大幅下跌，也可以享受大幅上涨。但是如果不继续上涨，大概率情况下会牺牲虚值部分，不过最大亏损能计算（参考案例为2017年7月和11月、2018年1月行情）。

（2）将虚值、平值合约往实值、深度实值合约移仓，这样涨幅、跌幅都比较小，上涨可以继续享受上行收益，但不能抵抗大幅下跌对内在价值的损伤（参考案例为2017年10月行情）。

（3）拿出5%～10%的资金（主要是盈利）买入平值或虚一档认沽合约（做空时则买入认购）作为保险，花费这部分保险费获取行情突然反转的保护，但又区别于买入跨式。买入跨式是认购、认沽投入的金额或张数基本相等，做保险只用少部分资金（参考案例为2017年12月合约在11月23日后的行情以及2018年1

月行权日后的行情）。

多头趋势逆转通常有以下几个现象：①MACD 开始由强转弱；②高位震荡；③下行跌破 5 日均线迹象；④板块轮动失效，核心板块（如保险）提前日内大幅下跌，比如 2%。

如果趋势已经改变，那当然是采取反手、做卖方等策略保证稳定收益。

19

唇齿之邦表里相依——股权互养

期权投资者一般有两种来源——股票投资者或期货投资者。从股票投资者转过来投资期权的人，一般会带有一些股票思维，有的对标的、成分股还有一些独特的见解或技术基础，在基本面上应该比期货投资者转过来的要强。从期货投资者转过来做期权的人，盘感、趋势、纪律、心态、止盈、止损一般做得比较好。

对从股票投资者转来的人来说，股票和期权的资金相互周转、支持是很好的习惯，如果需要投资期权了，从股票账户里转一些钱过来，如果期权赚钱了，大部分盈利反哺股票，继续买成心仪的长线股，而且这部分利润来得快、来得多，买成股票会有更高的容忍度，亏、赚20%都不会有波澜。如果期权亏钱了，又会从股票账户取一些钱出来，如果是卖股买期权，会有一天的到账时间，也可以算是冷静期。

小经验：2016年10—11月，我投资期权赚钱后，把大部分的利润取走买了股票，用12月做认沽赚的50余万元买了中航黑豹，在1月这部分资金又赚到40万元。2017年1—4月投资期权亏损，成本的来源就是股票账户，如果没有股票账户强大的支持，是没有后续资金继续投入的。6—7月投资期权赚的钱除了一部分转入8月期权（亏了），其他资金留作他用之外，还买了有色B等股票。同样，2017年10—11月投资期权赚钱后，我把大部分资金投入了平安银行、伊利股份、五粮液等股票里，我的要求不高，盈、亏20%都能接受，就当是现金替代物。

有人会问，为什么你期权权利仓赚了钱，不去做卖方呢？首先是期权的额度限制，我不能把利润全部继续投入下个月合约，而且买方的风险是有限的，用小资金就可以赚大钱。其次是因为我当时习惯了买方策略，对卖方策略还不太了解，担心标的走势和卖方持仓相反，而我没有设置止损的经验，所以没有做卖方，而是买入了心仪的蓝筹股和成长股。后面我也在琢磨，期权的备兑策略、牛市价差卖出端和单纯的持续卖沽，似乎确定性也不错，做方向性卖方的月度收益也可以有 2%～20%，今后会考虑试试卖方策略。

有些人可能一共才五六十万元资金，然而又不做股票，都是现金，每一次投完期权后，如果看到账户现金很多，很容易划转过来抄底补仓或追随趋势，而赚钱后，又很容易全部留在期权账户继续买期权，资金不好控制，如果连续错几次，资产就会大幅缩水。

20

不要完全股票思维——恐高抄底

有的人操作期权时，股票思维非常严重，显著表现就是恐高与抄底。

第一个思维是恐高，比如期权涨了 20%不敢买、涨了 50%不敢买、涨了 100%更加不敢买，如图 2-21 所示的合约。

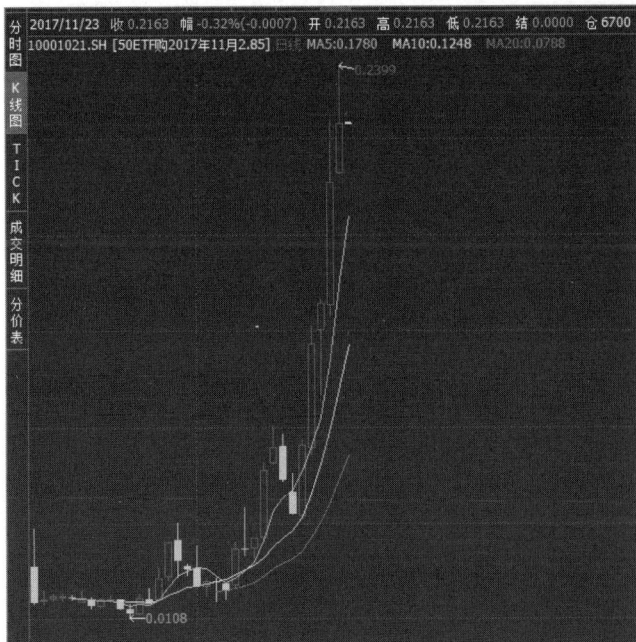

图 2-21　2017 年 50ETF 购 11 月 2850 合约走势

在后面的连续暴涨中，哪天买入都是正确的。

另外一个思维是抄底，看到期权价钱便宜了，尤其是跌到了几十元/张、100 多元/张，觉得很便宜，就像买股票一样抄底，如图 2-22 所示的合约。

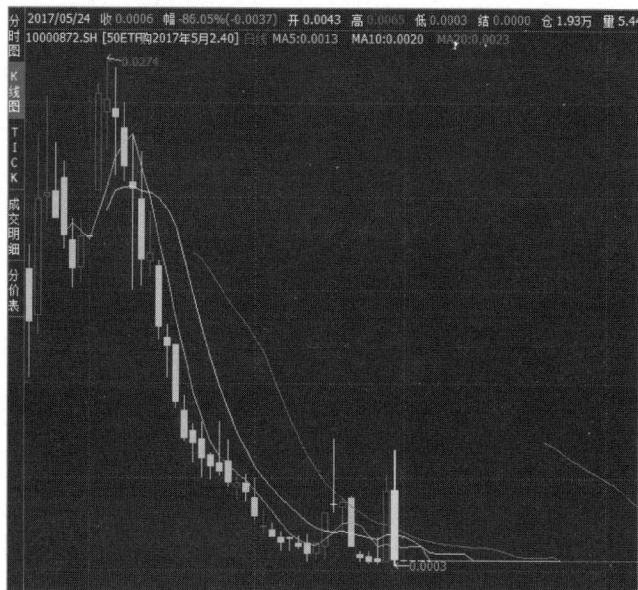

图 2-22　2017 年 50ETF 购 5 月 2400 合约走势

哪天才是底啊？最后的结果是归零了。

对于长线或短线的期权来说，恐高和抄底都是不正确的做法。当然，也有恐高和抄底真的没追到大顶和抄到大底的。对于远月合约，基于你对未来一段行情的判断，有时抄底也是对的。

21

不要被浪拍在沙滩——风险控制

期权投资的风险控制其实主要体现在以下几个方面。

一是严格控制资金投入。要有一个科学明智的资金管理方法，用百分之多少的资金承受风险？因为不一定会使用止损，要明白自己正冒多大的风险。在交易中要明确本阶段投入期权的资金是正常的还是积极的或者保守的？每个人对风险的承受能力是不一样的，风险度不要影响自己的交易判断。一般建议新手不要超过 2 万元，熟悉后不要超过金融资产的 5%～10%，经验非常丰富且有很大盈利的，权利仓成本建议不超过总资金的 20%。

二是注意持仓结构。持有单个合约当然可能盈利很大，但从风险管理和保存实力角度来说，我一般还是选择 2～4 个合约，虚实结合、远近搭配，不至于一次就归零。

三是注意移仓管理，即合约的虚实之间的移仓和远近月的移仓。通过移仓管理控制风险，在保证利润的前提下尽量保住资金。

四是注意止盈、止损。一般来说，期权权利仓要赚大钱，止盈可等到拐点出现后再执行，但如果有心理预期，可到自己的预期收益率、收益金额、标的位置执行止盈，逐渐地获利出金，落袋为安保证不坐过山车。止损则分长线和短线，从是短期杂波还是趋势已经改变判断。

五是及时反手。当发现趋势和你的持仓方向相反时，手上的持仓会很快发生大幅亏损，这时应该先开反向合约（买了认购如遇快速下跌，则先买认沽，再慢慢平认购，反之亦然）。

六是做好交易计划和自我评估。在每次交易前，做好交易计划，要判断行情如何、要买入什么样的合约、配比如何、在什么价格止损、在什么位置止盈。要做好自己的风险评估，判断能否承受较大回撤、能否做到心不慌。

22

不能止损难以移仓——流动性差

在 2016 年的 50ETF 期权和 2018 年的商品期权交易过程中，经常有刚交易的新手和资金量、额度不太大的朋友问：你知道行情和你的判断相反，那么重的持仓为什么不止损呢？根据交易经验，你个人持有某一合约数量超过 1000 张，或者一人多户持有两三千、三四千张时，如果是近月主力合约，在上涨过程中很容易平仓，而在下跌过程中，就算是有做市商存在，但是盘口的单子堆积量不够厚，100 张合约挂单卖出平仓，也只会成交几十手，而其他部分就成了卖二或卖三档。如果急于出货，价格会被压得不断往下跌。在 2016 年 12 月时，有人持有 50ETF 沽 12 月 2350 合约，那个合约在最后几天总持仓量才 1 万多张，他手上占了 1000 多张，一个快速冲高后，他的账户浮盈有 170 多万元，而后逐渐回落，最后平仓完毕，浮盈只有 130 多万元。如果持仓量只有几十、一两百手，那几乎可以瞬间成交，但在趋势不利行情中持仓数量很大，自然会留下不少买路钱。我曾经在末日持有深度虚值合约，想平仓时的价格是 18 元/张，我一次平仓 100 多张合约，该合约马上熔断，最后归零。在快速下跌的过程中，如果手上有很多张合约则实际上是无法很快止损的，这时如果有资金、有额度，行情又是快速反转的话，就应当马上反向买入合约对冲。

还有的投资者看到别人的持仓单会问：为什么你的持仓合约都是深度实值合约，既然如此看好行情，为什么不往平值和虚值合约移动，以获取更大收益？这就是交易所的**限仓限购**原因，交易所也是为了让投资者能保留利润。比如，2017年 6 月，我账户某单个合约涨幅已经有 5 倍多，也就是 1 万元的成本已经涨到了

6 万多元，而前段时间的移仓消耗了期权的买入额度，就算卖出 6 万元，也只能买回 1 万元的额度，我卖出了 3 万元，结果买回来的资金只有 6000 元，会有大量资金沉淀，这一方面可以促使投资者盈利出金，另一方面又可以让想继续享受上涨的投资者只能待在实值合约里享受低杠杆。

23

以高赔率赢得胜率——期权定投

期权权利仓存在高赔率的优势，通常一段像样的趋势，平值期权的涨幅都有3～10倍，只要看准一个趋势，在掌握资金分配的情况下，可以采取类似基金定投的方式进行期权的定投，就算有时候未能盈利，但从长期趋势来看有一定的统计优势。期权定投主要分以下四种情况。

普通定投：资金按等额分配，比如一共有12万元，在当月合约开始日当天（上一月合约行权日后的周四）买入1万元实值一档、平值或虚值一档合约，持有到月底或中间有高点时平仓。也可以在当月合约开始日当天投入5000元，在月中择机投入剩余的5000元，到月底或觉得是高点时平仓。

凯利公式定投：根据数学期望，由凯利公式计算每次投入的资金数量和比例。

在概率论中，凯利公式（也称凯利方程式）是一个使特定赌局中拥有正期望值之重复行为长期增长率最大化的公式，由约翰·拉里·凯利于1956年在《贝尔系统技术期刊》上发表，可用以计算出每次游戏中应投注的资金比例。

除可将长期增长率最大化外，此方程式不允许在任何赌局中有失去全部现有资金的可能，因此有不存在破产疑虑的优点。方程式假设货币与赌局可无穷分割，而只要资金足够多，则在实际应用上不成问题。凯利公式的最一般性陈述为，借由寻找能最大化结果对数期望值的资本比例 f^*，即可获得长期增长率的最大化。对于只有两种结果（输去所有注金，或者获得资金乘以特定赔率的彩金）的简单赌局而言，可由一般性陈述导出以下公式：

$$f^* = (bp-q)/b$$

其中，f^* 为现有资金应进行下次投注的比例；b 为投注可得的赔率（此处的赔率定义不清楚，应该是净赔率）；p 为获胜率；q 为落败率，即 $1-p$。

举例而言，若一赌博有 40% 的获胜率（$p=0.4$，$q=0.6$），而赌客在赢得赌局时，可获得二对一的赔率（$b=2$），则赌客应在每次机会中下注现有资金的 10%（$f^*=0.1$），以最大化资金的长期增长率。

注意，这个广为人知的公式只适用于全部本金参与的情形，即在输的情况下，亏光，而适用范围更广的凯利公式为

$$f^* = (p \times rW - q \times rL)/(rLrW)$$

其中，f^*，p，q 同上，rW 为获胜后的净赢率，rL 为净损失率。

比如，我有 1 万元买股票，30% 幅度止盈，10% 幅度止损，最多盈利 3000 元，最多亏损 1000 元，这里 $rW=0.3$，$rL=0.1$，此时可以计算最优仓位，但是由第一个公式是算不到的，主要原因是这里并没有投入所有本金。

换句话说，第一个公式不过是第二个公式中 $rL=100\%$ 的情形。

凯利公式最初为贝尔实验室物理学家约翰·拉里·凯利根据同事克劳德·艾尔伍德·香农于长途电话线杂讯上的研究所建立。凯利说明香农的信息论要如何应用于一名拥有内线消息的赌徒在赌马时的问题。赌徒希望决定最佳的下注金额，而他的内线消息不需要完美（无杂讯）即可让他拥有优势。凯利的公式随后被香农的另一名同事爱德华·索普应用于二十一点和股票市场中。

智能定投：附加一定的条件，决定本期是否定投期权和投入的金额（如图 2-23 所示），即"定期不定额"的投入方法，它在普通定投的基础上增加了"低位多投、高位少投"的智能投资策略，能够根据市场走势调整投资金额，进一步摊薄投资成本，在牛熊变换的市场中取得更加显著的收益。

但这种方式似乎更适合投入远月合约，因为用这种方式投入当月合约，可能还没到拐点就已经到期归零了。

技术面定投：按技术面分析一般可以有均线之上定投认购、均线之下定投认沽，或者标的价格在 5 日、10 日、20 日、60 日均线之上定投认购期权，标的价

格在上述均线之下定投认沽期权。

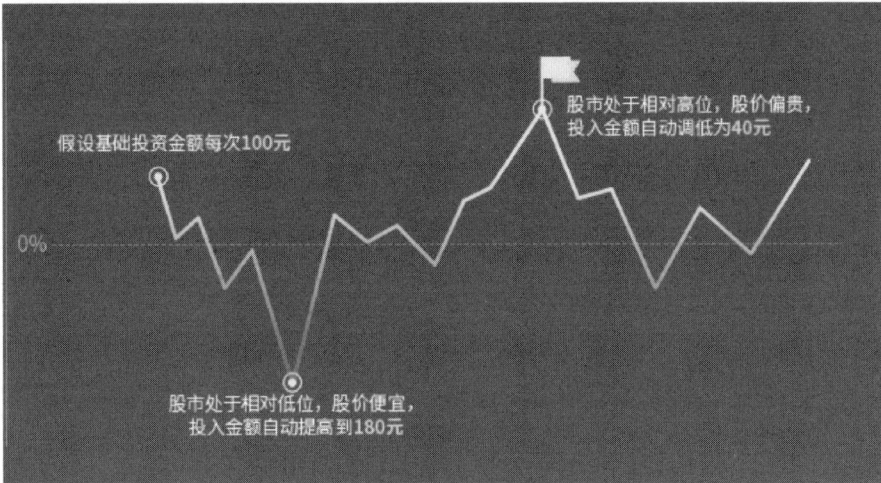

假设基础投资金额每次100元

股市处于相对高位，股价偏贵，
投入金额自动调低为40元

0%

股市处于相对低位，股价便宜，
投入金额自动提高到180元

图 2-23 智能定投认购原理

期权买方定投时，千万要记得**波动率**和**时间价值**的影响。一般来说，波动率在 40%以上适合做卖方，而在 8%～20%适合做买方。如果波动率和时间价值很高，那么月初投入期权权利仓，如果标的没有很大波动，实际买方很难盈利，反而卖方容易获利。

24

长线看好分批买入——远月合约

如果长期看好大盘，可以布局远月合约。远月合约又分远月实值合约和远月虚值合约两种情况，玩法各有特点。

第一种是买入远月实值合约。远月实值合约的时间价值较低，大概为 300 元/张，如图 2-24 所示，50ETF 购 3 月 2650 合约到 2800 合约，时间价值比较低，占期权价格的 10%~20%，而远月平值合约几乎都是时间价值，或者时间价值占到期权价格的 60%。如果买这类合约，单价比较高，相当于 7~12 倍的杠杆。如果看好远期行情的话，可以随时买，但是要注意大幅回撤的风险，在期权额度有限的情况下，可容纳资金比较多，张数比较少。

认购								2018年03月(79天)	
码	时间价	波动溢价%	虚实度%	溢价%	内在价	涨跌	现价	行权价	
63	0.0364	33.78	11.09	1.24	0.2940	0.0105	0.3304	2.6500	0.
87	0.0365	16.57	9.04	1.24	0.2440	0.0075	0.2805	2.7000	0.
29	0.0436	14.87	7.05	1.48	0.1940	0.0086	0.2376	2.7500	0.
05	0.0524	11.67	5.14	1.78	0.1440	0.0088	0.1964	2.8000	0.
06	0.0648	9.56	3.30	2.20	0.0940	0.0078	0.1588	2.8500	0.
07	0.0809	7.52	1.52	2.75	0.0440	0.0059	0.1249	2.9000	0.
08	0.0958	6.29	-0.20	3.46	—	0.0059	0.0958	2.9500	0.
09	0.0720	6.02	-1.87	4.35	—	0.0052	0.0720	3.0000	0.
64	0.0394	8.40	-5.03	6.64	—	0.0030	0.0394	3.1000	0.
75	0.0213	12.89	-8.00	9.42	—	0.0012	0.0213	3.2000	0.
83	0.0110	16.57	-10.79	12.47	—	0.0010	0.0110	3.3000	0.

图 2-24 2018 年 1 月 8 日 50ETF 认购期权行情

第二种是买远月虚值合约，但是最好符合两个条件：一是买时处于中期底部，标的价格较低；二是波动率较低，期权价格总的来说比较便宜。例如，2017 年 5 月买 9 月和 12 月行权价相对标的虚 0.1 元、0.15 元的合约，50ETF 购 12 月 2500 合约从 140 元/张涨到 4600 元/张，涨幅为 30 多倍，如果能够根据趋势长期持有的话，比按月投资利润并不少。但也有 50ETF 购 9 月 2500 合约从 600 多元/张跌到 60 元/张，然后涨到 2400 元/张的情况。

对于远月实值合约，可以买入近月虚值认沽作为保护。对于远月虚值合约，如果短时间内行情对你不利，是继续扛、加仓，还是止损，那就要看你对未来一段行情的信心了。

还可以通过"买购+卖沽"的方式，合成多头，抵消时间价值的损耗。

布局远月合约，一定要想清楚几个问题：一是由于期权的高杠杆，短期浮亏可能存在，支持你长线看多的理由是否继续存在？是否要继续坚持？如果中间有逆向波动，是继续加仓还是止损操作？要构成一个合理的闭环，并且在控制资金投入的情况下操作。

25

不忘设立期权初心——现货保险

期权设立的本意，就是为现货和期货提供保险，同时，由于它的非线性杠杆，又区别于期货的套期保值作用。

期货的套期保值不是对期货而是对期货合约的标的金融工具的实物（现货）保值，由于期货和现货价格的运动方向会最终趋同，故套期保值能收到保护现货价格和边际利润的效果。期权也能套期保值，对买方来说，即使放弃履约，也只损失保险费，对其购买资金保了值；对卖方来说，要么按原价出售商品，要么得到保险费也同样保了值。

在期货套期保值交易中，期权是一项很有效的保险。不同执行价格相当于给投资者提供不同等级的保险，保险范围越大，保险费用就越高。例如，投资者持有 1 万股价格为 2.9 元 2018 年 3 月到期 50ETF 现货，考虑到未来的价格下行风险，该投资者可选择买入认沽期权（如图 2-25 所示）进行保护。投资者或许考虑买进 1 张 3 月 2850 认沽期权进行保护，如果想获得更大的下行保护，可以买进 1 张 3 月 2800 看跌期权，或者对现货头寸实施完全保护，选择买进 1 张 3 月 2900 看跌期权。当然，随着执行价格升高，投资者所支出的权利金（即保护成本）会快速上升。相信了解期权价格报价的投资者基本会认为这项保险并不具有优势，因为通常略微虚值的看跌期权权利金还是很贵的。就成本而言，除非标的价格明显上行，否则潜在盈利会因为权利金支出而被明显稀释。

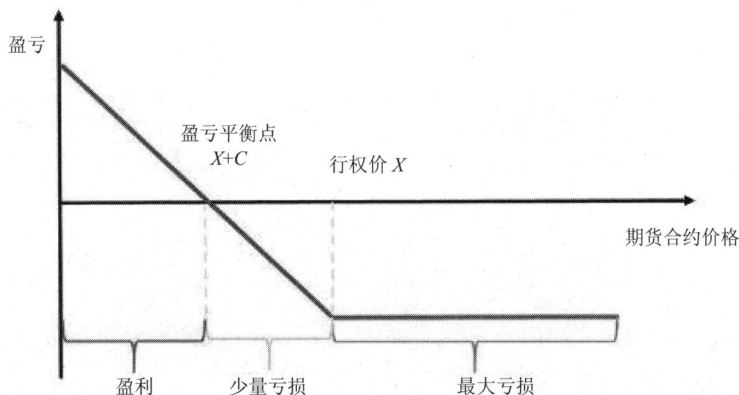

图 2-25　认沽期权盈亏图

期权保护作用的一个显著用途是：当现货涨得超出你的预料，却不愿意放弃继续上涨的上行收益，但又害怕突如其来的暴跌时，可以买入深度虚值认沽期权对现货进行保护。

以 2018 年 1 月 18 连阳后为例，当标的已经大幅上涨到接近 3.2 元，此时投资者既觉得涨得太多了，不愿意放弃继续上涨的收益，又害怕突然大跌带来损失，所幸，这时的认沽期权非常便宜，故可以买入认沽期权保护，以持有 1 万股 50ETF 进行全额保护为例，按最高点附近的平均价格买入认沽计算。

从表 2-4 可以初步看出，选择虚 0.2 元的沽 2 月 3000 合约比较合适。如果按照 1∶2 的比例配置认沽期权做保险，付出的保险费只有 0.32%，却能覆盖所有的亏损并能盈利，充分修复收益率曲线。而且，也只有采用保险策略的投资者能将暴涨的虚值认沽期权持有较长时间。

表 2-4　不同行权价认沽期权的保险效果对比

品　　种	保护时价格	暴跌后价格	单项损益	保护后总损益	保费占比
1 万份 50ETF	3.18 元	2.713 元/份	−4670 元/份	−4670 元	
50ETF 沽 2 月 3100	200 元/张	3900 元/张	3700 元/张	−970 元/张	0.62%
50ETF 沽 2 月 3000	50 元/张	3200 元/张	3150 元/张	−1520 元/张	0.16%
50ETF 沽 2 月 2950	30 元/张	2700 元/张	2670 元/张	−2000 元/张	0.09%

今后，在疯狂的牛市中，不要忘记使用期权的保险功能，为手里持有的现货

做保护，每次只要花费不超过 0.5%的资金。

2018 年 1—2 月 50ETF 和认沽合约的走势如图 2-26～图 2-29 所示。

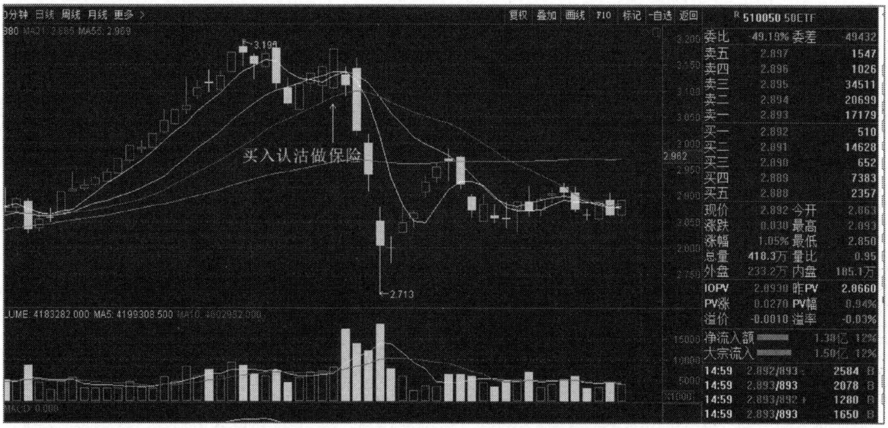

图 2-26　2018 年 1—2 月 50ETF 走势

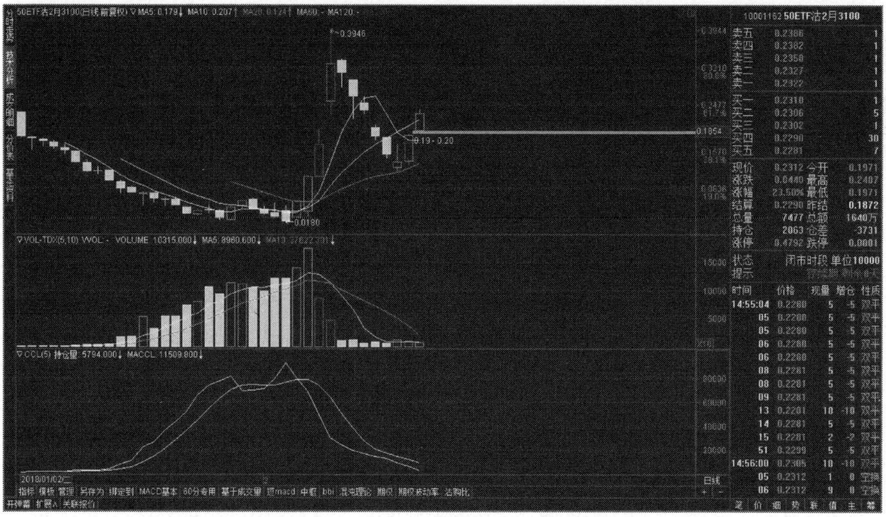

图 2-27　2018 年 1—2 月 50ETF 沽 2 月 3100 合约走势

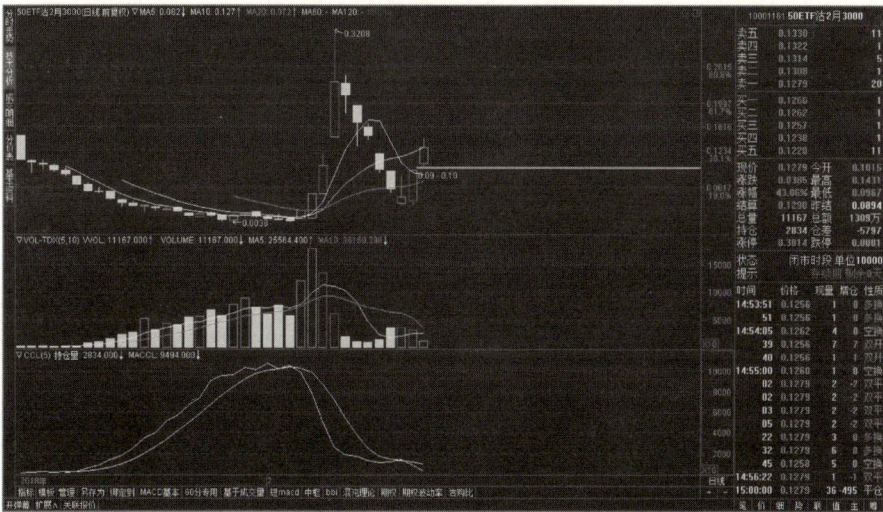

图 2-28　2018 年 1—2 月 50ETF 沽 2 月 3000 合约走势

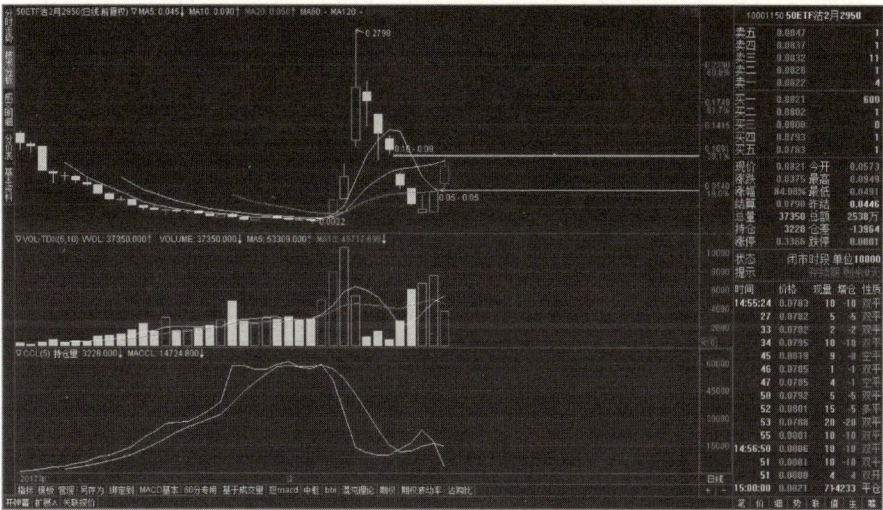

图 2-29　2018 年 1—2 月 50ETF 沽 2 月 2950 合约走势

26

账户起伏如何处理——应对亏损

不知亏，焉知盈。

你的交易账户会出现起起伏伏的情况，亏损也是交易游戏的一部分。趋势跟踪交易者也有亏损的时候。"如果你不愿意接受亏损，你就赚不到钱，就像只吸气，不愿呼气一样。"如果你没有亏损，你就没有承担风险。如果你没有承担风险，你就不会赚大钱。亏损并不是问题，问题是你如何应对它。毫无计划地对亏损视而不见，那么它还会回来拜访你。趋势跟踪应对亏损的策略是截断亏损，这一明智的做法能让你有资金继续交易。

从理论上来说，真正的巨额亏损很少会降临在趋势跟踪交易者身上，因为市场一旦变得对他不利，他就会决心平仓或反仓。许多小损失是不可避免的，能坚持下去的根本原因是，价格的任何波动都可能是一段趋势的起点，偶尔的大赚一笔足以抵消一系列的小损失。

在实际操作中，很多人不能很好地应对亏损，包括我自己有时也会这样，有时候账户亏损较多，就不敢直面账户，不敢看行情。然而对期权来说，浮亏和实际亏损应该区别对待。因为它不像股票，股票亏损过半一般很难回本，但是有时候期权浮动亏损 90%都能回本并赚钱，关键看后续的走势。由于期权会到期，一旦到期未能回本，甚至归零了，那就会造成实际的亏损，这时候应该坦然面对亏损，冷静思考亏损的原因，以后尽量别再犯类似的错误。一般来说，不要用所谓的平均成本法补仓，这实际上是在不断摊平亏损。对于摊平亏损，交易者应该感到羞愧，而不只是困窘。如果你亏损了，你应该知道自己在某方面是错误的。投资新手也许难以相信，市场下跌的时间越长，越可能继续下跌，永远不要把下跌的市场看成抄底的机会。

　　同时，时刻不要忘记资金管理，要永远有继续投入的资金。赚了大钱和亏了大钱后，要休息一段时间，收拾好心情，从头开始。

27

风云突变持仓不利——反向开仓

索罗斯说，我有认错的勇气，当发现错误时马上改正，所以我的成功不是来自预测正确，而是来自承认错误的勇气。

在期权投资的过程中，往往会有这样的情况，本来市场挺平稳的，你手上持有的某方向合约或者涨得正好，或者比较稳定，突然，风向大变，或者因为市场的自然调整，或者因为突发消息，你手上的期权合约价格像瀑布一样往下跌，如图 2-30 所示，并且持续一段时间，这时候应该怎么办呢？

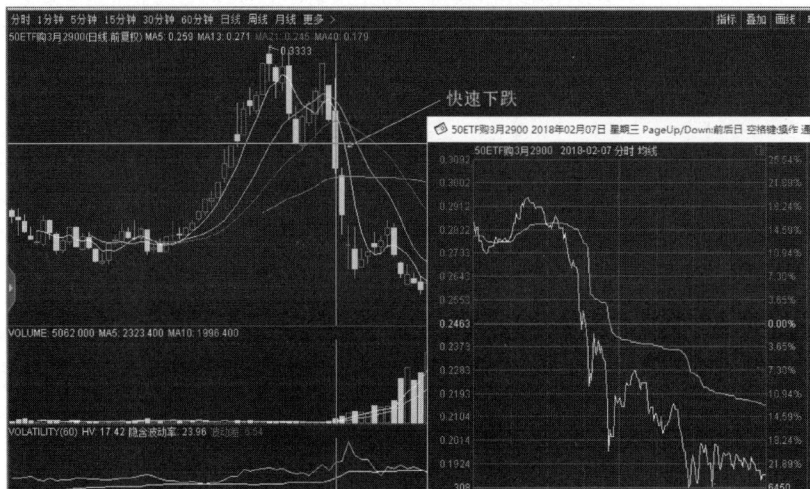

图 2-30   2018 年 2 月 7 日 50ETF 走势

这时候，由于心理账户和沉没成本的因素，一般人会采取的办法有：

（1）吓傻了，不割肉，干看着；

（2）逢低补仓，摊低成本。

比较理智的办法应该是，割肉，出来观望一段时间。但是割肉又怕它涨回去，所以面临两难。

其实还有一个好办法就是：反向开仓。假设原来买的是认购，结果标的突然跳水，这时候在有额度和有资金的情况下，可以买入一部分认沽，如果继续跳水，则买入的认沽可以挽回相当部分做反方向不愿意割肉的损失。

以 2018 年 2 月的极端行情为例，如果前面买入 10 万元认购，后面行情不利，只要在大跌开始时买入 2 万元的认沽合约，如图 2-31 所示，就至少可以保住整体不亏本，甚至整个账户还会有盈利。

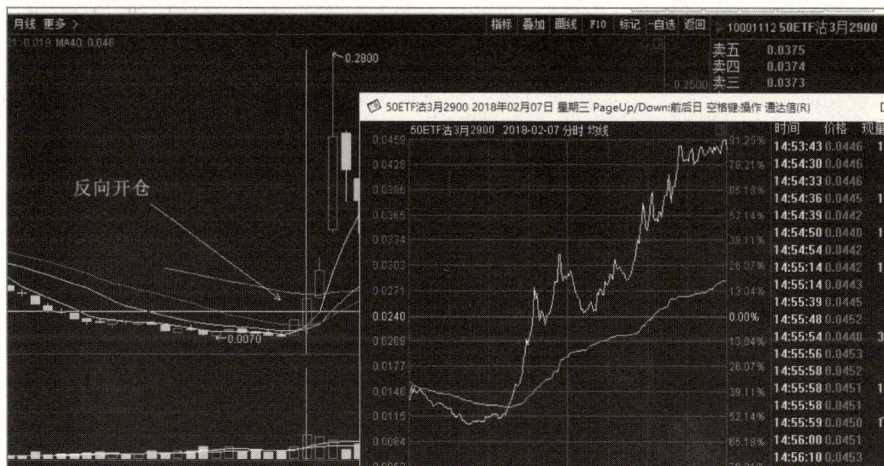

图 2-31　2018 年 2 月 7 日 50ETF 沽 3 月 2900 合约走势

反向开仓对于日内交易一样有效，如果做得好，可以增加不少收益或对冲风险，如图 2-32 和图 2-33 所示，跳水时要做好反向开仓。

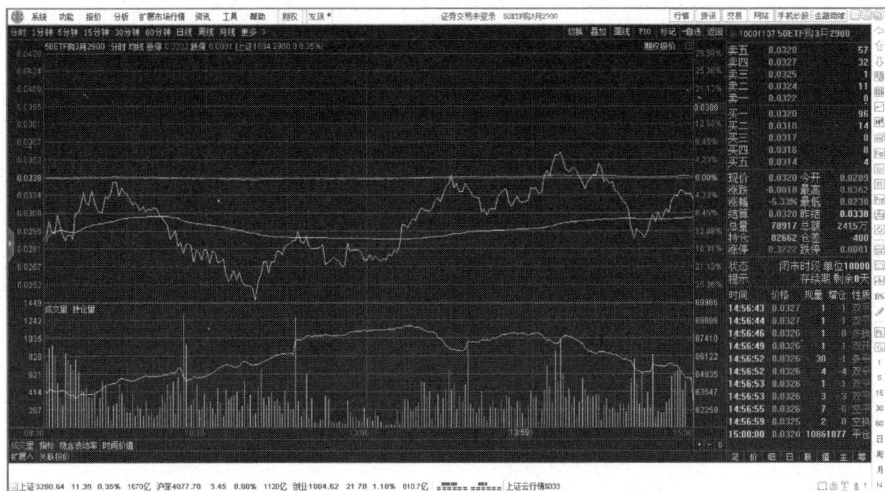

图 2-32　2018 年 3 月 20 日 50ETF 购 3 月 2900 合约走势

图 2-33　2018 年 3 月 20 日 50ETF 沽 3 月 2900 合约走势

对于末日轮来说，反向开仓就更加有用，当日内是一轮单边或大幅波动行情时，买末日轮认购（沽）做错了方向，不能死盯着你持有的那个方向的期权不动，只想着高抛低吸，而应该马上看看反方向的合约走势，从另一个方向再把钱赚回来。

简单地说，不能死守一个方向，也不能坐等，要灵活变换。

小马白话期权公众号上的提醒如图 2-34 所示。

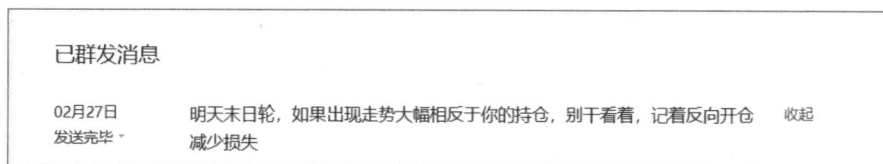

已群发消息

02月27日   明天末日轮，如果出现走势大幅相反于你的持仓，别干看着，记着反向开仓   收起
发送完毕·   减少损失

图 2-34　2018 年 2 月末日轮提醒

28

高胜率及高容错性——卖方策略

期权设立的本意就类似于一个财产保险，期权的买方类似于买保险的人，付出较少的权利金保护自己的财产在受损失的时候还可以获得较大的赔偿金，同样，期权的卖方类似于保险公司，在收取买方的权利金后，用对冲、分散风险或概率计算尽量确保自己不亏。

一般个人投资者喜欢做买方，因为买方获利的倍数可能会很高，但由于付出了额外的时间价值成本，获利的概率比较低。而卖方天然带了很丰厚的安全垫，比如 50ETF 在 2.65 元附近，认购 2700 合约的价格是 380 元/张，也就是说，该合约的买方如果持有到期，50ETF 需要涨到 2.738 元才能保本［2.738−2.7（行权价）=0.038 元，0.038×10000=380 元］；反过来对卖方来说，标的只要不涨到 2.738 元，他就都会赚钱，最后就算标的小涨，也是赚钱，容错性非常好。而判断标的涨（跌）到某价位，比判断标的不涨（跌）到某价位困难得多。

一般情况下，做期权的卖方往往比做期权的买方赚钱的时间多一些、概率大一些，特别是在波动不大的时候，期权卖方会有更高胜率，也因此有更大的赚钱效应。但是天下没有免费的午餐，这种太平无事时期所赚来的钱，其实和极端情况下可能亏的钱是一种平衡：期权卖方在很长一段时间内都能赚到相当可观的权利金，但是当风险事件来临时，有可能一下子回吐盈利甚至出现亏损，而这种亏损比例往往比现货投资更为厉害。

为什么期权卖方在平时看来赚钱概率挺高呢？有三个方面的因素：一是时间价值的流逝。时间天然是卖方的朋友，当期权的内在价值没有太大变化的时候，时间的流逝会导致期权时间价值加速衰减，最后到期时，虚值期权的卖方稳稳当当将权利金收入囊中。另外，从期权定价的角度理解，Theta 值在大多数情况下都是负数，所以期权价格是随着到期日临近而降低的，卖方更乐意看到这样的情况。二是波动率的回归。波动率在市场大跌时可能大幅上升，但随着时间的推移，隐含波动率会回到理性的状态（如 2015 年的股灾，波动率高达 60%，2018 年 2 月初，波动率从 20%飙升到 40%，随后波动率回潮）；尤其是在市场大涨或大跌之后，通常会经历一轮漫长的不温不火的行情，波动率进入缓慢下降的长期通道，这样的环境非常有利于卖方。此外，从时间轴上来看历史经验，波动率缓慢下降的时间段往往也比陡然上升来得多（如图 2-35 所示）。三是从概率的角度，卖方胜率更高。以一个平值期权为例，假设股价服从正态分布，那么卖方赚取全部或部分权利金的概率也比买方翻倍的概率要高，因为卖方至少有一半可能是不被行权而纯收权利金的。此外，还有一定概率虽被行权，但收取的权利金能够部分覆盖被行权的成本。所以，如果把是否赚钱比作一个抛硬币游戏，每隔一段固定时间抛一下，那么期权卖方抛到"赚"的概率确实要比期权买方大。

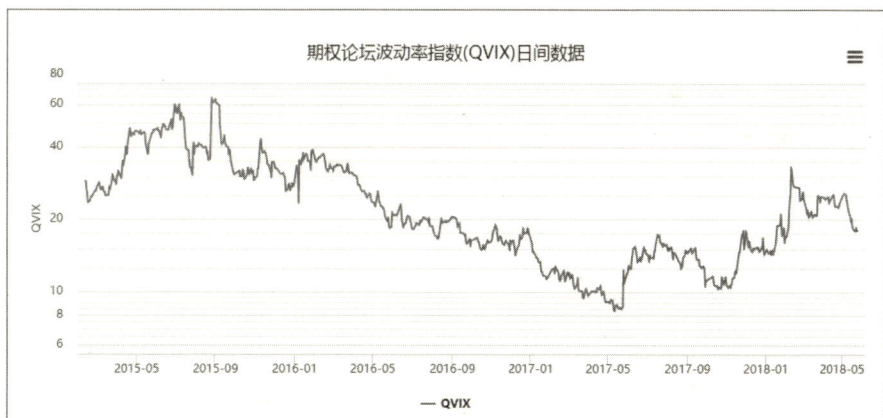

图 2-35　期权论坛波动率指数

卖方也要随时注意风险，防止几个月的利润几天亏掉，风险控制可以从以下三个方面下手。

一是严格控制仓位，不能随时满仓，否则持仓和市场波动稍有反向，就会有券商打电话来要求部分平仓或追加保证金，那时就比较被动了。

二是注意开仓时的波动率水平。波动率如果很高，并且是在逐渐回落的过程中，那么做带方向的卖方简直是如虎添翼。而波动率如果长期处于低位，波澜不惊，那就要注意是暴风雨的前夜，可能买方的大机会来临，卖方就要注意提防了。

三是要注意盯盘。除非卖很远期或很虚值的合约，其他还是应该经常盯盘，看自己的保证金和风险度水平。往往风云突变时，账户会有很大的变化，要及时想到应对的方式并严格执行，这是至关重要的。

经过一段时间的卖方体验，我总结了以下几条经验。

（1）卖方可以容纳更多资金，个人投资者如果看标的方向非常准，几十万元之内用买方来做利润会非常丰厚，但如果资金达到几百万元或几千万元，那大部分还是用带方向的卖方来做更好。

（2）卖方有更好的容错性。比如2018年4月，标的涨到2.8元压力位，预期要回调，但我不敢用认沽权利仓来做，只敢用认购义务方来做。因为权利仓要付出更多的时间价值成本，还要承受波动率下降带来的损耗，如果朝着持仓方向发展，而波动率是下降的，那么权利方利润=标的变动−时间损耗−波动率下降，而义务方利润=标的变动+时间损耗+波动率下降。买方更强调精准，而卖方判断得差不多就好。

（3）平值、实值期权照样可以卖。在判断好标的运动方向的情况下，卖平值、实值期权会获得更加丰厚的利润，有时候一天可能收获保证金的5%～10%的利润，大牛市不仅仅可以靠买入认购赚钱，也可以靠卖出平值、实值认沽容纳更多的资金。

（4）卖方风险其实没那么大。在仓位不太轻的情况下，保持风险度80%左右，如果真有极端行情，有券商会要求或亲自给你止损的。经测算，一般到所用保证金本金的3%就会强行平仓，并不会出现"亏损无限"。

（5）卖方并不是收益有限。在一轮单边行情里，一般人认为等卖出的合约归零就完毕，获取的利润只有几百元/张。其实，卖方和买方一样也可以移仓操作，如果一张合约价格很低时，照样可以移仓到更贵的期权合约上去做卖方，经过一番接力，在很好的行情里，月获利50%并非不可能，而容纳的资金比买方大得多。

（6）不吃最后一口。当一个合约从几百元/张开仓卖出到最后剩下50～100元/张时，其实就可以放弃了，特别是不能在没有对冲和防护的情况下做新开仓。

这时候盈亏比不合适，最多赚 100 元/张，但如果有反向波动，可能亏或者浮亏几百元/张。如图 2-36 所示，2018 年 50ETF 沽 5 月 2700 合约，我 500 多元/张卖出开仓，最后三天时 50 元/张买入平仓，如果这时不平仓甚至还卖出开仓，最后涨到 385 元/张，那就非常难受了。

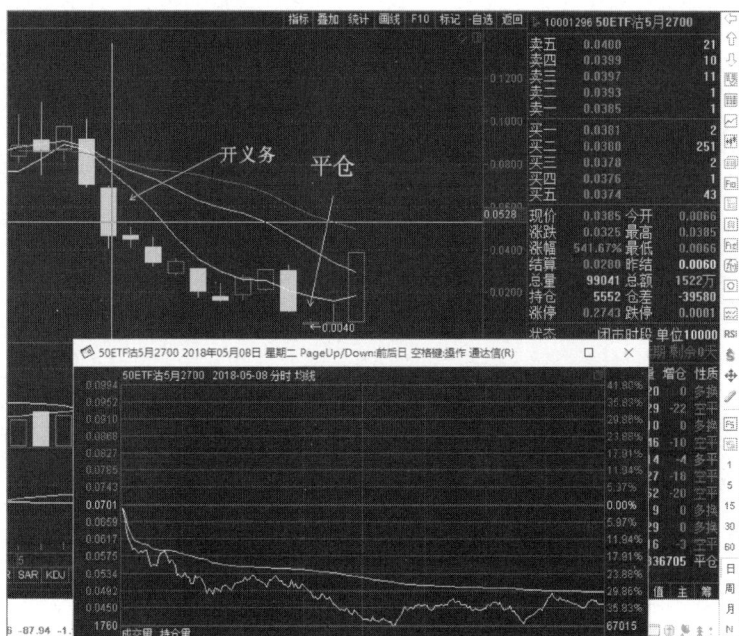

图 2-36　2018 年 50ETF 沽 5 月 2700 合约走势

（7）应对浮亏。期权卖出开仓后，常常不会马上获得浮盈，对于浮亏应该怎么办呢？如果卖出的期权合约虚值程度比较高，则可以在保证金充足的情况下等一等，先不止损。而如果接近于平值，或者大幅反向波动，这时就应该止损一部分，或者反向开仓对冲。根据经验，卖出反向合约（原来卖购则开卖沽，原来卖沽则开卖购）效果并不好，因为如果标的大幅波动，你卖出的合约当天已经翻倍，反向的合约跌了 50%，但如果标的继续单边波动，那么已翻倍的合约可能继续涨到 2 倍或 3 倍，已经跌了 50% 的合约可能跌不动了（尤其是虚值合约），这时应该买入同向的实值合约对冲，构建成牛市价差或熊市价差组合，效果更好。

三、心态篇

29

买权不必时时在场——静待良机

2018 年 3 月以来，做 50 期权权利方的人应该很难受，不管是认购期权还是认沽期权，不管是实值期权还是虚值期权，标的每天波动很小，而波动率却一直在下降，期权价格上涨很少超过 30%，下跌也是如此，但是有些天往往是沽购都在跌，也就是双杀，尤其是当标的变化很小的时候，比如 3 月 14 日。在这段时间里，买方很煎熬，每天只能看着时间价值损耗和波动率下降、Vega 值和 Theta 值的双杀，但是给了卖方回血的机会。

让我们回顾一下 50ETF 在 2016—2018 年年初的横盘走势。

在 2016 年 12 月大跌后，于 2017 年 1—4 月连续小幅横盘 4 个月，随后开始上涨，如图 3-1 所示。

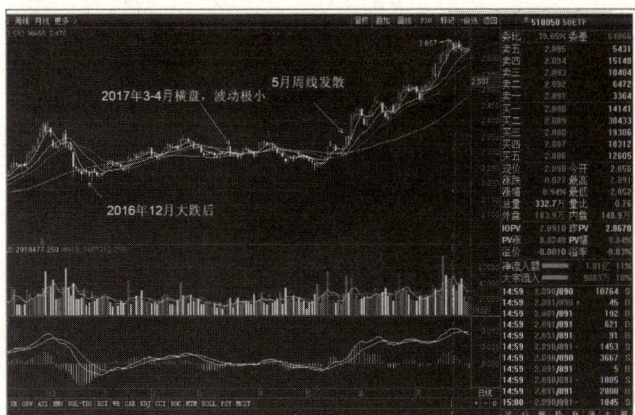

图 3-1　2016 年 12 月—2017 年 7 月 50ETF 走势

2 月 17 日—5 月 5 日区间振幅为 0.111 元, 如图 3-2 所示, 区间振幅不到 5%, 这期间我一直在参与, 不管是做认购还是做认沽期权的权利方, 轻度虚值期权都不赚钱, 事后回测, 只有 1 月、2 月的深度实值期权能稍微盈利 30%, 在这几个月里轻度虚值期权持仓好几次面临归零, 最后靠坚持下去, 才等来 5 月开始的大行情, 把之前的亏损挽回。这期间我做好了资金管理, 结果还好。

图 3-2 2017 年 2—5 月 50ETF 区间统计

2017 年 8 月调整半月又反弹后, 9 月开始了漫长的横盘调整, 如图 3-3 和图 3-4 所示。

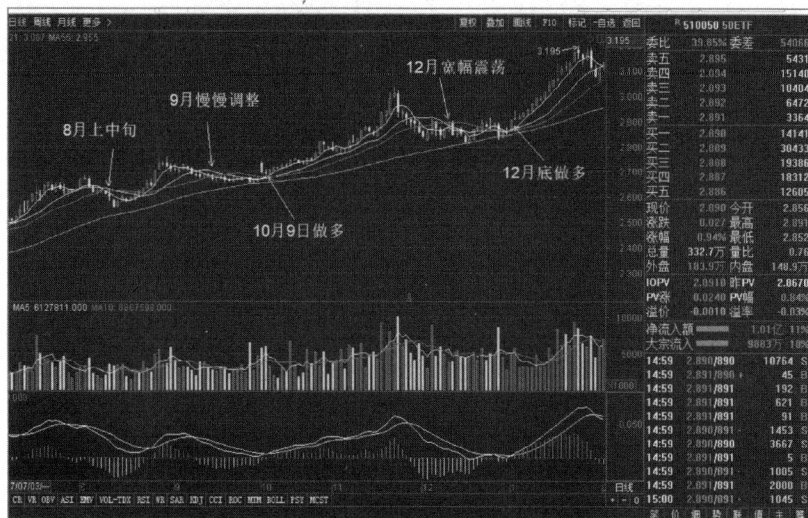

图 3-3 2017 年 8 月—2018 年 1 月 50ETF 走势

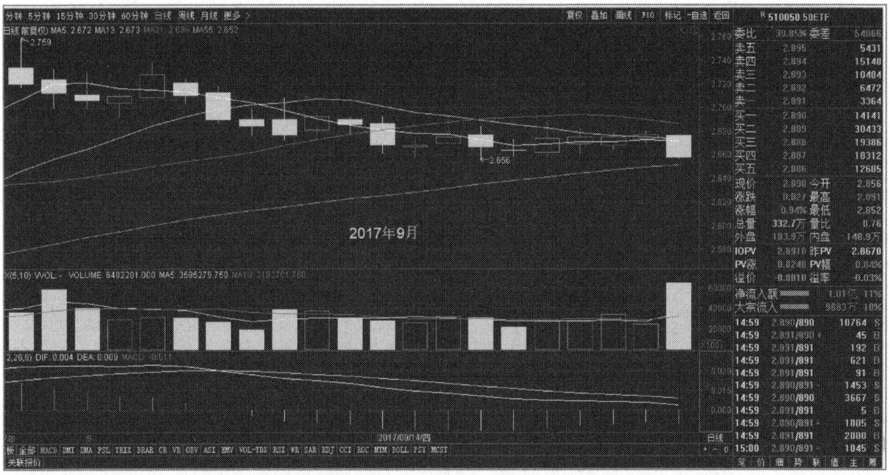

图 3-4　2017 年 9 月 50ETF 走势

从 8 月 29 日到 9 月 27 日（如图 3-5 所示），50ETF 的波动只有 0.103 元，区间振幅为 3.88%，这段时间又是时间价值损耗，轻度虚值的期权全部归零，深度实值认购期权会亏钱，深度实值认沽期权略赚，但扣掉时间价值的损耗后，利润非常有限。

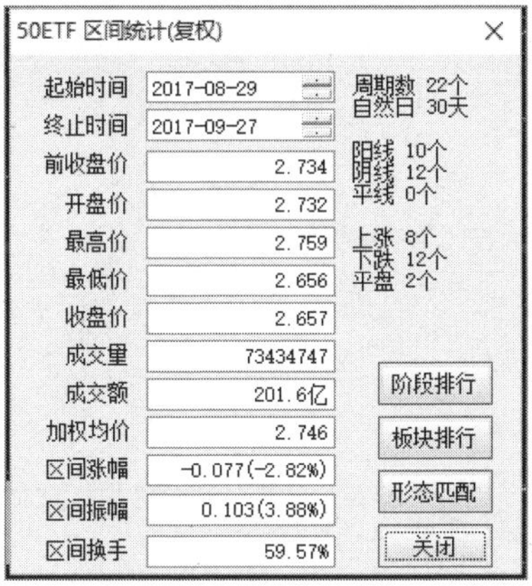

图 3-5　2017 年 9 月 50ETF 区间统计

经历了 2017 年 11 月大涨，又经历了 11 月底大幅下杀后，整个 12 月就是宽幅震荡的过程，如图 3-6 所示。12 月 4—27 日，区间波动只有 0.106 元，如图 3-7 所示，区间振幅为 3.77%，区间涨跌金额只有–0.004 元，涨跌幅度为–0.14%。

不过在这段宽幅震荡的过程中，有很多短线高手把握住机会获得了丰厚的利润，标的每天的波动幅度经常超过 1%，一些期权常常是一天涨 100%或跌 50%。

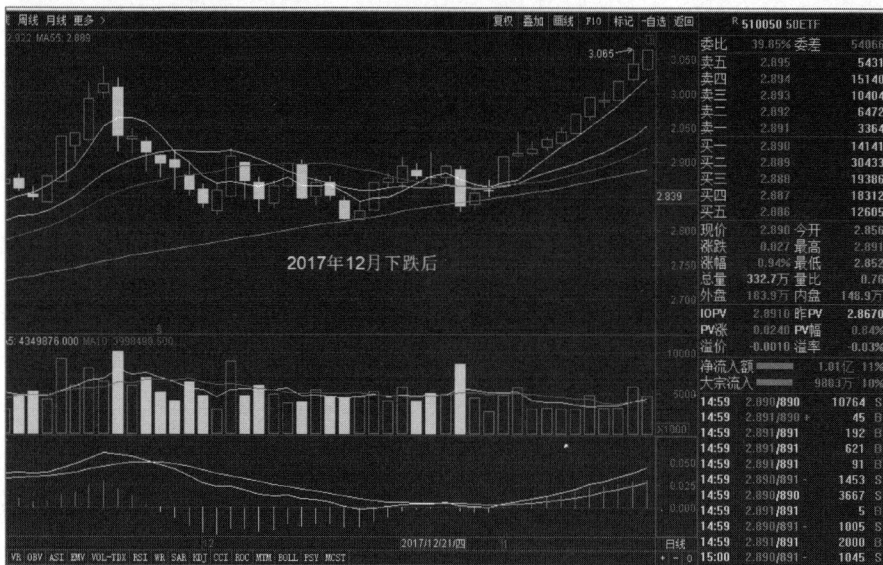

图 3-6　2017 年 12 月—2018 年 1 月 50ETF 走势

图 3-7　2017 年 12 月上证 50ETF 区间统计

后来，经历了 2018 年 1 月 18 连阳，又遇到了 2 月初大幅下跌，在春节前后缓慢回升走平之后，又进入了窄幅整理阶段，如图 3-8 所示。3 月 1 日以来，进入两会时间，50ETF 的区间波动金额为 0.093 元，如图 3-9 所示，区间振幅为 3.29%，区间涨跌金额为 0.019 元，涨幅为 0.66%，认购、认沽期权获利非常困难，面临时间价值每天的损耗。期权合约每日最大的涨幅很少超过 20%。

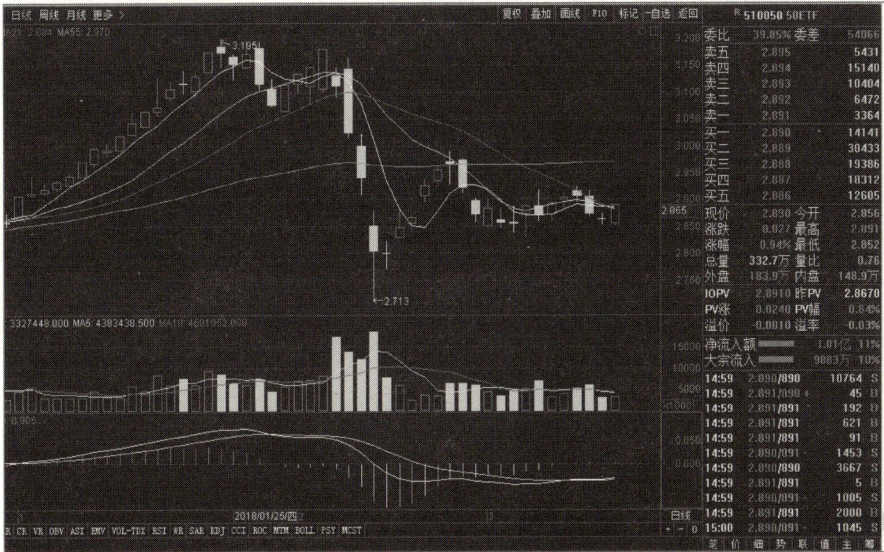

图 3-8　2018 年 1—3 月 50ETF 走势

图 3-9　2018 年 3 月上半月 50ETF 区间统计

一般来说，除大熊市和大牛市外，标的处于震荡的时间非常多，单边上涨和快速下跌的时间比较少。而且，在一波快速下跌后，如果没有大的外部因素影响，往往很难快速反转，只能慢慢地等调整和修复，这个修复一般不会是几天就能完成的。

对于权利仓来说，月初的时间价值非常高，下月合约的时间价值也非常高。如果遇到这种小幅调整的行情，可以少量参与试试感觉，或者不参与保存本金，等机会来临时再参与比较好。或者，在大胜和大亏之后，休息一段时间，也未尝不可。

在一波行情启动时，大多数人都能发现大行情的入场时机，那时候晚一两天甚至一周，并不会有很大影响，不要拘泥于短线的小波动。当然，短线高手除外，他们可以快进快出。

耐心，耐心等待！在大行情时，期权的买方在场就好！

30

错是常态勿言放弃——贵在坚持

在期权投资的历程中，由于它的超高杠杆性，有些投资者不懂、不学、不研究、不分析，再加上市场走势和自己的判断未完全吻合，或者买卖的点位不是很好、不够精确，很容易爆仓或归零。

期权权利仓其实很难赚钱，容错性很差，胜率比较低，赔率比较高。比如，买虚值的认购合约，2018 年 1 月 9 日，50ETF 收盘价为 2.97 元，50ETF 购 1 月 3000 合约价格为 200 元/张，如果忽略中间波动持有到期，标的要涨到 3.02 元才可以保本，涨到 3.04 元才能翻倍。相对来说，义务仓容错性很好，比如标的价格为 2.99 元，当月内涨不到 3.2 的概率比涨到 3.2 的概率其实大得多。

错是常态，除了不断学习、研究提高自己的能力，顺应市场趋势，跟对当前的大势之外，更重要的一个因素是贵在坚持。

坚持，首先要在不断摸索中发现适合自己的操作模式和盈利方法，然后不断修正这种模式，尽量使得胜率和赢率高一些。比如，有的人坚持买认购，有的人坚持用技术分析，有的人坚持用基本面分析，有的人坚持期权套利，有的人坚持期权的波动率交易，这些都是坚持。

一路走来，有很多投资期权的朋友掉队了，比如有个看了缠论 3 遍的朋友，股票操作得很好，但是在 2016 年到 2017 年年初投资期权亏了几次，就不再投资期权了。还有位朋友，在 2017 年年初期权开户时，他的资金量和我的基本一样，然而 2017 年 1—4 月标的窄幅震荡（基本在 2.35 元附近 5 分钱震荡），波动率一路走低到了 8%，他没能熬过这 4 个月艰难的日子，最后没有参与 5—7 月的认购大行情，后来每次只敢投入期权几千元，资金在炒次新，最后总体资金接近腰斩，而我和另外一些朋友专心投资期权，资产得到较大幅度增长。还有一些朋友是有的时候买，有的时候不买，往往赚钱的时候他因为各种原因（如工作太忙、手头没钱、不敢追高）错过了，而亏钱时却一定在场。

又比如，豆粕期权在 2018 年年初来了一轮大行情，如图 3-10 所示，我和几个朋友都在 3 月初开户，但刚入场就呛水，于是他们止损出去，暂时不再关注期权，结果错失了几十倍的行情，而我坚持关注和在场，最后获利。

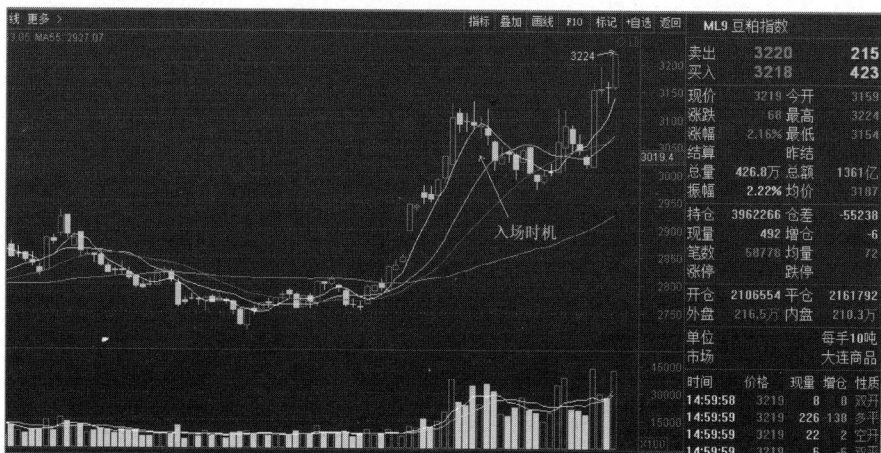

图 3-10 2018 年 1 季度豆粕指数走势

简单地说，就是错是常态，贵在坚持。要坚持相信期权的前景，结合自己的特点找到适合自己的方法，做好资金的管理，在不会很快把资金亏完的情况下，坚持下去，总有一天会春暖花开。

31

利润奔跑壮士断腕——止盈止损

止盈和止损，在期权投资领域，是有争议的事情，在股票和期货投资里止盈和止损一般是正确和必须采纳的，但就期权权利仓来说，存在不同的看法。

关于止盈，期权的波动随着标的的波动会很大，期权翻 2 倍、3 倍是经常的事情，也许你翻倍就止盈落袋了，但是后面反而是 5 倍、10 倍的利润。比如，2017 年 7 月我花 200 元/张买入 50ETF 购 7 月 2500 合约，到 400 多元/张就翻倍止盈，最后涨到 1600 多元/张。**就中长线投资来说**，如果不在有大行情的时候获得丰厚的利润，那么在震荡或方向做反时，就没有足够的安全垫来亏。应当摒弃股票投资里那种赚几角钱就跑的习惯，让利润奔跑。当然，何时止盈还是看标的的走势，要根据大势来定，要参考善后处理，分批分合约止盈。但我也曾因不止盈，结果趋势反转，在 2017 年 8 月和 12 月吃了很大的亏。

关于止损，期权权利仓自带止损属性，就是亏完投入的本金部分，然而在实际操作中，很多人不愿意看到自己的合约归零，按月操作往往在难以回天时还是止损，一般人能承受的范围应该在−50%止损。如果一段趋势性行情反转，不止损只是亏损有限，不反向开仓就会丢掉很多利润。比如，在 2017 年 11 月的上涨趋势中，有的人做沽没止损，又没反向开认购，以及 12 月我认购没止损，又没反向买入开仓认沽，都得到了惨痛的教训。又如，在 2017 年 7 月中旬，一些人做空，结果标的继续上涨，3 天就亏损 50%以上，最后没止损全部归零。我持有较多认购，但我怕下行风险，就开了 1000 张认沽期权，成为一个非对称的跨式策略，但持仓的认购期权比较多，保持 Delta 值为正，结果 3 天认沽亏掉 10 万元，还是止损认沽，反手做多，最后获得了利润。

在期权投资中如何止损？假如你是卖方，方向一旦错误，唯有即刻平仓，没有比这个更好的方式，若加一个交易方向，就等于加大了交易的复杂性，反而增加了交易成本。对买方来说，最好的止损就是事先风控，合理配置。如果你共有1000 万元资产，那么用 10 万元买期权，就相当于你已经做好了风控。即使中途跌到 4～5 万元，这对于 1000 万元来说也是很小的比例。假如这个时候放弃，万一行情又启动就因小失大了。

小经验：2018 年 3 月中旬，我在 40 元/张左右买入了 1 万元豆粕期权看涨 5月 3200 合约，后来该合约跌到 4 元/张我止损了，结果在 4 月初该合约最高涨到210 元/张。

短线和日内的止盈止损肯定还是要设置的，除了分析行情外，我的短线和日内的止损位一般设置为–20%，止盈要看情况，设置为 20%～50%，如果市场走势没有达到你的预期，就按市场走势小赚不赔吧。

32

放平心态锻炼心脏——认知心魔

因为每个人的投资经验、操作水平、操作习惯、盈亏状态、心理素质都不相同，所以很多人都有自己的心魔，别人无法帮他克服，只能靠他自己逐渐改变。具体表现为以下几个方面。

（1）不敢追高，却敢抄底。这是股票思维的固化，因为股票追高往往追到高点，抄底就等待反弹，但是期权，尤其是当月的期权不同，追高往往还有一段势头的高点，而不做好资金管理的抄底，往往面临归零。在一段一段地亏损中心态会变坏。

（2）行情来时，犹豫不决。我见过很多人股票炒得很好，对行情分析也很有水平，但在投资期权时，即使行情来时，也犹豫不决，在刚启动时不敢买，在合约涨 20%时不敢买，涨 50%时也不敢买，最后失掉了大行情，然后看着别人赚钱，在悔恨中煎熬。殊不知，一段趋势行情通常不是以期权涨 100%就结束的。

（3）不闻不问，鸵鸟政策。这也是相当可怕的心魔，明知道行情就在那里，以前也投资期权赚过、亏过，但是错过了这一波行情的开头，就不进场了，对于群里热烈的讨论不闻不问，埋下头不玩了。

（4）资金不到，望梅止渴。有些人以前亏钱了，或者资金在股票里，或者有其他投资途径，虽然对期权很有信心，但就是不愿意在看好时腾挪资金投资期权。

（5）预期过高，不做策略。期权权利仓在赚钱的时候可以赚大钱，有的人就形成了思维惯性，我就是进来赚大钱的，要赚就赚 3 倍、5 倍、10 倍，嫌牛市价差、合成多头空头、波动率交易、套利利润太低而不做。然而，2017 年只有 7 月和 11 月平值权利仓出现 10 倍行情，倒是从低点到高点 3 倍行情多一些，但需要精确抄底逃顶，才能实现利润最大化，何其困难啊。大部分时间还是应该考虑使用牛（熊）差、合成多头等策略，至少不能随时都重仓权利仓。

（6）见利就跑，亏了死扛。有的人习惯了股票思维，总想积小胜为大胜，一次赚两角，赚十次就两元。然而，落实到期权里，就是每次赚就赚 20%，或者一手赚几十元就卖出，然后继续等待，就错过了大行情。在一段趋势行情里，势头不会马上止步。**亏钱了不止损**，有的人在逆势中做认沽，本来想做短线赚 20% 就走，结果亏了 20% 不肯走，亏了 30% 不肯走，亏了 50% 还不肯走，最后逐渐亏完。

（7）短线频繁，费心费神。在我们微信群里有个人，每天做短线交易，试图抓住每一个小的波动，不停地买入卖出、认购认沽、上下翻飞，但往往赚的时候一手赚几十元，亏的时候也亏这么多。1 个月累积下来，费神不说，手续费花了不少，亏的时候亏不了大钱，但是赚的还没趋势性行情里别人一个合约赚得多。

（8）目光短浅，漂浮不定。有的人过分在意短线的波动，对大局没有清晰的认识，甚至沉迷于 5 分钟、1 分钟的波动，5 分钟和 1 分钟级别涨上去就做多，跌下来就做空，但是使用极短线的右侧追随交易模式，往往卖不到最高、买不到最低，利润率也不会太高。正确的做法应该是**做大波段、撸小波动**。短线高手除外。股票的短线有很多 1 年 10 倍的神话，而期权的长线也有很多倍的神话，但大多数人还是赚大的波段。

（9）斤斤计较，每日算账。有的人做了电子表格，每天都统计今天赚了多少钱，亏了多少钱，其实他的数字就是每天几百、几千元的盈亏，看到今天账户是赚的，当然高兴，看到今天亏了，就影响了生活，其实大可不必，眼光要放长远。不要计较一天的得失，要把自己的投资周期拉长，打零工的人每天计算赚了多少钱，上班族计算的是月薪，职业经理人计算的是年薪，而自己创业的企业家在前几年可以亏钱，只要最后盈利就行。

（10）事后找因，主观臆断。有的人自己不学习，连期权是什么、有哪些特性都不清楚，也不会自己分析，只听各种消息，跟各种牛人操作，却不思考别人为什么会这样操作、背后的根源是什么。还有的人在买之前不知道做多、做空的原因，在建仓之后选择性地到网上找对他持仓有利的消息佐证，这样往往得不偿失，经常挨打。

（11）抱有幻想，温水青蛙。在期权被套之后，总抱有幻想，比如做认购就盼望大资金解救，做认沽就天天盼着出"黑天鹅"，实际上那都是和趋势相对的看法，只会在无穷无尽的等待中，像温水煮青蛙一样，看着自己逐渐深套，逐渐归零。

（12）消息闭塞，井底之蛙。期权行情是对标的行情的超级放大，往往一个比较大的突发消息都会对盘面产生非常大的影响，如果当时不知道情况，就会感觉涨得莫名其妙，或者跌得莫名其妙，其实都是事出有因的。比如，2017 年 7 月中旬，有的人从技术面分析该跌了，于是开了沽，却没看到某天深夜美联储主席的言论——3 季度美国不加息了，于是全球股市暴涨，做空损失惨重。又比如，没注意消息面，如中国银行保险监督管理委员会出台文件对银行业规范化紧缩，这利空于市场，但是有的人却没有及时看到，只沉迷于自己的小世界里。

33

往事随风淡然处之——忘掉成本

忘掉成本主要体现在两个方面：赚钱时忘记成本和亏钱时忘记成本。简单地说，就是赚钱时不要总想着自己的成本，我已经赚了几倍，是不是该卖了？不然跌下来怎么办，不是空欢喜一场吗？有时候行情好，做权利仓轻松赚了 10 倍，是坚持一会博取更大利润还是落袋为安呢？亏了的时候就总想着，我花 400 元/张买的，现在跌到 200 元/张了，已经亏了一半，我不能卖掉。比如，2017 年 10 月 9 日，由于国庆节期间的利好，当天开盘认购期权大涨，我在 420 元/张抢入了 50ETF 购 10 月 2800 合约，结果一路走低，我在盘中就想，我亏损了，被套了，怎么办？其实如果当天看到行情不对，及时割肉，还可以保存实力等到 10 日的低点再进。这就是成本因素在作怪。忘记成本，尤其是沉没成本，根据趋势进行止盈、止损的操作，才是正确的方法。

忘记成本最重要的一点就是，忘记之前的盈亏，这一次投入的盈亏和上一次没有关系，即使上个月亏了，这个月赚回来就好。在期权市场里，如果能掌握方法，赚比亏容易得多。比如，上个月亏了 10 万元，但是这个月操作得好、行情判断得对，再投入 10 万元，赚 30 万元回来都是很轻松的。不要让过去的亏损成为累赘和心理压力，要轻装上阵。

小知识：

心理账户：心理账户（Mental Accounting）是芝加哥大学行为科学教授理查德·塞勒（Richard Thaler）提出的概念。心理账户是行为经济学中一个重要的概念。由于消费者心理账户的存在，个体在做决策时往往会违背一些简单的经济运算法则，从而做出许多非理性的消费行为。

如果今天晚上你打算去听一场音乐会，票价是 200 元，在你要出发的时候，你发现最近买的价值 200 元的电话卡丢了。你是否还会去听这场音乐会呢？实验表明，大部分的回答者仍旧去听。可是如果情况变一下，假设你昨天花 200 元买了一张今天晚上的音乐会门票。在你要出发的时候，突然发现你把门票弄丢了。如果你想要听音乐会，就必须再花 200 元买一张门票，你是否还会去听呢？结果却是，大部分的人回答说不去了。

可是仔细想一想，上面这两个回答其实是自相矛盾的。不管丢的是电话卡还是音乐会门票，总之是丢失了价值 200 元的东西，从损失的金钱上看，并没有区别。之所以出现上面两种不同的结果，就是因为心理账户的问题。

在人们脑海中，把电话卡和音乐会门票归到了不同的账户中，所以丢失了电话卡不会影响音乐会所在账户的预算和支出，大部分的人仍旧选择去听音乐会。但是丢了的音乐会门票和后来需要再买的门票都被归入同一个账户，所以看上去就好像要花 400 元听一场音乐会了。人们当然觉得这样不划算了。

心理账户有三种情形：

一是将各期的收入或者各种不同方式的收入分在不同的账户中，不能相互填补；

二是将不同来源的收入做不同的消费倾向；

三是用不同的态度对待不同数量的收入。

例如，在人们心里，会把辛苦赚来的钱和意外获得的钱放入不同的账户内。正常人不会拿自己辛苦赚取的 10 万元去赌场，不过如果是赌马赢来的 10 万元，去赌场的可能性就高多了。一个人对辛苦赚来的项目报酬有严谨的储蓄和投资计划，但是对意外获得的钱却有不同的态度。其实在名下的钱，并不依据它的来源有性质上的区别。

例如，如果月末得了 500 元的奖金，可能拿出 400 元买心仪已久的领带，把剩下的 100 元作为零用钱。但是如果获得了 5000 元，反而没有动力买 400 元的领带，也许会将 5000 元存入银行。

一个 10 元等于两个 5 元吗？心理账户的存在使我们的认识和行为决策不同。认识到如此，作为子女，每年一次性孝敬父母一大笔钱，不如分若干次以小额的形式给父母，这样可以促使他们真正使用这笔费用。

要认识到心理账户的存在，了解非理性的效应。应该明白，钱是等价的，对不同来源、不同时间和不同数额的收入要一视同仁，做出一致决策。

沉没成本：沉没成本（Sunk Cost）是指以往发生的与当前决策无关的费用。从决策的角度看，以往发生的费用只是造成当前状态的一个因素，当前决策所要考虑的是未来可能发生的费用及所带来的收益，而不需要考虑以往发生的费用。

人们在决定是否做一件事情的时候，不仅要看这件事对自己有没有好处，而且也要看过去是不是已经在这件事情上有过投入。我们把这些已经发生不可收回的支出，如时间、金钱、精力等称为沉没成本。在经济学和商业决策制定过程中会用到"沉没成本"的概念，代指已经付出且不可收回的成本。沉没成本常用来和可变成本做比较，可变成本可以被改变，而沉没成本则不能被改变。

"炒房炒成房东，炒股炒成股东"，很多人都知道这句顺口溜。坚持到底，却不一定胜利；持之以恒，却得到失败。在投资中，看上去的坚持，如果选错了方向，则有可能功亏一篑。

是什么使我们面对如此结局呢？沉没成本可以给出解释。沉没成本效应在投资者之间非常普遍，在实际交易中，人们总是将获利良好的品种卖出，而保留那些亏损的基金或股票，更有甚者，还会对这些不断亏损的基金股票加仓，反复买入想要挽回损失。究其原因，是因为在很多人心中，都有一个虚拟的心理账户，将获利部分计入盈利，认为盈利应该及时落袋为安；而亏损的股票一旦卖出，就变成了真金白银的损失。

不愿面对损失，不肯承认自己投资决策的失败，在损失面前执行鸵鸟策略，随之而来的结果可能更糟糕。就如同在生活中常见的排错队现象，眼见这队的服务人员非常低效，甚至有可能随时停止服务，却因为之前已经投入了很多时间，于是便没有胆量另起炉灶排新的队伍，看上去是为了之前的投入不变成损失，但实际上可能损失更多时间。

索罗斯对沉没成本的看法值得借鉴："我不认为这种办法可以挽回损失。"而避免这种陷阱最好的方法是自问：如果手中没有这只股票或者基金，或者另外给你一笔钱，你会做出什么样的投资决策？如果答案是否定的，那么最好卖了它。不能仅仅因为已经被套住了，为了心理账户上所谓的摊低成本，就进而做出一个错上加错的决定。对于一只股票或者一只基金同样如此，如果它已经让你亏损太多，而且短期内基本没有改善的迹象，那么与其盲目追加，换来无期限的望眼欲穿，不如快刀斩乱麻，接受沉没成本，重新选择标的，开始一段新的投资体验。

34

下单前后稍等片刻——让子弹飞

在电影《让子弹飞》里，张牧之带领兄弟们开了枪后，他的兄弟说："怎么没反应？"他说："别急，让子弹飞一会儿。"

同样的，在期权下单前后，我们也可以让子弹飞一会儿。

期权是高杠杆、高波动的交易品种，如果下单过早或者下单后过早否定自己，都可能带来一些损失。

下面分三种情况举例说明。

1）下单前，让子弹飞一会儿

（1）2017年10月初，在国庆节期间，中国香港、美国股市大涨，新加坡A50大涨，香港的内银股涨幅超过10%，预期10月9日会高开。果不其然，开盘后50ETF高开约2.5%，如图3-11所示，期权合约50ETF购10月2800、2750高开涨幅超过200%，在开始时我做好交易计划，如果高开太多就不追高，可以把之前持有的多单先出掉，但在刚开盘第一分钟内我就下单了。实际上，如果开盘后考虑一下，稍等几分钟，让子弹再飞一会儿，看到高开低走，那就不会匆匆下单，从而可以避免因买入而亏损，随后又不舍得割肉的情况。

（2）2018年3月23日，前一夜美国总统特朗普宣布贸易战，是夜美股大跌，大家都预期第二天A股会大低开，但是低开的幅度不知。有些人在股吧里喊："集合竞价买入认沽，不计成本！"然而我估计，当天早晨会受恐慌情绪的影响，可能会低开得比较多,而认沽期权的开盘涨幅,应该和 10 月 9 日认购期权的涨幅类似,会带有很大的情绪在里面,我的选择还是"让子弹飞一会儿",待它低开后看看怎么走再说,结果当天低开后,有半小时走高,如图 3-12 所示,然后才继续下探,这时候才是下单的时机。不然,在早盘抢入的认沽,由于波动率下降和标的走高,短时间内会浮亏较大,如图 3-13 所示。

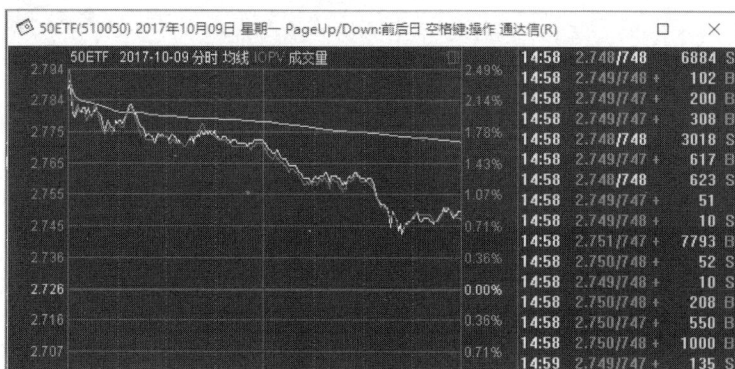

图 3-11   2017 年 10 月 9 日 50ETF 高开低走

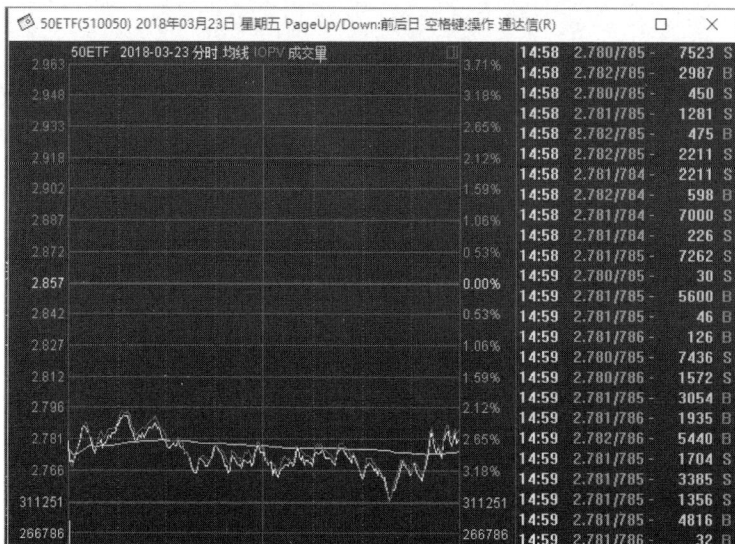

图 3-12   2018 年 3 月 23 日 50ETF 走势

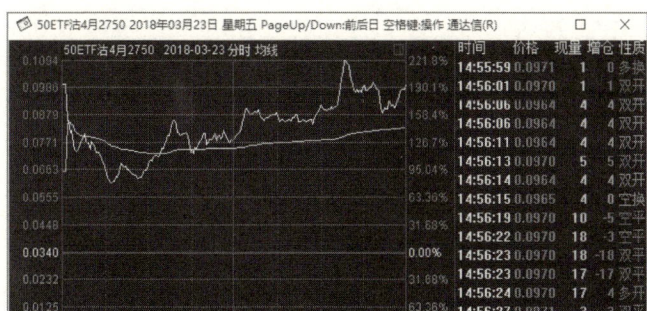

图 3-13　2018 年 3 月 23 日 50ETF 沽 4 月 2750 合约走势

2）买入持仓后，让子弹飞一会儿

在下达买入持仓指令后，在大部分情况下标的和期权合约都会波动，有的朝着有利于你的方向波动，有的朝着让你浮亏的方向波动。这时候，要冷静地思考，思考不利的波动只是短期回调还是彻底转向呢？如果是短期回调，那就应该"让子弹飞一会儿"，让时间验证你的操作，如果是彻底转向，就要做好止损设置，前提是要有一套自己的操作标准，不能一看亏了几元/张就马上止损。

举例说明：

2018 年 3 月 27 日，受隔夜美股反弹影响，早盘 50ETF 大高开，但是根据 A 股的特性，高开低走是常态，如图 3-14 所示，在走低又反弹但是没过均线时，我开了认沽，如图 3-15 所示，均价在 480 元/张左右，但是震荡上行到 500 多元/张时，标的又有了几次小级别的反弹，其实做认沽是提心吊胆的，总担心突然会拉起，每次小级别的反弹都会让我怀疑自己是不是做错了，然而，坚持一下，让子弹再飞一会儿，几次小级别反弹都不成气候，在下午终于迎来跳水，于是顺势平仓，最终获得了较好收益。

图 3-14　2018 年 3 月 27 日 50ETF 高开低走

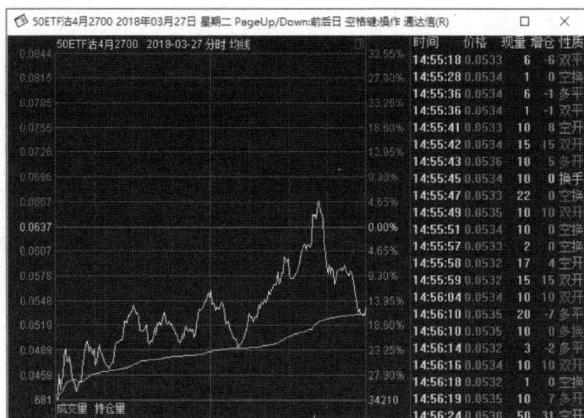

图 3-15   2018 年 3 月 27 日 50ETF 沽 4 月 2700 合约走势

3）持有后，让子弹飞一会儿

2018 年 4 月 19 日，在前晚央行降准的利好消息刺激下，在连续的跌势中起了一根大阳线（如图 3-16 所示），这让一直做空的我有些紧张，因为在一夜之间，仿佛市场上的利空都不提了，反而传的是更多的利好，比如降准、沪港通大幅流入、资管新规推迟实施、贸易战有所缓和、叙利亚空袭结束、特朗普说开放对话。

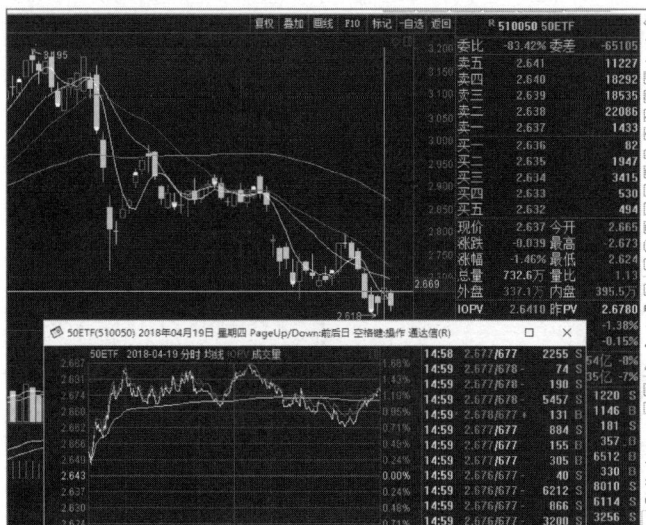

图 3-16   2018 年 3—4 月及 4 月 19 日 50ETF 走势

从 60 分钟走势和技术指标（如图 3-17 所示）来看，有一个非常大的 MACD 底背驰金叉，按照技术派一般的说法，底背驰金叉是非常难得的入场时间，往往会有大级别的行情。

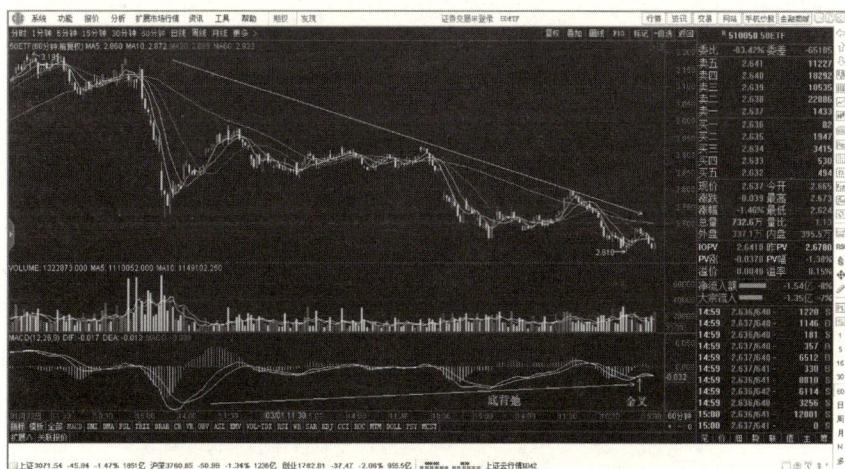

图 3-17　2018 年 4 月 19 日 50ETF 底背驰金叉

那天上午在 60 分钟的 MA20 处（如图 3-18 所示）有较强的压力，不是一个放量上涨的过程。对于持有认沽和卖购仓位的人来说，实际上是非常煎熬的。

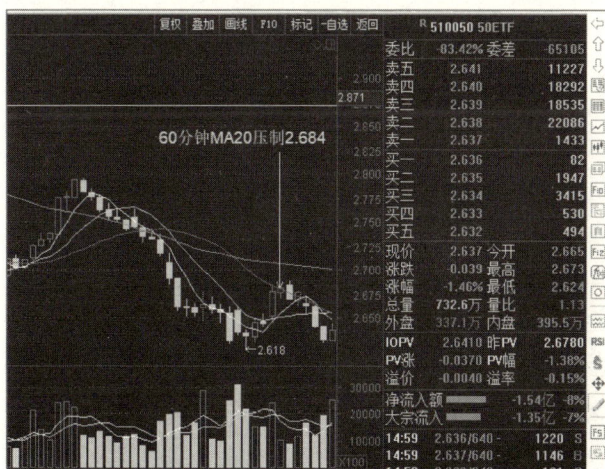

图 3-18　60 分钟 MA20 压制

当天的实值一档、平值、虚值一档认购期权和认沽期权的走势如图 3-19～图 3-24 所示。早盘认购期权大幅走高，涨幅为 40%～60%，认沽期权大跌，跌幅为 40%～60%。当然，如果在开盘后的前十分钟抓住机会就能赚一波，但是如果反应稍慢或者迟疑，以及用之前高开低走的习惯思考，那么十点钟以后该如何考虑，实际上我纠结了很久，也一直在看各成分股的走势和市场情绪、技术指标。因为没有赶上早盘半小时的认购大涨，在后面的时间里如何转换确实是问题。在这之间，因为认购义务仓风险度超过 100%，有少数仓位被打止损，少数认沽权利仓也因为扛不住被迫减仓。但对下午的走势，我决定还是看一看再说。

图 3-19　50ETF 购 4 月 2600 合约分时图

图 3-20　50ETF 购 4 月 2650 合约分时图

图 3-21　50ETF 购 4 月 2700 合约分时图

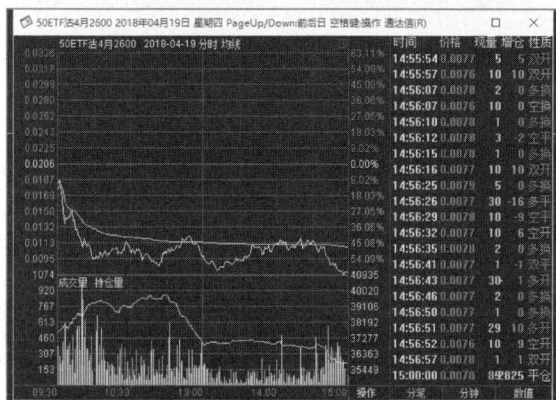

图 3-22　50ETF 沽 4 月 2600 合约分时图

图 3-23　50ETF 沽 4 月 2650 合约分时图

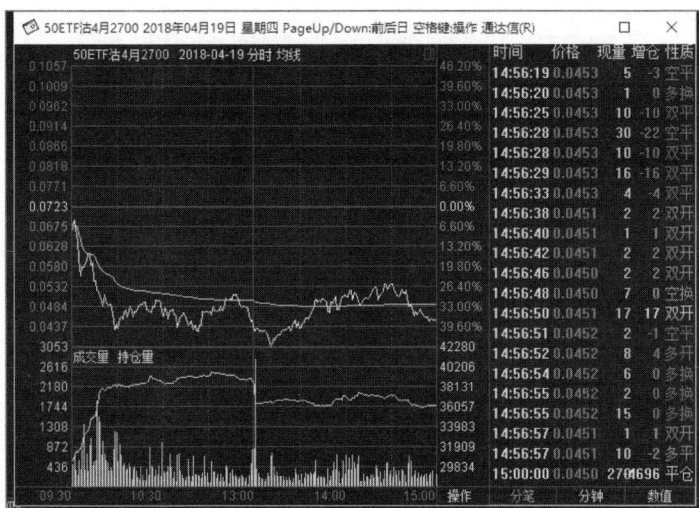

图 3-24　50ETF 沽 4 月 2700 合约分时图

下午开盘后，期权稍微涨了一些，走势有些变化，标的一直不能带量上攻，也受到均线的压制，似乎继续往下走了，这时我决定开虚值认购义务仓，挽回损失（如图 3-25 和图 3-26 所示）。

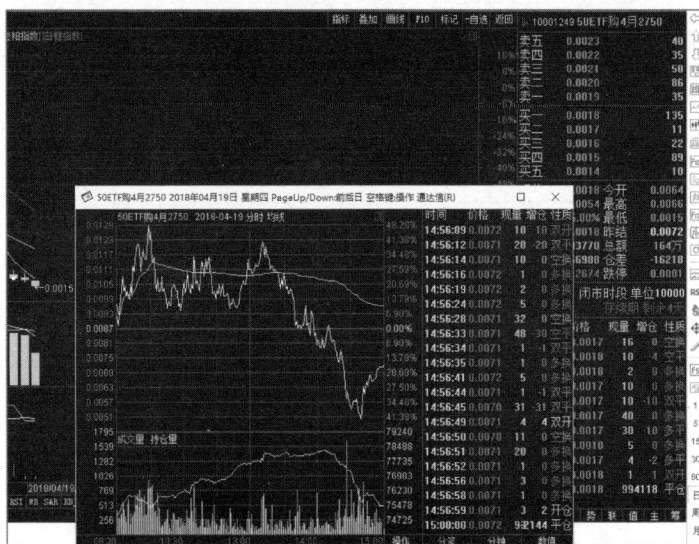

图 3-25　50ETF 购 4 月 2750 合约分时图及之后价格

20180419	14:00:08	10001249	50ETF购4月2750	510050	义务方	卖出	开仓	非备兑	成交	0.0080
20180419	14:00:16	10001249	50ETF购4月2750	510050	义务方	卖出	开仓	非备兑	成交	0.0078
20180419	14:19:17	10001249	50ETF购4月2750	510050	义务方	卖出	开仓	非备兑	成交	0.0073

图 3-26　卖出开仓虚值认购 2750

当前主要基于大的趋势是下降趋势，中间有一些逆向波动，也有一些利好促进了反弹，但只是减慢了下跌的节奏，是否还是继续下跌，是否要在根本上转势还需要观察。当然，不管是哪个方向，合约还有 5 天就到期了，持有的虚值期权波动都会很大，甚至会加速归零，图 3-25 所示的 50ETF 购 4 月 2750 合约是虚值认购合约，当天标的上涨，该合约大跌 17%，应该是基于目前大家觉得 50ETF 还是难大涨上去，该合约不会变成实值的前提。

让子弹再飞一会儿，先根据大的趋势判断，然后冷静对待中间的逆向波动，做好资金管理。我在那天扛了一上午，还是选择了空方。当然，如果早晨能针对情况做一些逆向开仓，减少损失，那就再好不过了。

总的来说，在极端情况下，市场情绪高昂，千万别冲动下单，让子弹飞一会儿，你就会看到它运行的方向和投资者情绪逐渐冷静。持仓后，别急着止盈、止损，先观察一下，让容忍空间稍微大点，用走势证明你的判断。

35

拒绝刻板择善从之——更改策略

由于之前投资股票、期货等亏损过，有的人对风险极度厌恶，或者曾经投资期权赚过大钱，有过曾经适用于当时行情的策略，但是时代是在变化的。比如，有的人很沉稳，观察别人 2016 年使用卖跨策略赚了 100%（那时候波动率比较高），但他却观察了一年没下手，等别人赚了 100%后开始使用这个策略，在 2017 年 1—4 月波动率逐渐走低的时期，4 个月也赚取了近 20%的收益，但是 5 月风向变了，标的开始大幅上扬，他仍然坚持自己的卖跨策略，面临的就是不断止损，虽然亏钱是小事，但是对于双向交易的期权来说，没赚到钱才是大事。然后，他看我和其他人简单买入认购赚钱，又观察了好几个月没下手。最后，在涨了 3 个月后下手买购，刚好碰上 8 月的回调，折戟沙场，亏了 2 个月后又回到卖跨策略，结果又碰上 10—11 月的单边上扬行情，再次做错，不断止损。而且，他无法承受权利仓巨大的波动，还是比较习惯义务仓每月 1%～3%的波动。

简单地说，不要刻板地坚持只在一些行情中才适用的策略，没有一招鲜的策略，只有及时地更改策略，才能不每次都持续亏损。

经典事件：

国际上做空 VIX（Volatility Index，波动率指数）曾被认为是稳赚不赔的策略，但也会有失效的时候，比如 2018 年 2 月初，VIX 大升，做空 VIX 的人大面积爆仓。

期权卖方的胜率优势高到惊人，90%以上的胜率是常见的。期权卖方连续 7 年每月正收益的例子也是屡见不鲜的。

盈亏同源，我们在不忽视期权卖方优势的同时，也要从风险的角度警示期权交易者。

VIX 全名是芝加哥期权交易所波动率指数（Chicago Board Options Exchange Volatility Index），用以衡量 S&P 500 指数未来 30 日的预期年化波动率，通常可使用 S&P 500 指数的近月及邻月认购/认沽期权价格计算得出。2015 年 6 月 26 日，上海证券交易所发布了中国自己的 VIX 指数——中国波指（iVIX），编制方法与 VIX 相似。

VIX 基于期权的隐含波动率编制而成，在期权交易中，隐含波动率通常代表对市场未来风险程度的预期，因此 VIX 往往被看为领先市场的风向标。一个高 VIX 的市场往往意味着恐慌情绪的蔓延，故在海外 VIX 也被戏称为"恐慌性指数"。

你了解到 2017 年最拥挤的交易是什么？

无疑哪里最易赚钱，哪里就是最繁忙的。如果你理解期权交易中方向、时间、波动率三个维度，那你肯定知道这个市场上有人专门通过做空波动率赚钱。

自 2017 年年中 VIX 创 24 年新低以来，高盛集团等华尔街著名投资公司以及新老两代"债王"均纷纷警告市场"过度自满"，但这并不妨碍做空 VIX 指数的交易所交易基金（ETF）XIV 成为 2017 年"最为拥挤"、稳赚不赔的交易。

天下没有一直轻易好赚的钱。在 2018 年 2 月 6 日，XIV 暴跌 91.8%，从 2 月 5 日的 90.00 点暴跌至 7.35 点。若考虑盘中 5.5 点的话，2 月 6 日盘中暴跌 93.8%，如图 3-27 和图 3-28 所示。曾经拥挤的赚钱通道瞬间成了交易员避之不及的"滑铁卢"，市场上演了一场集体仓皇夺命出逃的大戏。

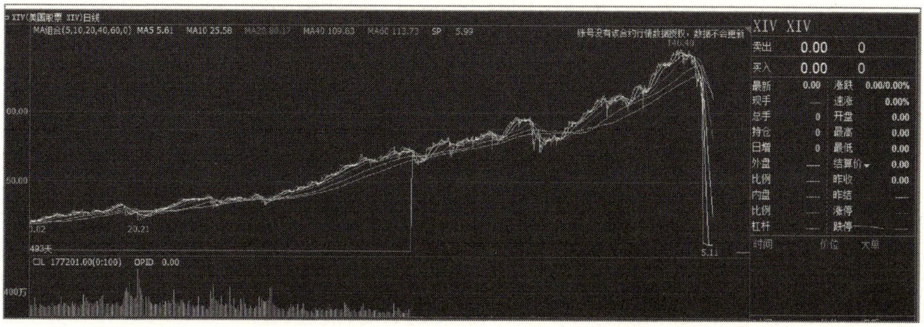

图 3-27　2016—2018 年年初 XIV 走势

2018 年 2 月 6 日的分时图如图 3-28 所示。

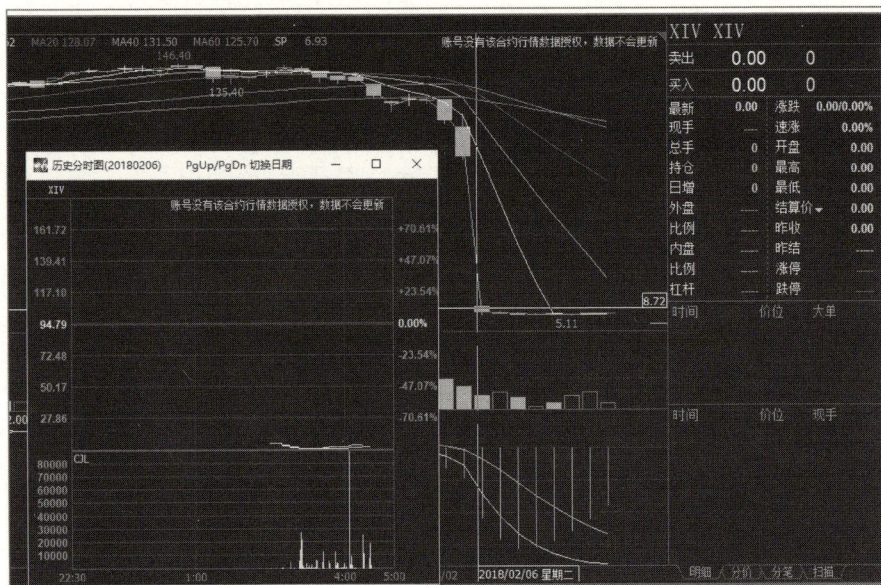

图 3-28　2018 年 2 月 6 日 XIV 走势

XIV 发行方决定提前赎回该产品，提前赎回的原因是产品暴跌触发提前赎回条件。XIV 的最后交易日定于 2018 年 2 月 20 日，赎回日定于 2018 年 2 月 21 日，此后 XIV 从市场退出。

36

不会游泳先别呛水——小白误区

一些期权新手需要注意以下问题。

一是头脑发热，上涨时无限向上移仓（举例当月合约）。标的继续上涨当然会获得额外利润，但是在一段时间内，标的上涨往往是有限的，如果不断向上移仓，只要碰上一个回调就会损失很多利润。标的下跌时向下移仓虚值认沽期权也一样，总有一次会跌到底而反弹，虚值认沽会损失惨重。

二是墙头草两边赌。买入跨式并不是在大多数条件下都适用的，在短线交易中两边赌，盼望涨上去时认购合约止盈，跌下来时认沽合约止盈，来来回回都赚到，然而在实际中这样来回震荡的行情不会时时存在。而且，到底是盼它涨，还是盼它跌呢？

三是全买虚值！不分析行情、不考虑实际情况，觉得虚值杠杆高，就全压，要赚大钱，但是标的价格往往达不到深度虚值期权的那个行权价位置，于是会在一次又一次的大幅亏损中逐渐沉沦。

四是不止盈、不止损。参考前面的章节。

五是依赖心极强，天天盼望高手带。恨不得买哪个合约、什么时候买、什么时候卖，都要精确地告诉他，自己不钻研，要别人把饭喂到嘴边。

六是病急乱投医。在亏钱后，产生焦虑心理，希望高手给他操盘，让他快速回本。在这样高杠杆的市场中，哪有时刻都赚大钱的高手，高手做得更好的是行情判断、资金管理、控制回撤，并不能保证不会浮亏。路，还是要靠自己走，那才安心。

总结起来就是：头脑热，加杠杆，墙头草，想通吃，闭眼买，多虚值，喜梭哈，赌徒心，不止损，不落袋，依赖心，饭要喂，焦虑心，乱投医。

四、实战篇

37

初识期权神奇魅力——非线杠杆

2016 年 8 月 5 日，我投入 2 万元全仓当月认购，当时期权价格便宜，涨了几天后翻番到 4 万元，12 日大涨 2.32%变成 8 万元。15 日，再次大涨 2.96%，8 万元涨到 16 万元，如图 4-1 所示。我初次感受到期权的魅力。

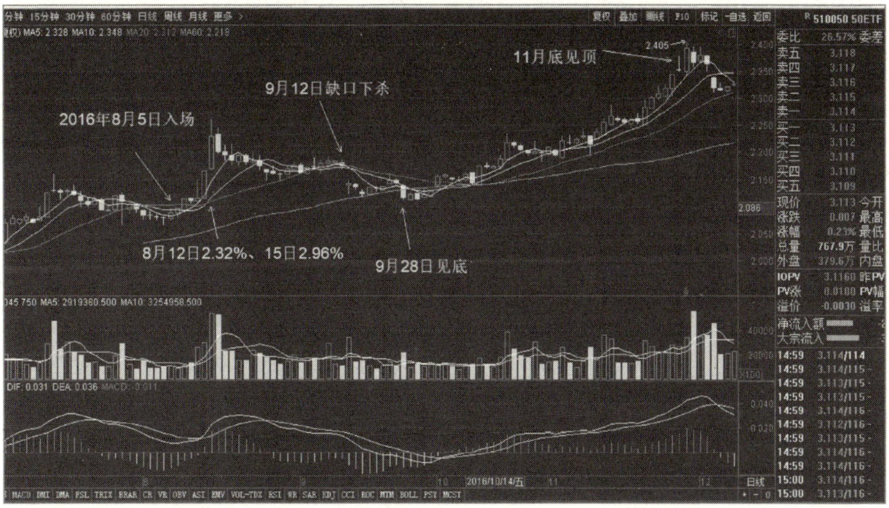

图 4-1　2016 年 8—12 月 50ETF 走势

我随后缓慢调整，期间换成 9 月合约。在圆弧底逐渐走出后，本来信心满满，结果 9 月 12 日大跌 1.38%，原来持有的几档合约从实值合约变成虚值合约，但我没有移仓，也没有勇气看账户，8 月赚的部分全部归零，享受了一次过山车。

收获：期权是好东西。

教训：逆势、重仓、虚值而不移仓、不止损，缓慢等待归零。

那时候做期权的人极少，没有懂行的人可以交流，问别人如果下跌该止损实值合约还是虚值合约，别人说先止损实值合约，因为虚值合约反弹快，事实证明在期权合约存续剩余时间不多时，并不是这样的，9 月底标的有反弹，但虚值合约无力回天。

9 月 28 日，大盘见底，我再投入 2 万元本金。在国庆节后，涨势比较好，又追加 3 万元，随着利润安全垫的增厚到月中逐渐加大到 15 万元本金就不再追加。10—11 月，由于我抓住了保险举牌的单边行情等，15 万元很快涨到 35 万元，移仓到 11 月后，最后实值合约涨到 65 万元平仓，如图 4-2 所示。

图 4-2　2016 年 11 月期权账户收益

收获：① 开始懂得资金管理，在趋势确认后适当加仓。② 开仓不再全部重仓虚值合约，开始尝试实值一档合约和平值合约按 3∶1 资金量配比，或者实值一档合约、平值合约、虚值一档合约按照 1∶1∶1 张数配比，降低了风险，并能保证收益。随后转出盈利资金 50 万元到普通账户买入股票。

为什么不继续留在期权里呢？

（1）期权权利仓风险很大，而且有额度的限制，不需要也不能投入太多资金。

（2）为什么不做义务方呢？刚刚了解期权，不知道义务方怎么做。

38

跟随趋势及时反手——做空赚钱

2016 年 12 月，期权账户保留 15 万元资产买入认购合约，11 月底 15 万元变成 27 万元后市场下跌，27 万元最后变成 7 万元平仓，反手做空，开仓认沽合约，在管理层斥责保险公司野蛮人举牌、美国加息、年底资金紧张的行情中，最后认沽合约收获 75 万多元平仓，利润为 55 万多元，如图 4-3 所示。买入了行权价的平值和虚一档合约。因为一般来说，下跌不会很深，所以应该选择小仓位，要谨慎一些，如图 4-4 所示。

图 4-3　2016 年 12 月期权账户收益

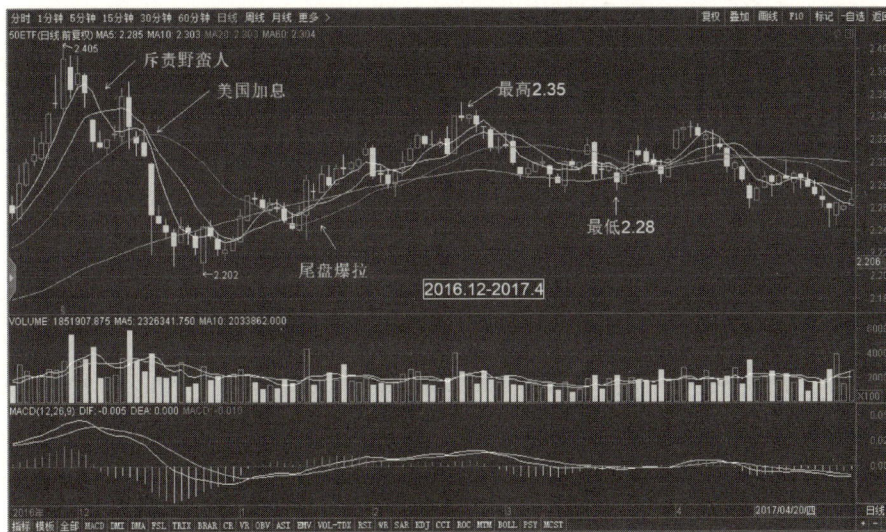

图 4-4　2016 年 12 月—2017 年 4 月 50ETF 走势

收获：意识到不仅可以做多赚钱，还可以做空赚钱，要跟随趋势，及时反手。在同一时期，很多人的股票下跌，而我的认沽期权却盈利了。

流动性问题：本来做认沽的人很少，当时持仓量不高，我和认识的几位朋友持有 50ETF 沽 12 月 2350 合约近 2000 张，而最后几天该合约累积持仓量才 1 万多张。如果在合约上涨时平仓就较好，价钱公道；如果在合约下跌时平仓，就很难把较大的单子甩出去。在最后几天平仓时，一开始账面有较大浮盈，但等平仓完，却少了很多利润。

期间有位做期权的朋友，在 180 元/张平仓卖出认沽合约，期望在 160 元/张接回，结果该合约没有跌到 160 元/张，而是反身向上，涨到 200、300、400 元/张，而他并没有追高接回的勇气，完美错过了这一波行情。

39

卖方也是极好生意——做空波动

从 2017 年 1 月开始做空，累计投入 13 万元，期待再有下跌，月初确实如此，但是在 1 月 16 日的尾盘，如图 4-5 所示，一股力量爆拉上证 50 板块，认沽期权来不及止损，从盈利到亏损。2 月继续做空，但只投入 4.74 万元，继续亏损。3—4 月做多，就算有雄安大捷的暴涨 60%，但因为标的波动率不高，认购、认沽权利方双方向都不赚钱，时间价值流失严重。4 个月共亏损 40 万元左右。

图 4-5　2017 年 1 月 16 日 50ETF 走势

收获：卖方也是好生意，这几个月的波动率一路走低到 8%，标的的价格也在很窄幅的范围波动。后来据说卖出跨式策略的人赚了18%，而对于期权买方来说，事后经过测算，只有实值期权能赚30%左右，如果持有平值和虚值期权到期，无论认购还是认沽全部亏损。有的人每个月都满仓2000张合约，大约为50万元/月，结果损失惨重。而我在1月亏损13万多元后，在2月只投入4.74万元，只要是和自己的仓位走势不同的期权，就不再追加投资，结果保存了大多数实力。

教训：1—2月其实是有点逆势了，不及时止损是因为不甘心和抱有希望。在快速上涨中，反向合约很难平仓，我保持了惯性思维，不能很快反手。3—4月输在低波动率和标的窄幅波动上。

交流和心理排解：这段时间没有盈利，在每天下午三点收盘后，我都到公园走半小时，与其他几位期权交易的朋友交流得与失、进行行情判断与总结，相互诉苦，展望未来。一路走来，如果是一段孤独的旅程，那么是很难熬的。

在没有行情的时间里，我加强了学习，把基础知识夯实，主要做了以下几件事情。

（1）阅读三次上海证券交易所衍生品部著的《3小时快学期权》，每读一次都有收获，还读了《期权交易策略十讲》（上海证券交易所著，格致出版社、上海人民出版社出版，2016年）和《期权交易——核心策略与技巧解析》（王勇编著，电子工业出版社，2015年）。

（2）熟悉交易制度。在上海证券交易所网站认真阅读交易规则，逐字逐句地阅读了《上海证券交易所股票期权试点交易规则》，甚至委托朋友找来《上海证券交易所股票期权试点做市商业务指引（2015年修订）》，顺便通读了几遍。

（3）了解期权标的华夏上证50ETF基金的情况，下载并阅读基金的运作年报，搜集有关期权的各种研究报告，迅速完成基础知识的积累。研究了上海证券交易所网站中每天的ETF公告申购赎回清单，计算权重股比例，以便加深理解。

（4）学习基本面的分析，特别是占50ETF 60%权重的金融板块的基本面分析。我把2016年度新财富排名榜上的研究银行、非银金融、食品饮料（主要是为了贵州茅台和伊利股份的权重）的分析师的公众号全部在微信中搜索出来，第一时间获得推送信息。这个办法对于信息的获取极为有效。

（5）关注宏观经济，在整体上把握经济的脉络，加深宏观角度对于市场的理解，因为一些宏观的因素对市场的影响很有可能具有持续性和大的趋势性。关注了荀玉根、姜超、任泽平、李迅雷的公众号，阅读财新网，关注全球市场特别是美联储的一些动作和观点。

（6）做好抄作业的功课。沪港通、深港通的开通让 A 股和港股市场实现了互联互通，这件事情的积极影响其实比大多数人看到的要深刻和持久。每天关注北向资金的动向，看看这些资金到底买了什么股票，慢慢地总结了一些观点，这些观点对后来的盈利贡献了力量。

（7）期权交易毕竟属于小众交易，常常参加期权交易者学会、券商和期权交易的朋友组织的聚会，认识券商期权部门研究员、牛散户、私募交易员、期货高手、港股期权交易者、期权软件公司销售等，与他们互相交流、互相促进，进步非常快，收获很大。

（8）进行草根调研。有一次为了了解 50ETF 第一大权重中国平安所在的平安系的金融科技情况，到平安银行体验了其拳头产品"新一贷"的整个业务流程，得知采用刷脸（脸部智能识别风控）方式进行贷款申请，基本没有违约现象，也从侧面了解了平安系的金融科技推广应用情况。经常看上证 50 指数的一些权重股产品的市场占有率、价格、使用情况，比如平安保险、贵州茅台、伊利牛奶。

（9）在朋友的帮助和推荐下，筛选交易类经典书单，关注了《以交易为生》（亚历山大·埃尔德著，熊振华译，机械工业出版社，2017 年）、《海龟交易法则》（柯蒂斯·费思著，乔江涛译，中信出版社，2013 年）、《交易心理分析》（马克·道格拉斯著，刘真如译，电子工业出版社，2011 年）、《行为投资手册：投资者如何避免成为自己最大的敌人》（詹姆斯·蒙蒂尔著，王汀汀译，中国青年出版社，2017 年）、《自律的交易者》（马克·道格拉斯著，张轶译，地震出版社，2015 年）。其实交易中的很多错误在书中都有经典的案例对应，学习和练习交易方法虽然并不一定能提高投资者的收益，但在关键时刻也许能够挽救投资者。

（10）对标的和期权的走势进行复盘与技术分析。分析市场的合力、主要权重股、在什么时刻价格如何、最近半年的走势，把基本面全部了然于心，对什么权重股要启动、什么股在横盘徘徊、什么股在高位都有一定的印象。对期权合约的大体持仓量、主力合约或持仓合约在某一天处于什么价格、仓差增减都比较熟悉。

经过上述不断地思考和学习，对期权有了更为全面的认知，在交易中开始思考更多，甚至坚持制订交易计划，并撰写交易日志，在 2017 年年底开通了"小马白话期权"公众号，自 2017 年 5 月起，结合市场的持续增长，收益非常惊人。

40

抓住行情主升到底——大势为重

2017 年 5—7 月是实现盈利质的飞跃的 3 个月。

5 月 5 日，50ETF 终于见底，如图 4-6 所示，从此开始了波澜壮阔的大行情。此时，市场压抑许久，而且那时候 50ETF 最大的权重中国平安等保险股开始起涨，第二大权重贵州茅台持续了很长时间的行情，期权的波动率逐渐回升。此时，蓝筹股的大行情来临，IPO 发行越来越多，中小票的沉沦也来临，结构性牛市越演越烈，而且 50ETF 的周线出现发散，一轮行情一触即发！

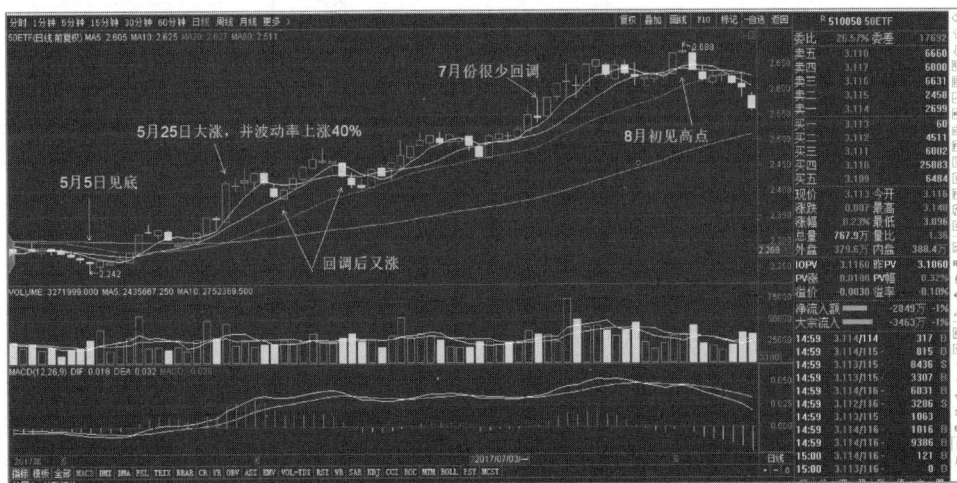

图 4-6 2017 年 5—7 月 50ETF 走势

那时我有 3 万元本金的 5 月认购期权合约持仓，在 5 月初至少亏了一半。在看到标的股起涨，50ETF 站上均线之时，我增加了 2 万元本金，合计 5 万元。因为周线发散的行情指数和标的至少上涨 7～9 周，所以我坚定持仓不下车，在 5 月行权日（5 月 24 日）时，5 万元已经涨成了 15 万元。而后，在 5 月 25 日，50ETF 取得更大涨幅，大涨 2.96%，那时候期权合约非常便宜，当天 6 月认购合约大涨 300%～700%，波动率上升 40% 多到了 12%，持仓合约赚得盆满钵满，15 万元在这一天就涨到了 50 余万元。在 5 月的期权投资过程中，不断有人劝我止盈，但我看到周线发散，中国平安、贵州茅台、招商银行的股票还在上涨的趋势中，坚决不下车！忽略其中的波动，做好合约管理，一直保持一定的仓位向上移仓、换仓直到 7 月认购合约结束。最后，收获了最大收益，如图 4-7～图 4-9 所示。

收获：当然是收获了很多钱啦！

心得：信念！坚持！大趋势！跟随大势！不被短期波动影响！不出拐点不轻易下车！就算没有在底部上车，但是在半路上车也是好的。

教训：要坚持，因为有人没有坚持，在前面亏了 4 个月就不玩了，所以最后错失了大行情。

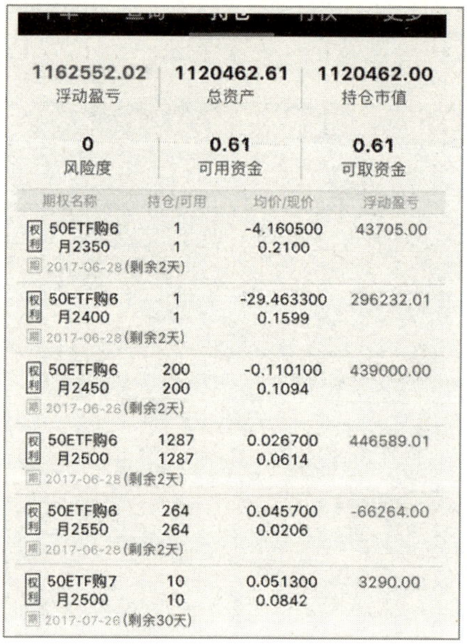

图 4-7　2017 年 6 月期权账户收益

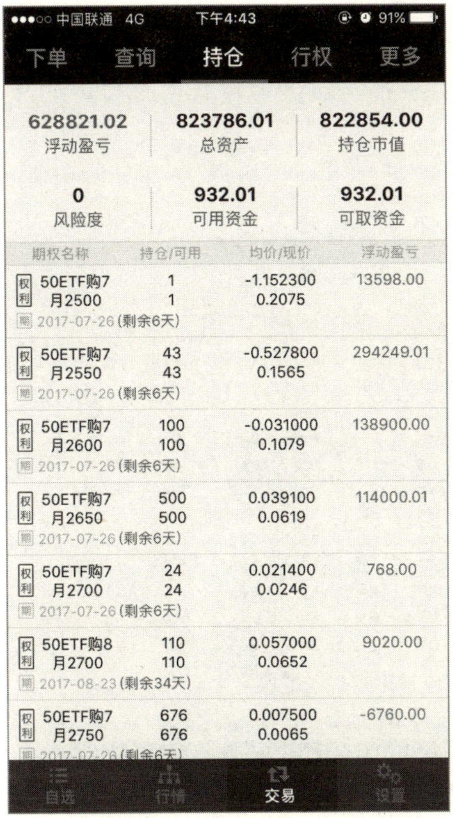

图 4-8 2017 年 7 月期权账户收益（之一）

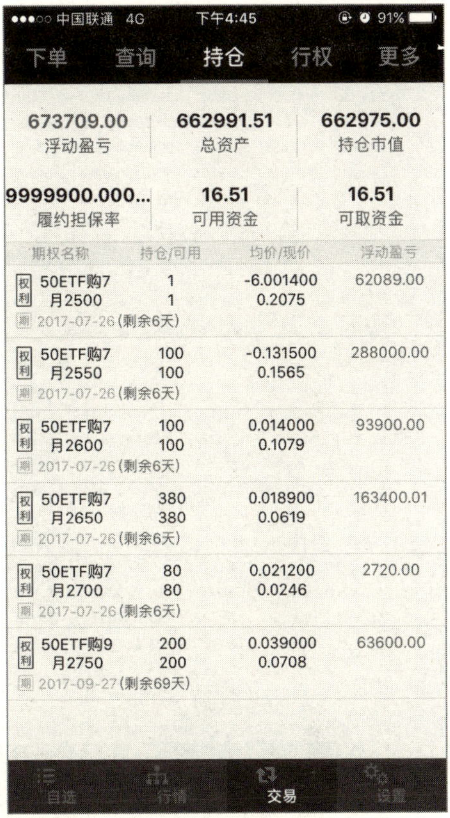

图 4-9 2017 年 7 月期权账户收益（之二）

合约管理很重要。

5 月，买入平值 50ETF 购 5 月 2350 合约，如图 4-10 所示，均价为 140 多元/张，但我不知道会涨到什么位置。同时，买入少量 50ETF 购 5 月 2400 合约。

最后，在 5 月 24 日行权日，平仓价格如图 4-11 所示。

50ETF 购 5 月 2350 合约从 140 多元/张买入到 400 多元/张平仓卖出，利润大概是 2 倍，而 50ETF 购 5 月 2400 合约从 27 元/张买入到 4 元/张平仓卖出，基本损失殆尽，为什么会这样呢？从图 4-12 所示的 5 月 24 日标的走势可以看出原因。

139

发生日期	成交时间	合约代码	合约名称	证券代码	持仓类别	买卖	开平	备兑标志	业务状态	成交价格
20170512	13:00:57	10000871	50ETF购5月2350	510050	权利方	买入	开仓	非备兑	成交	0.0144
20170512	13:00:57	10000871	50ETF购5月2350	510050	权利方	买入	开仓	非备兑	成交	0.0144
20170512	13:03:29	10000871	50ETF购5月2350	510050	权利方	买入	开仓	非备兑	成交	0.0145
20170512	13:03:53	10000871	50ETF购5月2350	510050	权利方	买入	开仓	非备兑	成交	0.0146
20170512	13:06:52	10000871	50ETF购5月2350	510050	权利方	买入	开仓	非备兑	成交	0.0148
20170512	13:07:01	10000871	50ETF购5月2350	510050	权利方	买入	开仓	非备兑	成交	0.0148
20170512	13:07:09	10000871	50ETF购5月2350	510050	权利方	买入	开仓	非备兑	成交	0.0148

图 4-10　2017 年 5 月 12 日买入认购期权

发生日期	成交时间	合约代码	合约名称	证券代码	持仓类别	买卖	开平	备兑标志	业务状态	成交价格
20170524	14:01:19	10000799	50ETF购6月2400	510050	权利方	买入	开仓	非备兑	成交	0.0192
20170524	14:28:57	10000798	50ETF购6月2350	510050	权利方	卖出	平仓	非备兑	成交	0.0501
20170524	14:29:04	10000799	50ETF购6月2400	510050	权利方	买入	开仓	非备兑	成交	0.0205
20170524	14:29:04	10000799	50ETF购6月2400	510050	权利方	买入	开仓	非备兑	成交	0.0204
20170524	14:29:13	10000799	50ETF购6月2400	510050	权利方	买入	开仓	非备兑	成交	0.0205
20170524	14:45:16	10000872	50ETF购5月2400	510050	权利方	卖出	平仓	非备兑	成交	0.0004
20170524	14:45:16	10000872	50ETF购5月2400	510050	权利方	卖出	平仓	非备兑	成交	0.0004
20170524	14:45:38	10000871	50ETF购5月2350	510050	权利方	卖出	平仓	非备兑	成交	0.0448
20170524	14:45:44	10000799	50ETF购6月2400	510050	权利方	买入	开仓	非备兑	成交	0.0191
20170524	14:46:03	10000799	50ETF购6月2400	510050	权利方	买入	开仓	非备兑	成交	0.0194
20170524	14:46:16	10000799	50ETF购6月2400	510050	权利方	买入	开仓	非备兑	成交	0.0195

图 4-11　2017 年 5 月 24 日平仓认购期权

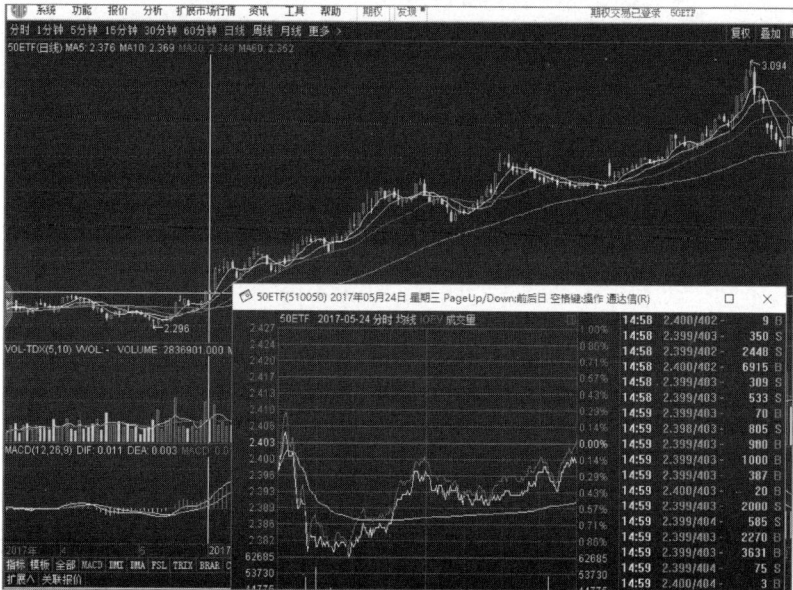

图 4-12　2017 年 5 月 24 日 50ETF 走势

标的从 2.403 元开盘，最后收在 2.399 元，50ETF 购 5 月 2350 合约最后的收盘价为 500 元/张，50ETF 购 5 月 2400 合约归零。

在这一阶段，50ETF 购 5 月 2350 合约和 50ETF 购 5 月 2400 合约的走势分别如图 4-13 和图 4-14 所示。

我对上海证券交易所的一项交易制度有了特别深的理解，原来觉得上海证券交易所的限额限仓制度非常烦琐，对交易有各种掣肘。经过实战，我发现这个制度简直是投资者的守护神。在账户持仓不断上涨的过程中，该制度一点也不影响投资者盈利。但当投资者大幅盈利，极度冲动想要加大仓位额度甚至想要全部买入时，发现账户已不支持买入那么大额度，降低了投资者在完全不理智状态下的投资风险，守护住了投资者的财富。

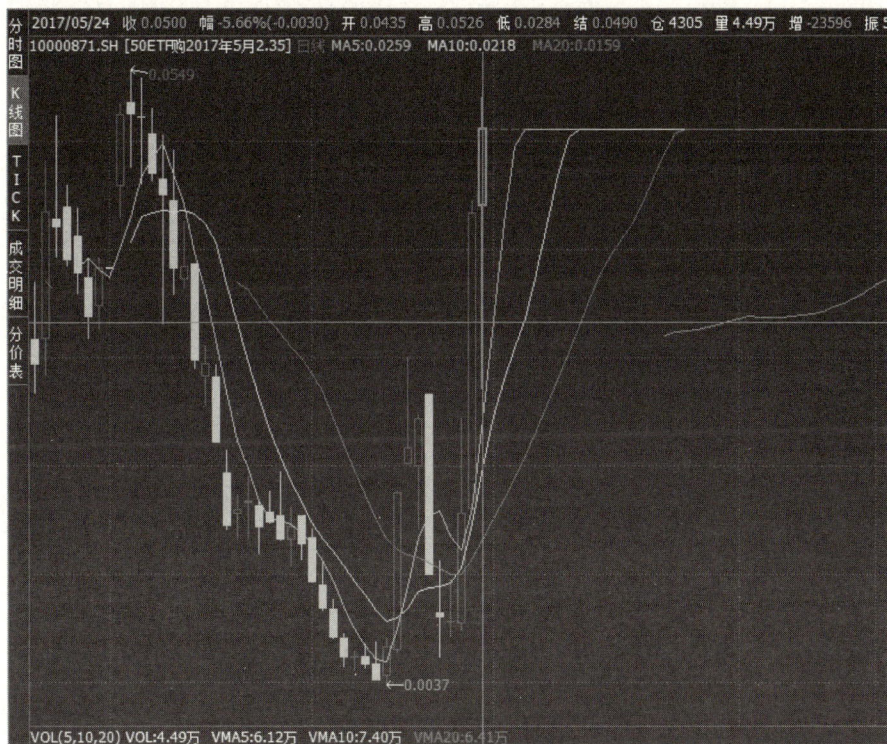

图 4-13　2017 年 50ETF 购 5 月 2350 合约走势

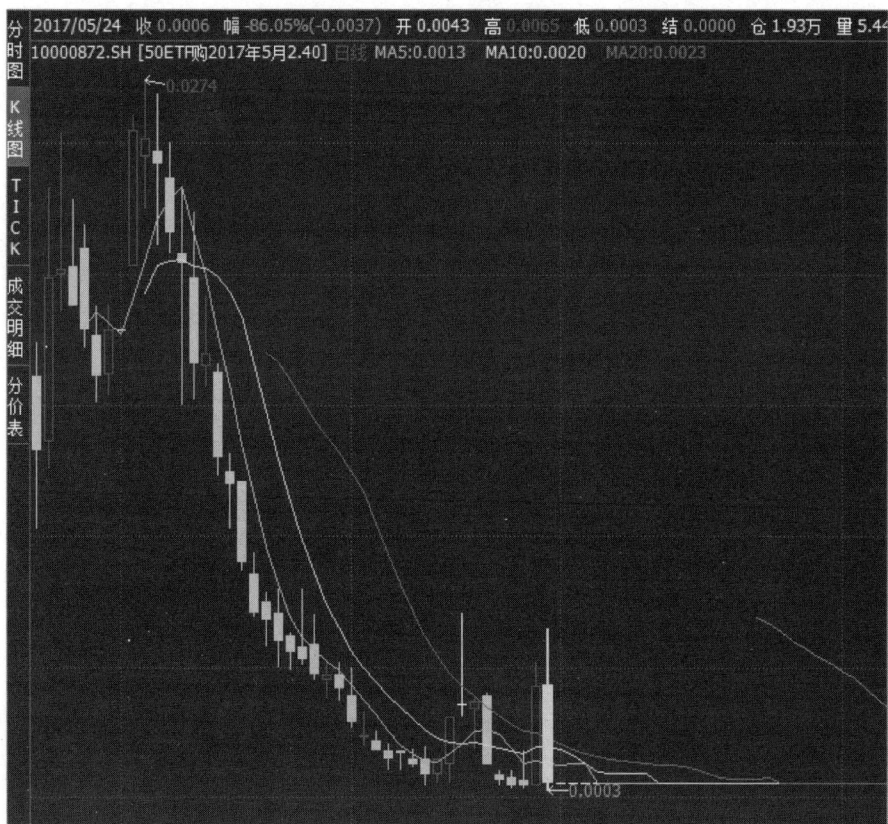

图 4-14　2017 年 50ETF 购 5 月 2400 合约走势

41

窄幅下行沽购都亏——时间损耗

2017年8月，我仍然投入50万元全仓当月平值和虚一档认购合约。8月1日，50万元变成100万元。我考虑过向平值合约进行等张数调仓，在保留上行盈利空间的同时，降低持仓总金额。但觉得刚到8月第一天，时间还早，所以未实施，未向下移仓，也未提前向9月合约移仓，最终亏损40万元，如图4-15所示。

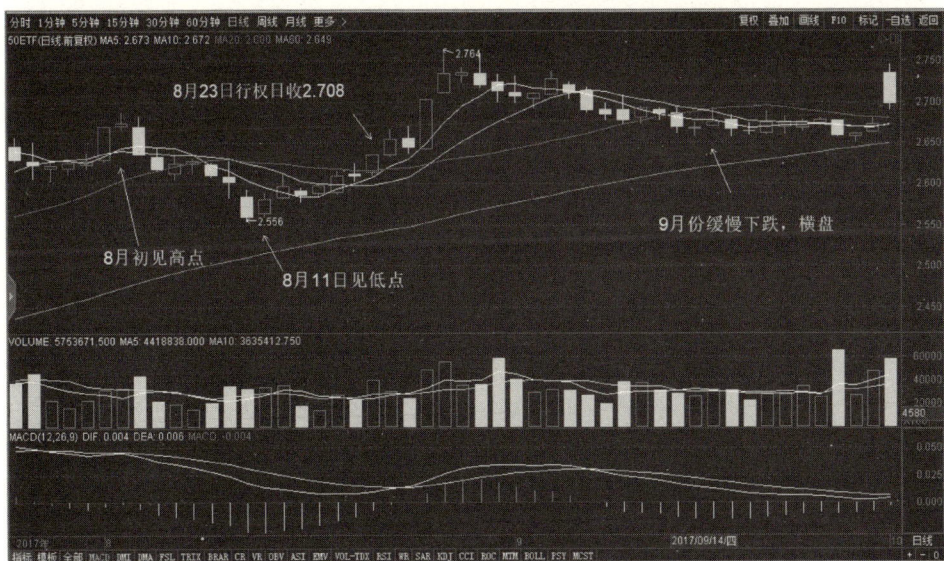

图4-15　2017年8—9月50ETF走势

教训：

刚开始买了平值和虚一档合约，在下跌后，随着时间价值的流逝，最后未能回到开始买入合约的行权价，期权价格被消磨殆尽，在下跌后没有及时移仓导致合约变成深度虚值合约，后期即便再涨，但不能回到买入行权价加上买入时权利金的价位，也没有意义，否则，如果向下移仓则还可以回本。

2017 年 9 月，我投入 30 万元。仍然是月初大涨，后期缓慢下行，标的波动极低，时间价值的损耗抵消了标的波动带来的增长（认购期权和认沽期权），30 万元基本归零。这时应该降低收益预期，不能盲目自信，很多时候获得了高额收益并不是因为投资者本身水平高，而仅仅是因为自己的判断恰巧与市场走势一致，决不能赚钱了就盲目骄傲自大，也不能亏钱了就向市场找理由，而不承认自己的失误。

42

再次腾飞获利颇丰——移仓重要

　　8月和9月连续亏损导致胆子变小，我在2017年10月只投入了15万元，当月亏损3万元。我在国庆节长假前开仓部分10月认购合约，在国庆节期间国外股市大涨，港股也大涨，港股银行股大涨超10%，分析后认为节后开盘要大涨，于是制订了10月9日的交易计划：如果开盘合约涨幅为30%左右要继续加仓，涨幅为60%以上要观察再行动，涨幅为120%以上直接平仓。但是，在高开以后，涨幅早已超越120%，我被盘中的高昂情绪影响到决策，把交易计划全然忘在脑后，直接转入7万元，利用汇点期权软件的键盘下单功能，按照对手价+8档瞬间买入追加认购合约，结果当天7万元直接亏损50%。教训：无论是什么样的交易系统，其实最脆弱的都是交易者本身。无计划的操作或者违背原本计划的操作，终将导致交易的亏损。

　　要有明确的交易计划。我的多次亏损与没有明确的交易计划（退出方案）有较大关系。这一点我进行了总结：① 制订交易计划并按计划交易，不要受盘中主观情绪干扰而偏离原有的计划。② 即便市场完全按照你的预期运行，仍要明确止盈点和止损点。③ 与股票交易有很大不同的是，不只要明确止盈点和止损点，非常重要的一点是还要明确交易或者退出计划的时间区间。时刻牢记：期权的价值中很大一部分甚至全部都是时间价值，随着到期日的来临，时间价值加速折损，如果买入了认购和认沽期权，且标的价格变动没有在你预期的时间段出现，请遵守退出计划进行平仓，再进行下一轮交易。我在与很多人交流的过程中发现，有的人对时间区间这个观念认识不深刻，会受股票交易里面的等待思维影响，股票买入后横盘等待不会亏损，但是期权不行，这需要不断地进行训练。

2017 年 11 月的经典一役如图 4-16 所示。

投入 30 万元。10 月 25 日是 10 月合约行权日，将 10 月合约的成本和盈利共 30 万元全部买入 11 月认购合约。理由如下：

（1）十九大于 10 月召开，市场处于维稳期，在会议结束后，压抑许久的市场情绪必然得到释放。

（2）新时代、新常态，以前会后必跌，但是这次不会奏效。

（3）以往（5 月，6 月，9 月）出现过行权日收在某一行权价附近，杀掉一档权利仓，在行权日后迅速反弹大涨，这次可能也这样。

（4）26 日（周四）贵州茅台公布三季报，很可能是利好！结果周四贵州茅台高开突破 600 元！其他主要成分股的三季报业绩也非常靓丽！

所以，满仓！

11 月 12 日，收到天风策略"分析师徐彪"公众号的推送，晚 8 点举行"打响大金融年底行情第一枪"的联席电话会议，并在会后综合了市场多方的观点，结合情绪指标的判断，认为本月 50 指数有大幅上涨的可能。在交易中把移仓发挥得淋漓尽致，50ETF 从 11 月 15 日的收盘价 2.091 元（不复权）最高涨到 11 月 22 日（当天也是周三行权日）的 3.094 元（不复权），如图 4-16 所示。当时移仓的大量虚值合约都变成实值合约，出现爆发式的增长，远超过 3 元的心理预期，本月账户收益达 10 倍，如图 4-17 所示。在平仓后第二天将盈利的 100 多万元转出。余下仓位转至 12 月合约和 2018 年 3 月合约。

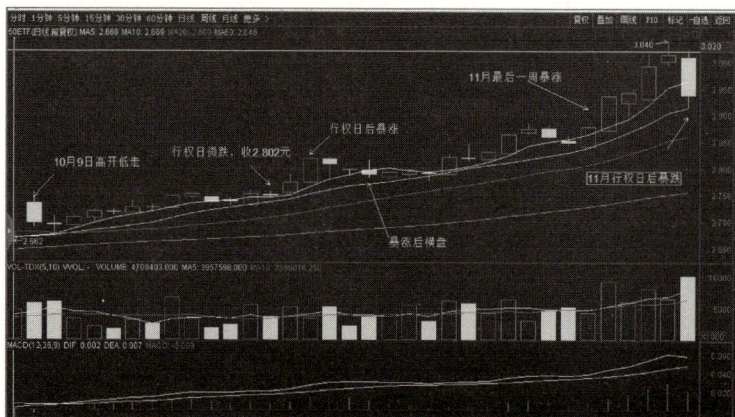

图 4-16　2017 年 10—11 月 50ETF 走势

四、实战篇

图 4-17　2017 年 11 月期权账户收益

期权名称	持仓/可用	均价/现价	浮动盈亏
权利 50ETF购 12月2900 期 2017-12-27 (剩余35天)	220 220	0.031200 0.1952	360799.99
权利 50ETF购11 月2750 期 2017-11-22 剩余0天	1 1	-4.897900 0.3224	52203.00
权利 50ETF购11 月2800 期 2017-11-22 剩余0天	6 6	-7.891200 0.2733	489870.00
权利 50ETF购11 月2850 期 2017-11-22 剩余0天	6 6	-12.445400 0.2232	760116.01
权利 50ETF购11 月2900 期 2017-11-22 剩余0天	6 6	-7.252200 0.1732	445524.01
权利 50ETF购11 月2950 期 2017-11-22 剩余0天	6 6	-2.073600 0.1235	131826.00
权利 50ETF购 12月2950 期 2017-12-27 (剩余35天)	350 350	0.057000 0.1504	326899.99

浮动盈亏 2747659.01　总资产 1645544.31　持仓市值 1299476.00
风险度 95.0400%　可用资金 17178.66　可取资金 0.00

147

43

宽幅波动上下折磨——短线天堂

2017年12月合约在11月底持续下跌后，一直等待反弹，却一直没有反弹，如图4-18所示，11月遗留下来的120万元认购仓位亏损严重，最后承受不住，提前转至1月合约。中间应当考虑牛市价差策略，降低持仓成本，降低收益预期。这段时间宽幅震荡，标的经常出现日内1%以上的波动，而期权合约常常是前一个交易日认购涨100%、认沽跌30%～50%，下一个交易日就变成认沽涨100%、认购跌30%～50%，短线高手在这里可以大展身手，可以快进快出，根据压力位和支撑位来做。不过，卖方经常会被吓出冷汗。

我在事后觉得，在一波强的上涨又快速下跌后，如果没有强外力干涉，往往很难迅速V型反转，此时迅速重仓位做多不太合适。

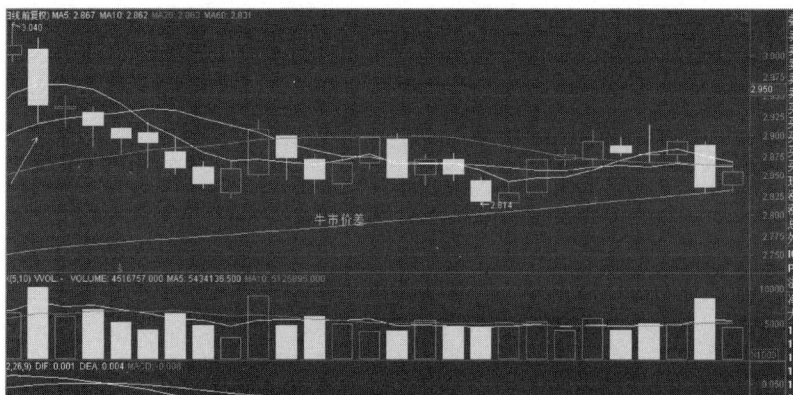

图4-18　2017年12月50ETF走势

44

满仓收获 16 连阳——跟住趋势

2018 年 1 月上证 50 的行情用了 18 根连续阳线完成。

在这个过程中，我发现趋势，跟随趋势，做大趋势，坚决不下车，满仓待涨，适当移仓，最后获得了最大收益。

满仓持有认购期权 16 个交易日——发现并跟随趋势！

期权买方策略最重要的不是等待右侧交易的机会，而是发现趋势，把握拐点。

1）技术面

在 2017 年 12 月下旬对大势做出如下判断。

坚定跨年度行情的信心：首先，12 月会出现近期调整的低点；其次，2018 年 1 月不会再出现比 12 月低点更低的情况。从大的形态上认为，走 ABC 浪下跌是必然错误的！

从调整的时间周期上来看，当时认为调整已经基本结束。

这里留意下面的情况：

（1）大票和小票的同步底在 12 月上旬已经基本探明。

创业板指数从 10 月 13 日最高点 1927 跌到 12 月 6 日最低点 1744；

沪指从 11 月 14 日最高点 3450 跌到 12 月 6 日最低点 3254，振幅接近 200 点；

上证 50 从 11 月 23 日最高点 3038 跌到 12 月 4 日最低点 2823，急速狂跌 7

个交易日。

如此，各大指数从 10 月起在慢慢地赶底！故在 12 月初构筑同步底。

（2）复合底的构筑。

对于沪指来说，12 月 18 日创了调整的新低，但是正是这个新低，确定了沪指 60 分钟 2 次底背离，而尾盘收红但成交量继续在 1500 亿元以下（地量见地价）可以判断是成功探底。

沪指的新低是与强势板块上证 50 的二次探底同步完成的，12 月 18 日上证 50 完成日线的 MACD 归 0 轴；回抽重要的 55 日均线。

2017 年一直走熊的证券板块，于 2017 年 12 月 28 日创下年底新低，周线级别构筑大底，周线级别顶背离。

年底时在交割日大跌，考虑到交割日的杀合约行情，所以当时立足了第二天会涨的观点！特别关注了第二天的量，第二天除了上涨以外，最重要的是出现了量的反包！得出以下结论，在经过充分调整后，年底的资金紧张已经过去，对于上证 50 来说，跨年度行情即将开始，故大胆满仓！

元旦期间复盘结果如下。

大的下跌趋势的终结：由急跌到震荡下行的走势已经结束；前期的下降趋势通道已经突破，下降趋势线上轨变成支撑线。

周线收出 4 根带上影线的 K 线，既说明 2.920 元一线有强压力，又说明 2.900 元以上可以经常到达，如图 4-19 所示。

图 4-19　2017 年 11—12 月 50ETF 60 分钟线

行情每次都是新的，在元旦后出现开门红，日线 MACD 金叉向上，故大胆持仓，高抛低吸。这次上证 50 是缓慢上涨的：小幅带量连续上涨！最佳的是回调幅度小，往往日内完成。我判断不会出现拐点，故大胆持仓。

当均线发散，逐渐放量时，不做空而逢低做多，高抛低吸！一旦你贪做空的小利，就会丢掉做多的大波段。

在连涨以后，高位的巨量长上影，完全符合一个高点的标准特征，但是从图 4-20 中可以发现，1 月 16 日 50ETF 的收盘价 3.065 元会成坚实的支撑，故继续等待进一步上冲。

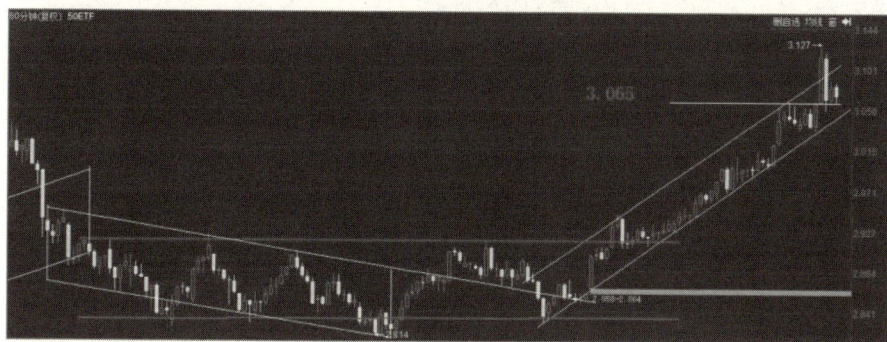

图 4-20　2017 年 12 月底突破箱体上沿

1 月 18 日收盘后发现当日已经无力创出新高，而贵州茅台、伊利股份已经出现明显头部信号，而且上证 50 即将出现放量力竭的情况，并且涨幅巨大，需要获利回吐。

1 月 19 日上攻创新高时，出现了好几个级别的顶部背离信号，故果断离场，并买入部分认沽期权合约做保护。

2）盘面观察

券商和银行是这一波上涨的最大功臣（如图 4-21 和图 4-22 所示），此起彼伏，轮番上涨！中国平安稳住不跌（如图 4-23 所示），贵州茅台不涨，但是也稳住不跌（如图 4-24 所示），其他主要成分股招商银行（如图 4-25 所示）、伊利股份（如图 4-26 所示）、中信证券（如图 4-27 所示）走势良好。

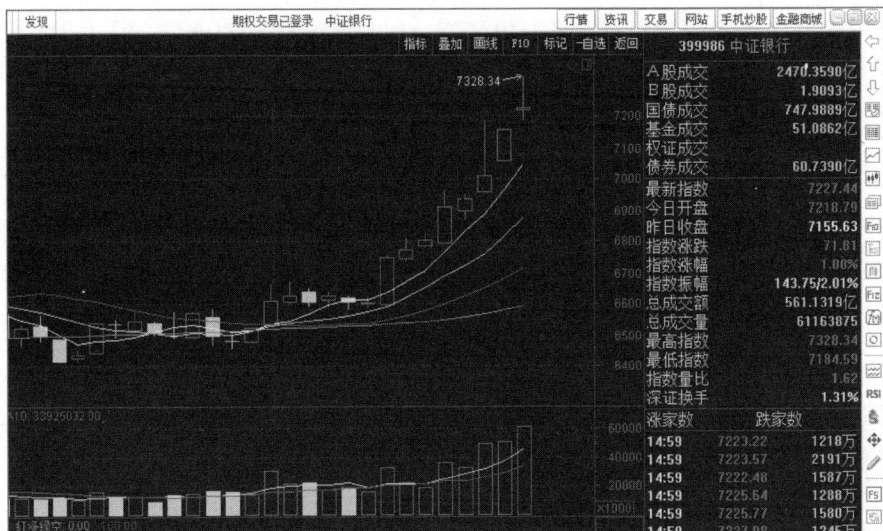

图 4-21　2018 年 1 月中证银行走势

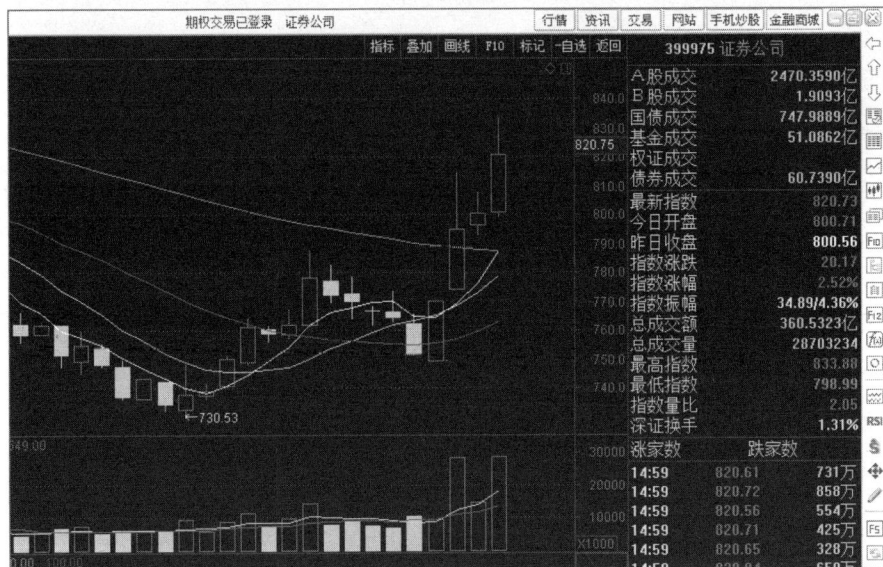

图 4-22　2018 年 1 月证券公司走势

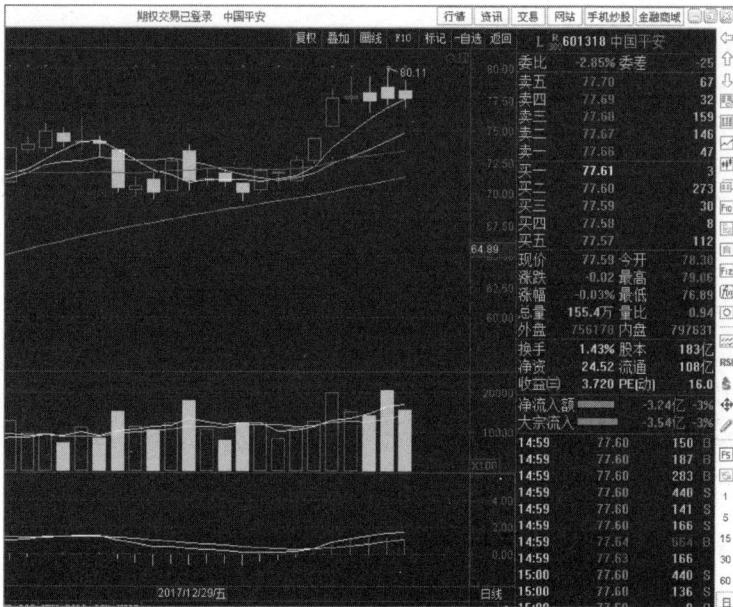

图 4-23　2018 年 1 月中国平安走势

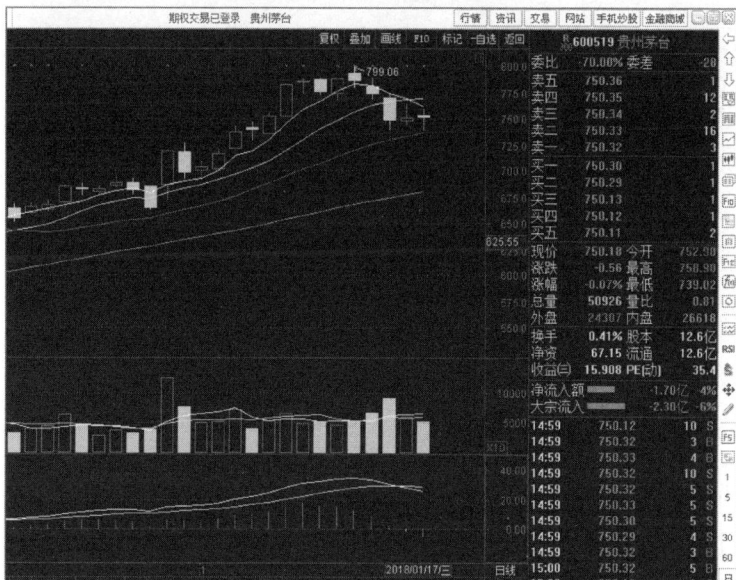

图 4-24　2018 年 1 月贵州茅台走势

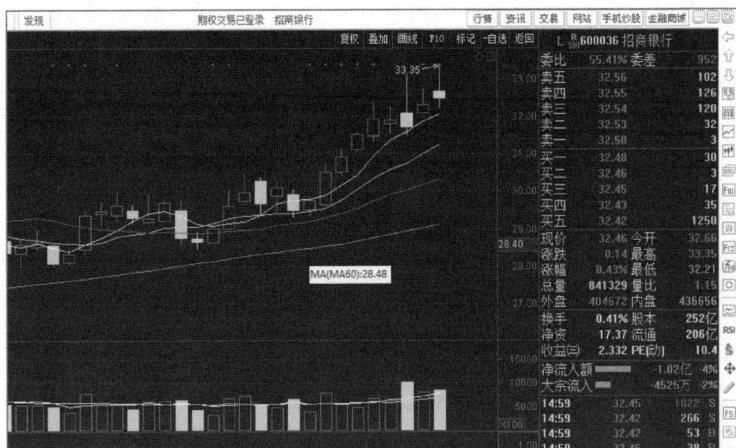

图 4-25   2018 年 1 月招商银行走势

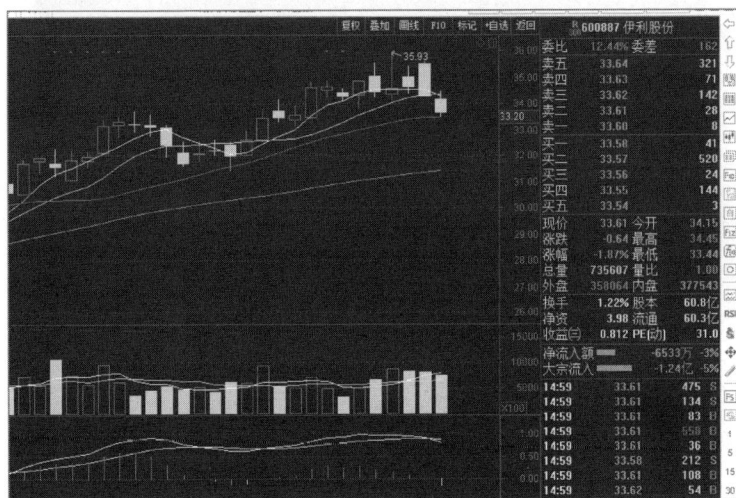

图 4-26   2018 年 1 月伊利股份走势

3）合约操作

2017 年 12 月 27 日，平掉 12 月亏损仓位，并开 50ETF 购 1 月 2850 合约。2018 年 1 月 3 日，移仓部分合约到 50ETF 购 1 月 2900 合约（如图 4-28 所示），中间没有资金取出，少量做 T，向上移仓，满仓待涨。直到 1 月 17 日才开始逐渐平仓（如图 4-29 所示），19 日平仓大部分 1 月认购合约，并开少量认沽合约做保护（如图 4-30 所示）。这个月充分享受了 50ETF 史诗级的 18 连阳的丰厚利润（如图 4-31 所示），主要的期权合约涨幅巨大（如图 4-32～图 4-35 所示）。

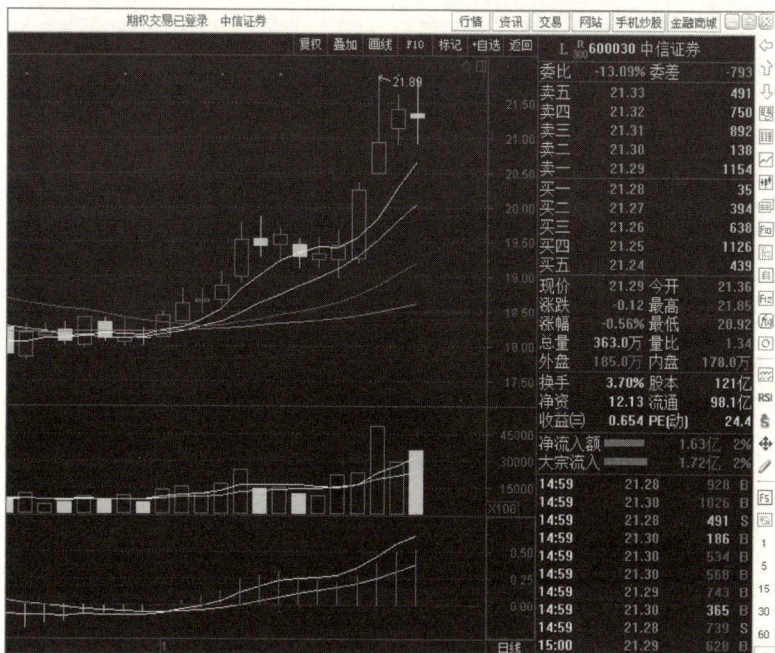

图 4-27 2018 年 1 月中信证券走势

图 4-28 2018 年 1 月初期权操作记录

图 4-29　2018 年 1 月 17 日期权操作记录

图 4-30　2018 年 1 月 19 日期权操作记录

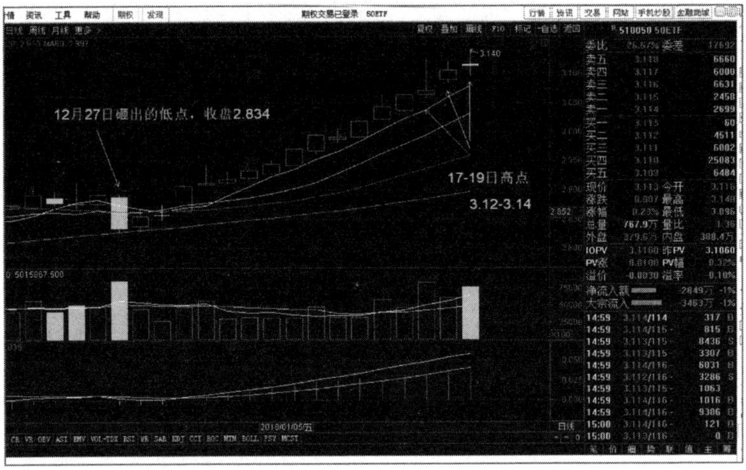

图 4-31　2018 年 1 月 50ETF 史诗级的 18 连阳

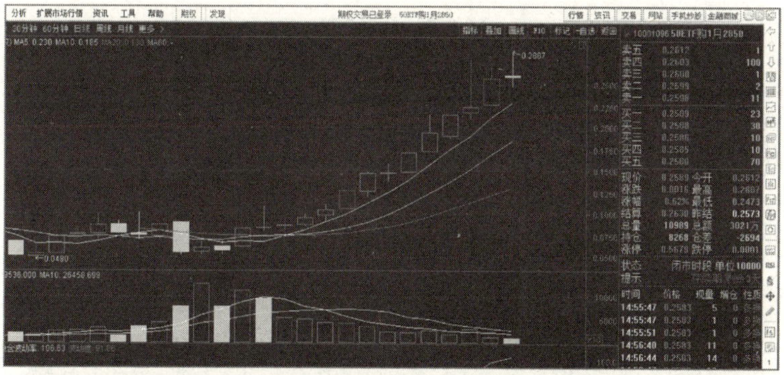

图 4-32　2018 年 50ETF 购 1 月 2850 合约走势

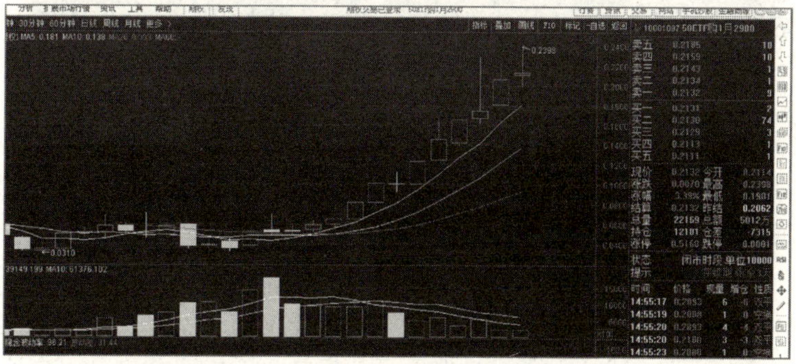

图 4-33　2018 年 50ETF 购 1 月 2900 合约走势

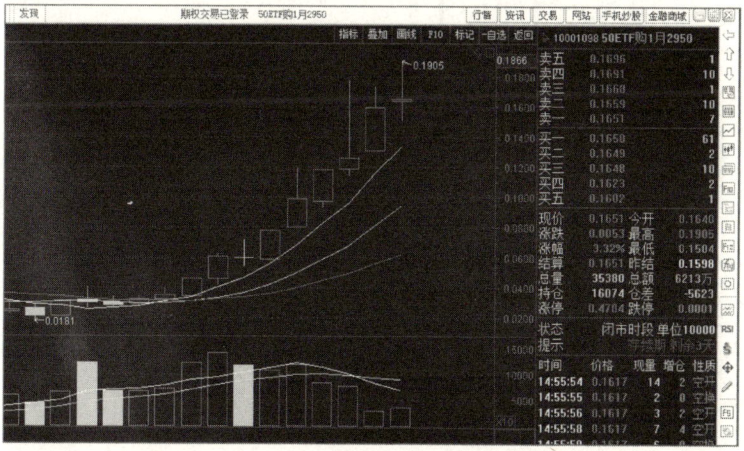

图 4-34　2018 年 50ETF 购 1 月 2950 合约走势

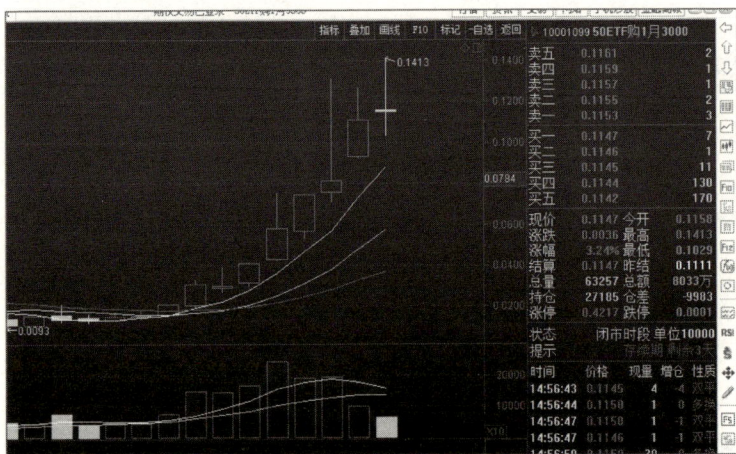

图 4-35　2018 年 50ETF 购 1 月 3000 合约走势

在 2018 年 1 月 17 日有一次移仓时，因为卖出了之前较多的认购合约，账户里有较多资金，中午午休时移仓 50ETF 购 1 月 3044A 合约，本来想买 100 张，结果用手机操作时不小心按错了，把账户里的资金全部买完，买了 1000 多张，均价约为 480 元/张，如图 4-36 所示，超出了自己的交易计划，在下午的震荡中，加了几十元/张将多买的部分平仓卖出。如果当时不卖出，几天后该合约可涨到 1349 元/张，如图 4-37 所示，可以多赚 100 多万元。但是，不能违背自己的交易计划，也不抱有太多的遗憾。

发生日期	成交时间	合约代码	合约名称	证券代码	持仓类别	买卖	开平	备兑标志	业务状态	成交价格
20180117	13:05:11	10001075	50ETF购1月3044A	510050	权利方	买入	开仓	非备兑	成交	0.0478
20180117	13:05:11	10001075	50ETF购1月3044A	510050	权利方	买入	开仓	非备兑	成交	0.0478
20180117	13:05:11	10001075	50ETF购1月3044A	510050	权利方	买入	开仓	非备兑	成交	0.0478
20180117	13:05:13	10001075	50ETF购1月3044A	510050	权利方	买入	开仓	非备兑	成交	0.0478
20180117	13:05:13	10001075	50ETF购1月3044A	510050	权利方	买入	开仓	非备兑	成交	0.0478
20180117	13:05:14	10001075	50ETF购1月3044A	510050	权利方	买入	开仓	非备兑	成交	0.0478
20180117	13:05:19	10001075	50ETF购1月3044A	510050	权利方	买入	开仓	非备兑	成交	0.0478
20180117	13:05:19	10001075	50ETF购1月3044A	510050	权利方	买入	开仓	非备兑	成交	0.0478
20180117	13:05:20	10001075	50ETF购1月3044A	510050	权利方	买入	开仓	非备兑	成交	0.0478
20180117	13:05:20	10001075	50ETF购1月3044A	510050	权利方	买入	开仓	非备兑	成交	0.0478
20180117	13:05:20	10001075	50ETF购1月3044A	510050	权利方	买入	开仓	非备兑	成交	0.0478
20180117	13:05:20	10001075	50ETF购1月3044A	510050	权利方	买入	开仓	非备兑	成交	0.0478
20180117	13:05:20	10001075	50ETF购1月3044A	510050	权利方	买入	开仓	非备兑	成交	0.0478
20180117	13:05:20	10001075	50ETF购1月3044A	510050	权利方	买入	开仓	非备兑	成交	0.0478
20180117	13:10:50	10001075	50ETF购1月3044A	510050	权利方	卖出	平仓	非备兑	成交	0.0508
20180117	13:10:50	10001075	50ETF购1月3044A	510050	权利方	卖出	平仓	非备兑	成交	0.0508
20180117	13:10:50	10001075	50ETF购1月3044A	510050	权利方	卖出	平仓	非备兑	成交	0.0508
20180117	13:10:50	10001075	50ETF购1月3044A	510050	权利方	卖出	平仓	非备兑	成交	0.0508

图 4-36　2018 年 1 月 17 日期权操作记录

发生日期	成交时间	合约代码	合约名称	证券代码	持仓类别	买卖	开平	备兑标志	业务状态	成交价格
20180123	13:26:31	10001144	50ETF购2月2900	510050	权利方	卖出	平仓	非备兑	成交	0.2717
20180123	13:40:14	10001171	50ETF购1月3200	510050	义务方	卖出	开仓	非备兑	成交	0.0036
20180123	13:42:23	10001144	50ETF购2月2900	510050	权利方	卖出	平仓	非备兑	成交	0.2666
20180124	09:32:14	10001075	50ETF购1月3044A	510050	权利方	卖出	平仓	非备兑	成交	0.1349

图 4-37　2018 年 1 月 24 日期权操作记录

45

调皮孩子脾气不定——再识波指

相信经过 2018 年 2 月 6—9 日这几天的暴跌和企稳，大家对波动率有了更深、更刻骨铭心的印象。

投资期权，除了精研标的外，还要关注波动率这个"淘气孩子"。

首先，说一下那几天的 3 件怪事。

1）标的大跌，虚值认购合约不跌反涨

2 月 9 日早晨，在外盘利空的影响下，标的跳空低开近 0.1 元，如图 4-38 所示，实值和平值认购合约跌得非常多，但是虚值认购合约 3200 不跌反涨，如图 4-39 所示，这时候要尽快平仓，避免损失。

那一天，中国波指相对前一日大涨 50%到 38%的高位，如图 4-40 所示。

2）标的窄幅震荡，认购、认沽合约的跌幅都很大

2 月 12 日，50ETF 先下探后拉升，如图 4-41 所示，全天窄幅震荡，但是下午认购、认沽合约的跌幅全都很大，如图 4-42 所示，50ETF 购 2 月 3000 合约、50ETF 购 2 月 3100 合约的跌幅最大超过 70%，50ETF 购 2 月 2900 大跌 50%，虚值认沽合约也惨不忍睹，权利仓无论买购还是买沽全部惨不忍睹。甚至 9 日（周五）暴涨 15 倍的 50ETF 沽 2 月 2650 合约直接从那天的 800 元/张跌到了 12 日（周一）的收盘价 233 元/张。

因为在早晨没有看到暴涨和暴跌，有的人赶快满仓双卖，收获非常大。甚至

一天收益达到投入保证金的 10%～20%，收益比股票涨停板还要多。

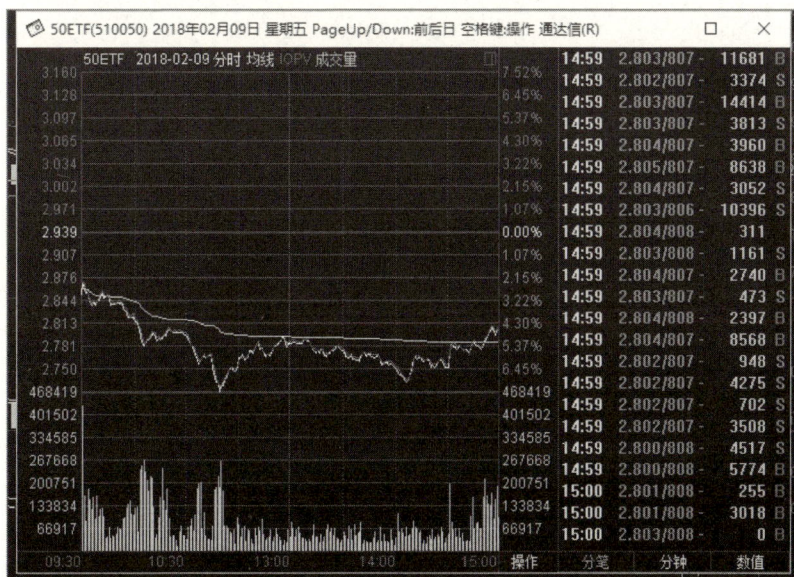

图 4-38　2018 年 2 月 9 日 50ETF 走势

图 4-39　2018 年 2 月 9 日 50ETF 购 2 月 3200 合约分时图

图 4-40　2018 年 2 月 9 日中国波指分时图

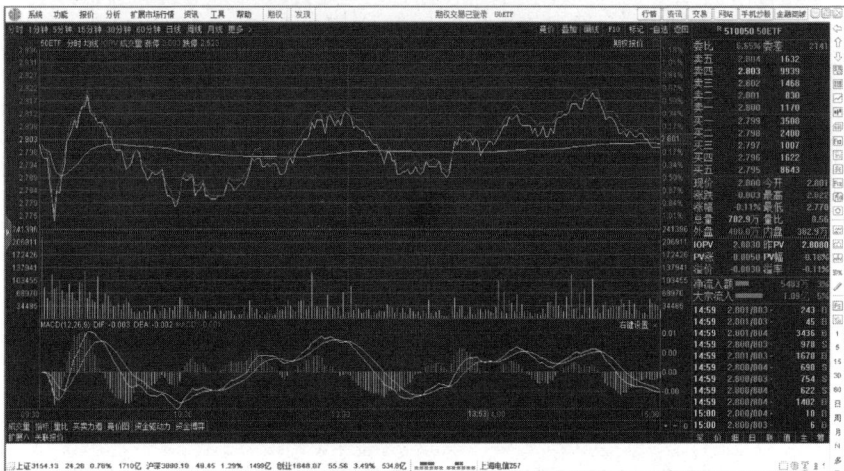

图 4-41　2018 年 2 月 12 日 50ETF 走势

3）卖方之殇

在 2 月 6—9 日这一周里，卖方是很痛苦的，甚至有人建议将其命名为期权卖方纪念日。

在这周里，大批卖方爆仓，大批卖沽的爆仓，一年多的收益几天就退回去了。

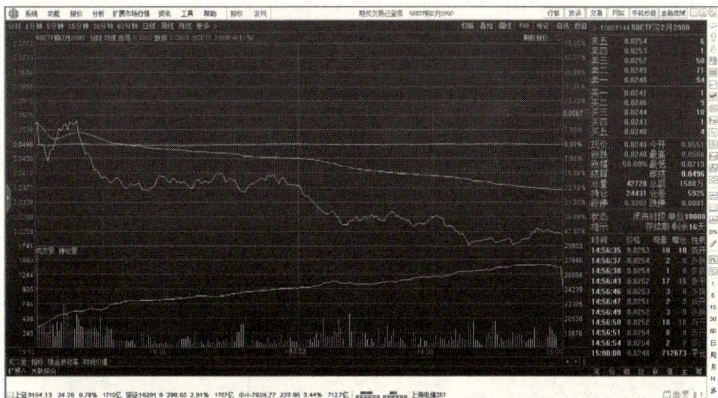

图 4-42　2018 年 2 月 12 日 50ETF 购 2 月 2900 合约分时图

如图 4-43 所示，50ETF 沽 2 月 2900 合约最低为 9 元/张，最高为 2400 元/张，涨幅近 250 倍，在权利仓和彩票购买者狂欢的同时，未及时平仓的卖方大幅亏损，本来每张期权需要支付 1800 元的保证金，为了收取该合约归零的 9 元/张的权利金，约 0.5%的稳健收益，结果碰上该合约暴涨，若不及时平仓，则最后全部保证金亏完，还要倒贴。

此时有传言说卖沽方的名义本金有 200 亿元，他们要平仓，何其恐怖。

卖方之殇中的卖家不仅是指 50ETF 认沽的卖方，也包括中国台湾股市期权的卖方，还包括美国股市恐慌指数（VIX）的做空者。

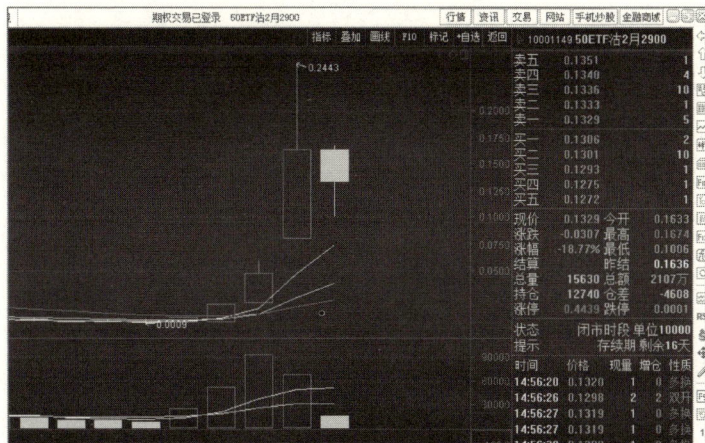

图 4-43　50ETF 沽 2 月 2900 合约走势

1 月初到 2 月 9 日中国波指的走势如图 4-44 所示，从 1 月底的 22%降到 16%，再飙升到 38%。

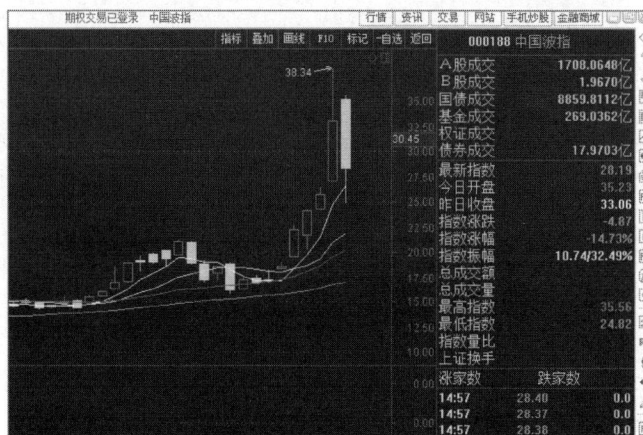

图 4-44　中国波指 2018 年 1—2 月初走势

这些都是波动率这个"坏孩子"起了推波助澜的作用。它很奇怪，有时候和标的的涨跌既不正相关，也不负相关，就是那么任性，像小孩子翻脸，比翻书还快。

下面再说波动率的几种定义与解释。

1）理论解释

隐含波动率（Implied Volatility）是将市场上的期权或权证交易价格代入理论价格模型（BS 模型）反推出来的波动率数值。

由于期权定价模型（如 BS 模型）给出了期权价格与 5 个基本参数（标的股价、执行价格、利率、到期时间、波动率）之间的定量关系，所以只要将前 4 个基本参数及期权的实际市场价格作为已知量代入定价公式，就可以从中解出唯一的未知量，其大小就是隐含波动率。

影响隐含波动率大小的因素有正股的历史波动率、权证的供求关系。

一般来说，认股权证正股的隐含波动率普遍比历史波动率高，两者具有正相关关系。若正股历史波动率高，则相关权证的隐含波动率也较高；若正股历史波动率低，则相关权证的隐含波动率也相对较低。特别是在发行权证时，发行人会把正股的历史波动率作为确定权证的隐含波动率的一个依据,从而确定权证价格。此外,供求关系也会影响隐含波动率,隐含波动率在某种程度上是权证供求关系的一个反映。若投资者对某只权证需求旺盛,使得权证价格虚高,则引申波幅可以达到较高的水平,甚至远高于正股的实际波幅。

隐含波动率本质上是期权价格的另一种表达方法,"波动率微笑"表示 BS 模型有低估深实值和深虚值期权的倾向。对 BS 模型的考察发现,资产价格过程特征和市场机制都会影响到期权定价的准确性。期权的市场价值取决于现实市场中△套期保值的成本。如果资产价格过程特征和市场机制对深实值和深虚值期权的△套期保值影响更大,使其构造成本高于 BS 模型价格更多,那么深实值和深虚值期权的隐含波动率就会更大。

即使资产价格过程特征和市场机制因素对期权价值的影响相同,因 BS 模型中的期权价格是资产波动率的单调递增函数,也可得隐含波动率对看涨期权价格的导数为

$$\frac{\partial \sigma}{\partial C} = \left(\frac{\partial C}{\partial \sigma}\right) = \left[Se^{-d(T-t)}\sqrt{T-t}N(d_1)\right]^{-1}$$

其中,S 为标定资产的当前价格,$T-t$ 为期权距到期的时间,$N(d_1)$ 为标准正态分布的密度函数,d 为红利率。上式表示当期权价格发生微小变动时,隐含波动率会出现较大变化。而且,期权越处于深实值或深虚值状态,$|d_1|$ 越大,$N(d_1)$ 越接近于 0,$(\partial\sigma/\partial C)$ 越大,相同的期权价格变动造成的隐含波动率变动越大。当标定资产存在交易成本时,连续△套期保值的总成本在理论上趋于无穷大,现实中的期权空方必须实行离散调整策略,在此过程中将引发额外风险。

2)市场情绪解释

当市场上预期标的会大涨时,投资者会主动买入认购期权,尤其是虚值认购期权,在大多数时候,投资者不看价格,只求快点买入。当预期会大跌时,投资者会纷纷买入认沽期权做保护,也不看价格,只求快点买入。按道理说,波动率是果,而不是因,是期权价格上涨推动了波动率上升,波动率上升又对期权价格有推动作用。例如,在一堆人里面喊:我这帽子 10 元钱,有人要吗?快来买啊,如果买方激昂,那就可以再卖高价,如果买方不踊跃,那只好降价处理。

3)买卖方角力的结果

比如,2017 年 1—4 月,标的行情不大,基本在 2.35 元窄幅震荡,预期走势

会比较平稳，卖方和做多波动率的人比较安心，见期权就卖出，最后把波动率压到 8%,而在 5 月 25 日,50ETF 突破长阳,大涨 3%,认购期权纷纷涨 300%～700%,虚值认购也疯狂地涨。

同样，自 2 月 6 日起，50ETF 破位大跌，权利仓纷纷买入认沽投机和保险。认沽的义务仓在买入平仓，本来只想赚 0.5%的深度虚值认沽在 9 元/张卖出开仓，却涨到 100 元/张出现很大浮亏，怎么办？必须买入平仓避免更大亏损啊！尤其是机构户做产品的，上亿元的资金卖出了期权，如果不买平就会面临很大亏损，而这些亏损会赔掉积累良久的利润。

在极端行情下，买方可以不买虚值认购、认沽，大不了不赚这个钱，但是卖方不买平不行，会损失很大。可以说，主要是卖方的平仓推高了期权的价格和波动率。

2 月 12 日早晨，外盘没有大的涨跌，波动率高达 36%,这时候卖方下手了，落井下石，直接把波动率卖到了最低 24%。

4）群友情绪和口袋宽裕情况解释

2017 年 8 月初，在经历了 5—7 月的大涨后，认购买方积累了很大的利润，口袋很宽裕，在惯性的支持下，买入期权会比较慷慨，那时候期权价格很高，波动率很高，持仓量也很高，而 9 月底，认购买方经历了两个月的亏损，都没钱了，10 月认购的持仓量很低，主力合约都只有几万手，波动率也较低。同样，2018 年 1 月底，认购买方又获得充沛的利润，买起 2 月合约来不费力，虚值的认购 3200 等合约持仓量都在十几万张，甚至接近 20 万张，波动率也较高，然而这些时候往往就是亏损的开始。

同时，在一定的时间段内，可以问问比较活跃的 QQ 群、微信群的朋友们。当他们普遍不管价格、都在买时，波动率就比较高；当购和沽几乎都没有人买时，波动率一般会走低。

前面三种情况的原因初探如下。

第一种情况：标的大跌，虚值认购不跌反涨。事后我问了很多人，包括券商总部衍生品部的研究员、香港和台湾地区的期权大师、上证 50ETF 期权的设计者，得出的解释各不相同。

根据期权的希腊字母分析如下：

在对期权价格的影响因素进行定性分析的基础上，通过期权风险指标，在假定其他影响因素不变的情况下，可以量化单一因素对期权价格的动态影响。期权的风险指标通常用希腊字母表示，包括 Delta 值、Gamma 值、theta 值、Vega 值、Rho 值等。对于期权交易者来说，了解这些指标更容易掌握期权价格的变动，有助于衡量和管理持仓风险。

Delta 值：衡量标的资产价格变动时，期权价格的变化幅度。

Gamma 值：衡量标的资产价格变动时，期权 Delta 值的变化幅度。

Theta 值：衡量随着时间的消逝，期权价格的变化幅度。

Vega 值：衡量标的资产价格波动率变动时，期权价格的变化幅度。

Rho 值：衡量利率变动时，期权价格的变化幅度。

其中与波动率相关的是 Vega 值，常常出现虚值期权合约上涨的现象，应该就和 Vega 值上升有关。

有的机构根据期权平价公式 $C+ Ke^{-rT}=P+S$ 来回套利。

还有两个可能引起虚值认购期权不跌反涨的原因是，持有该合约的主力在自救，部分投资者买期权彩票博取高倍数。

小知识：

期权平价公式 $C+ Ke^{-rT}=P+S$

公式含义：认购期权价格 C 与行权价 K 的现值之和等于认沽期权的价格 P 加上标的证券现价 S。

符号解释：T 为距合约到期的天数；e^{-rT} 为连续复利的折现系数；Ke^{-rT} 为 K 的现值。

第二种情况：标的窄幅震荡，认购、认沽合约下跌的幅度都很大。

这是因为前几天波动率太高、期权价格太贵，比如认沽合约每张涨的金额超过了标的下跌的金额，市场恐慌情绪过头了。认购合约却由于波动率的原因也太贵了，比如 50ETF 购 2 月 3100 合约在 2 月 9 日早晨还是 300 元/张，此时标的大约要上涨 12%才能到期保本。

隐含波动率偏离历史波动率和前期波动率太远，如果市场的恐慌和激昂情绪得到缓解，自然就会降低预期，使波动率下降。

第三种情况：卖方之殇。

一是标的暴跌，与之前卖方常见大仓位持仓的方向相反，在极端情况下很难掉头。

二是义务方的平仓推高了价格，并导致大幅亏损。

三是卖方本来是为了 90%的胜率和 3%的利润，结果遇到了 10%的输和 13%的亏损。

46

贸易战黑天鹅起飞——月末暴利

行情回顾：

2018 年 3 月，由于两会会议期间维稳，50ETF 波动很小，在 2.85～2.90 元窄幅震荡，这期间沽和购都没有大的行情，大约每天涨的部分最多为 30%，跌的部分最多为 20%。3 月 20 日晚，中国平安出年报，宣布业绩大增，但是第二天中国平安的走势却是高开低走，如图 4-45 所示，50ETF 也跟随高开低走，如图 4-46 所示。22 日晚，特朗普签署文件，对中国进行 600 亿美元的贸易战，导致美股大跌，第二天 50ETF 直接低开 2.6%，如图 4-47 所示，有的认沽合约当天暴涨 20 倍。之后三根阴线结束本月期权合约，如图 4-48 所示。

有时候，并不在于你进来得多早，而在于关键那几天你在就好。

主要的认购、认沽期权合约走势如图 4-49～图 4-55 所示。

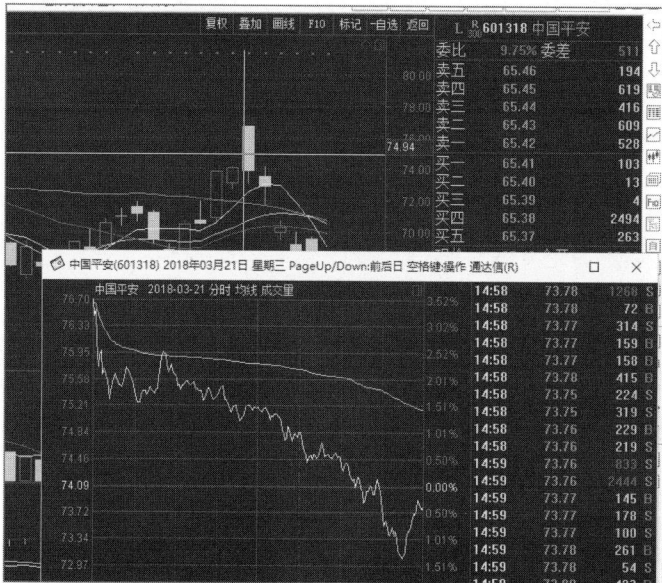

图 4-45　2018 年 3 月 21 日中国平安走势

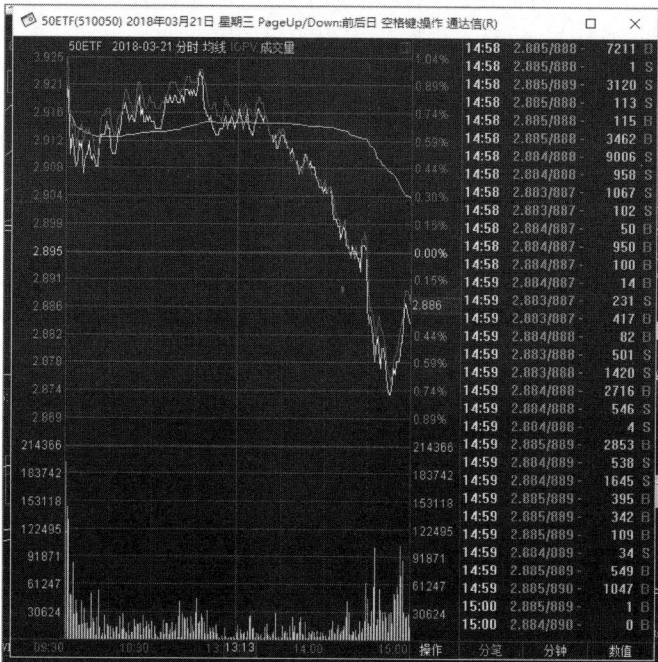

图 4-46　2018 年 3 月 21 日 50ETF 走势

图 4-47　2018 年 3 月 23 日 50ETF 走势

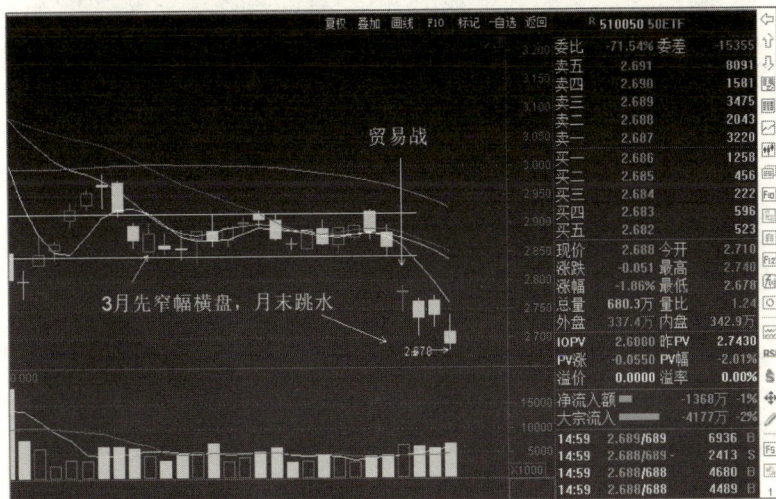

图 4-48　2018 年 3 月 50ETF 走势

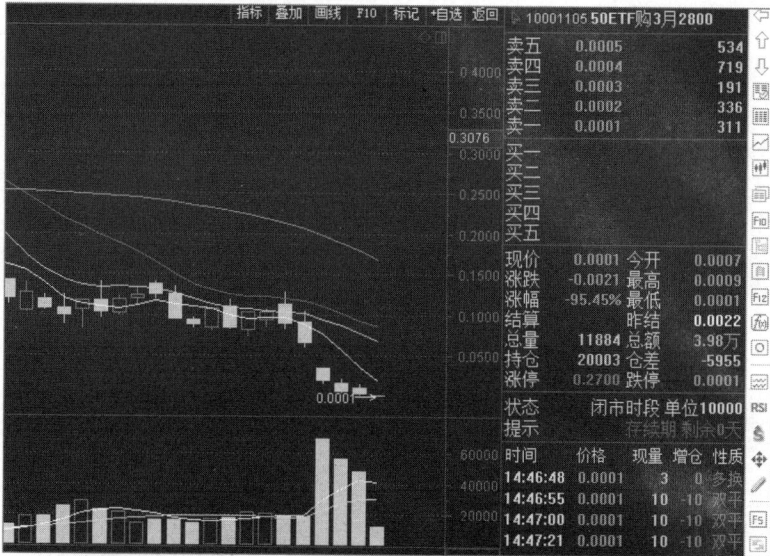

图 4-49　50ETF 购 3 月 2800 合约走势

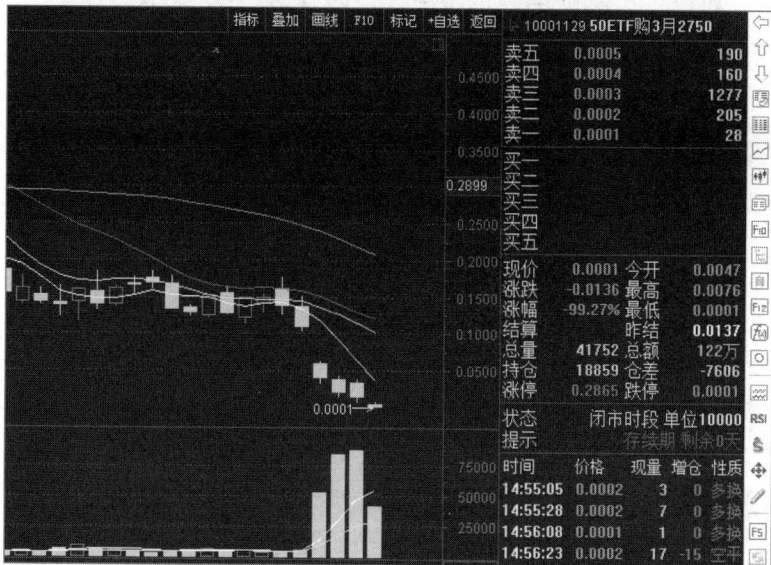

图 4-50　50ETF 购 3 月 2750 合约走势

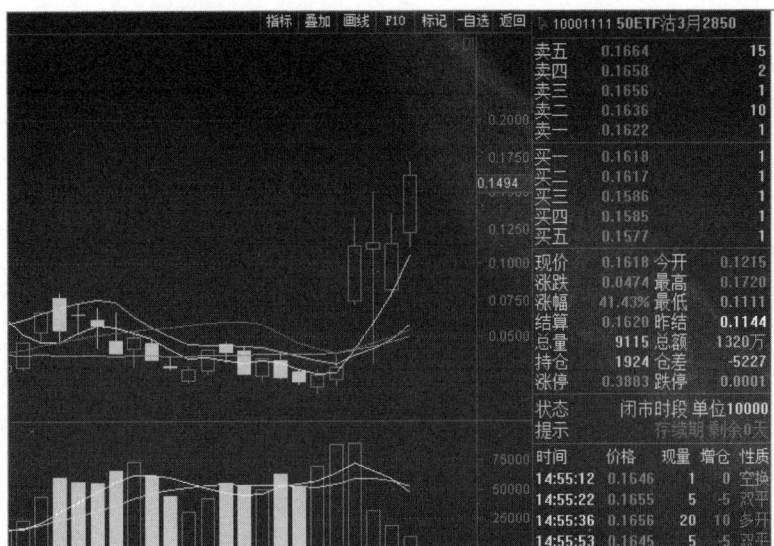

图 4-51　50ETF 沽 3 月 2850 合约走势

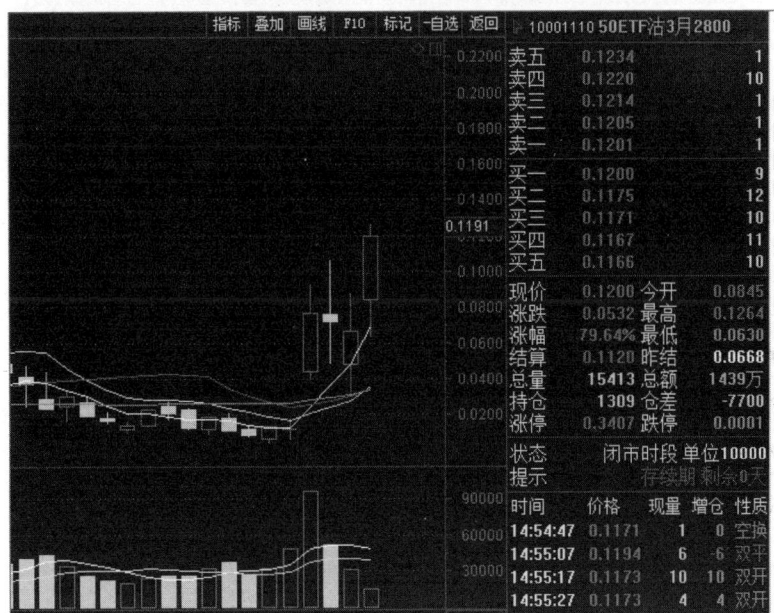

图 4-52　50ETF 沽 3 月 2800 合约走势

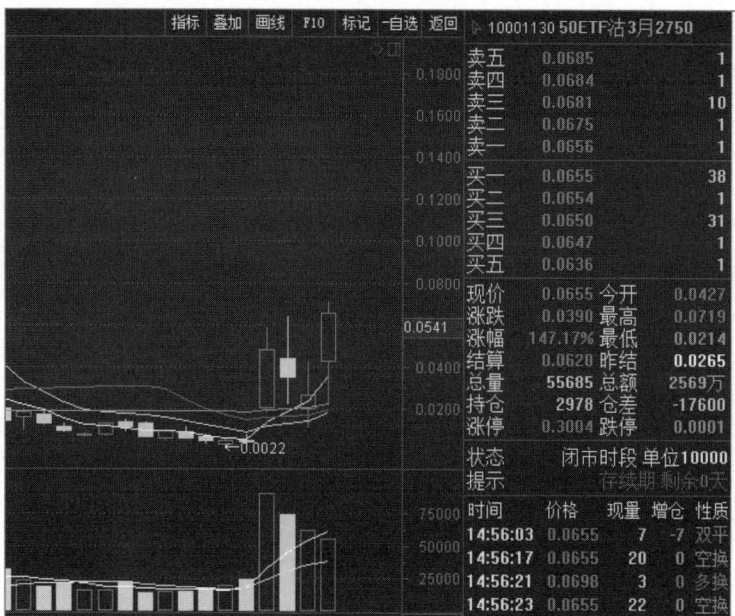

图 4-53　沽 3 月 2750 合约走势，当月涨幅 30 倍

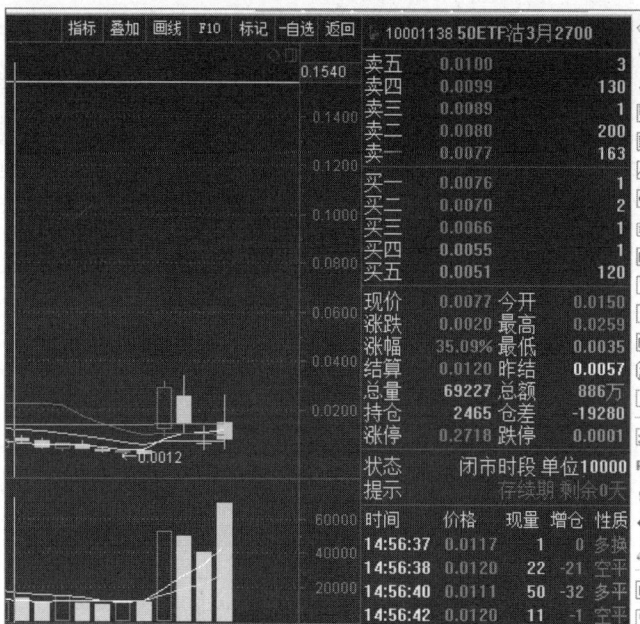

图 4-54　50ETF 沽 3 月 2700 合约走势

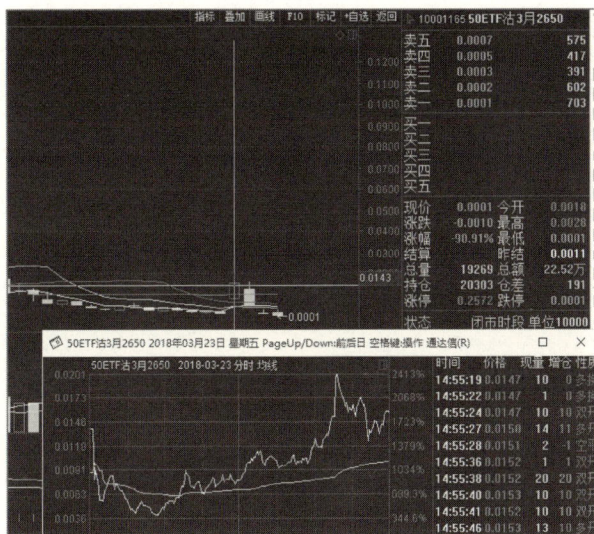

图 4-55　50ETF沽 3 月 2650 合约走势

个人操作：

在 3 月时有一些亏损，如图 4-56 所示，月初我在公众号发布消息，如图 4-57
所示，分析当前一段时间都没行情，这段时间波动率比较高，认购、认沽双方在
窄幅震荡时都赚不到钱，开始只投入了很少的资金在 50ETF 购 3 月 2850 合约和
50ETF 购 3 月 2900 合约试水（当时标的价格为 2.85～2.9 元），期间震荡来震荡去，
没有做短线和 T，有些亏损。在中国平安出年报前一天略有加仓，但是随后标的
高开低走时并没有卖出平仓，总体来说还未回本，但实际只亏损 20%。随后迎来
大低开，认购期权损失惨重，之后砍掉认购，买入认沽，挽回一些损失，如图 4-56
所示。

图 4-56　2018 年 3 月期权账户损益

在这个过程中的两次感悟都在小马白话期权公众号上发布，一次是觉得期权最近没有大机会，要小仓位做（如图 4-57 所示），另一次是在贸易战前，如果趋势不好，该买入认沽期权还是要买入认沽期权，如图 4-58 所示。

> 03月04日　　期权最近可能没有大机会，向上向下都没有，日内也机会不大，少做，小做。
> 发送完毕　　静待其变。

图 4-57　3 月初在公众号里对期权的判断

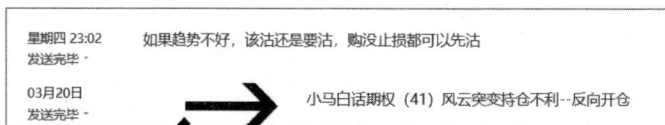

> 星期四 23:02　　如果趋势不好，该沽还是要沽，购没止损都可以先沽
> 发送完毕
>
> 03月20日　　➡　　小马白话期权（41）风云突变持仓不利--反向开仓
> 发送完毕

图 4-58　3 月底贸易战前在公众号里对期权的判断

虽然我猜得很准，但是为什么还是输了呢？因为管不住自己的手，在趋势不明朗的时候加仓了，而且加仓部分有盈利还不愿意走。

收获与改进：

这个月避免了之前犯过的几个错误。

一是面对大跳空低开，不急于开盘马上抢入，而是观察一下，先看是走高还是继续走低后再决定买入或不买。2017 年 10 月 9 日，就因不计成本抢入认购而损失较多。

二是敢于跟随趋势，买入认沽，2017 年 12 月、2018 年 2 月，都是因为没有跟随趋势买入认沽而失去翻本的机会。

三是学会用保险思维买入认沽，作为现货保护。以前持股较多，但没有买入认沽作为保护，后来觉得要使用期权的本意作为现货保险，如图 4-59 所示。

> 03月19日　　小马白话期权（40）不忘使用期权本意--现货保险
> 发送完毕
>
> 👁 326　　♡ 27　　💬 6

图 4-59　3 月 19 日在公众号中发文提示保险策略

四是根据外围形势，主动判断，不抱有幻想。

五是当面对不利局势时，沉着冷静，主动应对。具体体现如下：26 日晚，美股大反弹，第二天 50ETF 跟随大幅高开，如图 4-60 所示，而前一日持有的认沽合约开盘大跌 50%，在看到 50ETF 高开逐渐走低并未站上均线时（原因是 A 股有高开低走的习惯），我并未割肉追购，而是果断加仓买入 50ETF 沽 3 月 2800 合约（如图 4-61 所示），单价约为 450 元/张。随着标的逐渐走低，认沽合约逐渐上涨，最后在 600～800 元/张的价格把当日买入的认沽合约平仓，极大地挽回了之前的损失。

图 4-60　2018 年 3 月 27 日 50ETF 高开低走

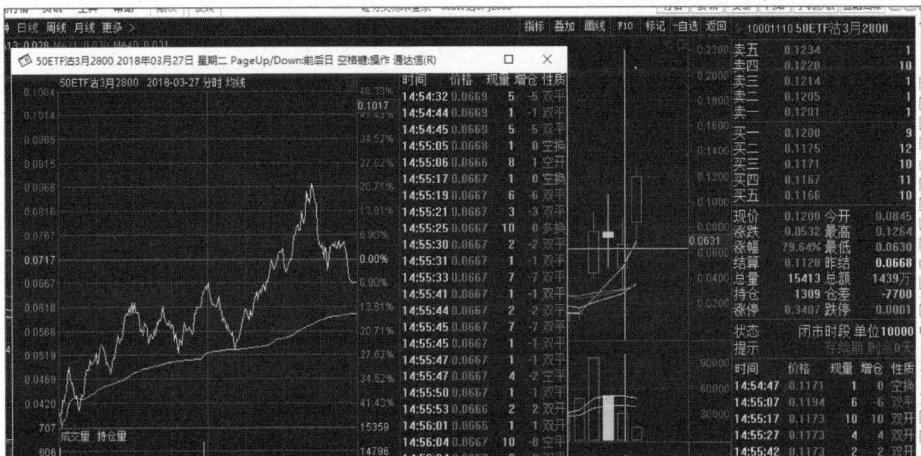

图 4-61　2018 年 3 月 27 日 50ETF 沽 3 月 2800 合约走势

不足之处：

知行合一难，明明月初自己知道短期不会有大行情，但还是有一些投入，并在后期从股票账户里转过来加仓。

不能积小胜为大胜，在没有大行情时，按理说应该每次下单有利润就要止盈，然后再准备下一笔交易，但前面考虑沉没成本和心理账户，往往觉得没有完全回本，不愿小赚就出。

趋势发现和跟随得太晚，**敏感性不强**。中国平安等保险股大阴线往往是一段下跌行情的开始或中继，外部条件的恶化会是回调的催化剂。

末日轮的体会：

在本次末日轮，事先计划买入 50ETF 的沽和购 3 月 2750/2700 合约，在操作过程中根据市场强弱再定合约，最后根据前一日收盘价选定为 50ETF 购 3 月 2700 合约和 50ETF 沽 3 月 2750 合约（前日标的收盘价为 2.739 元），这两个合约都为轻度实值合约，其中上午购 2700 合约的时间价值为 100 元/张，沽 2750 合约的时间价值基本为 0 元/张。标的和两个合约的走势如图 4-62～图 4-64 所示。

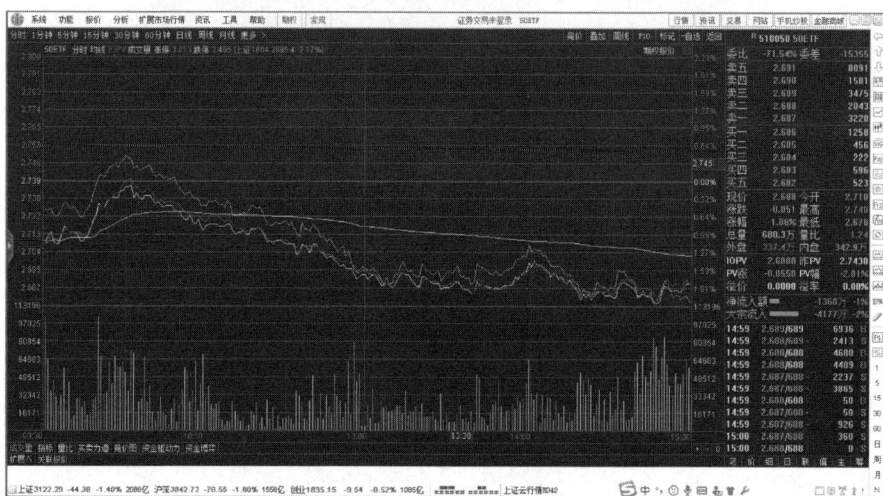

图 4-62　2018 年 3 月 28 日 50ETF 走势

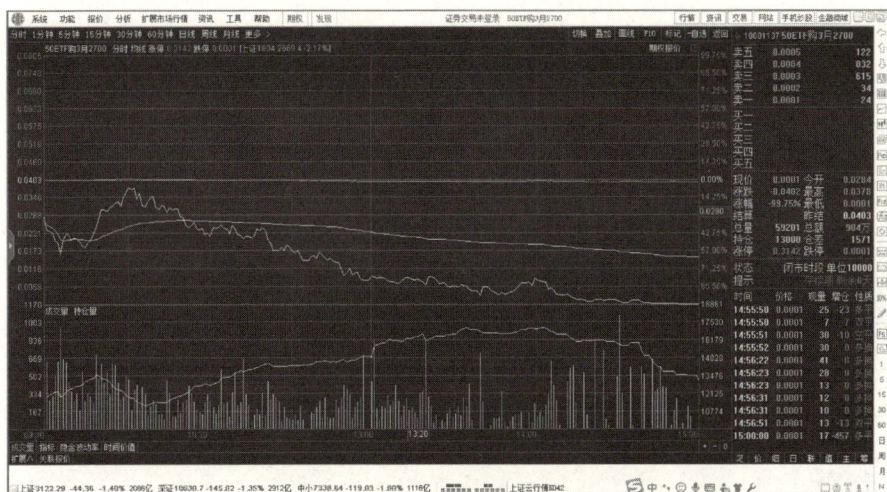

图 4-63　2018 年 3 月 28 日 50ETF 购 3 月 2700 合约走势

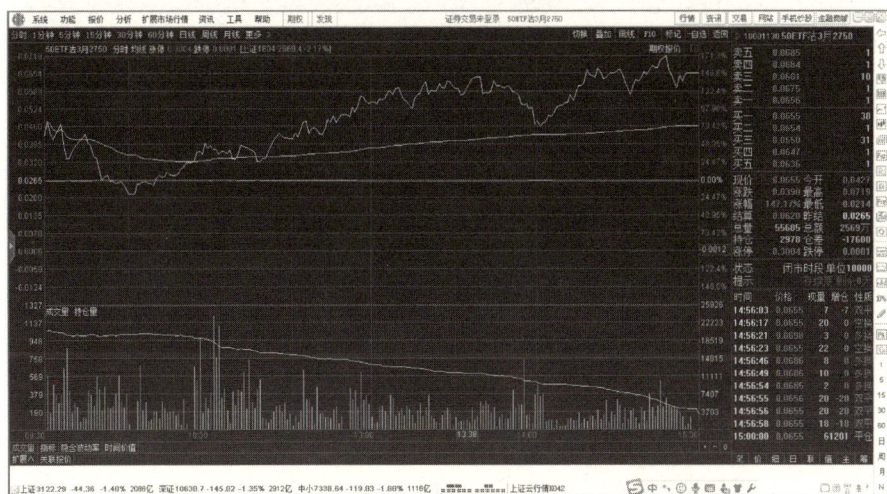

图 4-64　2018 年 3 月 28 日 50ETF 沽 3 月 2750 合约走势

　　上一日持有 50ETF 沽 3 月 2700（如图 4-65 所示）彩票，开盘后看到标的低开高走，迅速平掉沽，观察一段时间后发现标的反弹，追入 50ETF 购 3 月 2700 合约，但是追的价格比较高，在浮盈近万元后有所迟疑而没有平仓，最后在合约价格跌破均线后逐渐止损，该认购合约亏损 2 万多元。止损后迅速买入 50ETF 沽 3 月 2750 合约，这时我的心情是复杂的，但我一直对自己说"**冷静，再冷静，跟**

随趋势走",此时中国平安、贵州茅台、伊利股份已持续暴跌。同时,在 100 元左右加仓了 50ETF 沽 3 月 2700 彩票,坚持到下午才慢慢平仓,移仓 4 月。

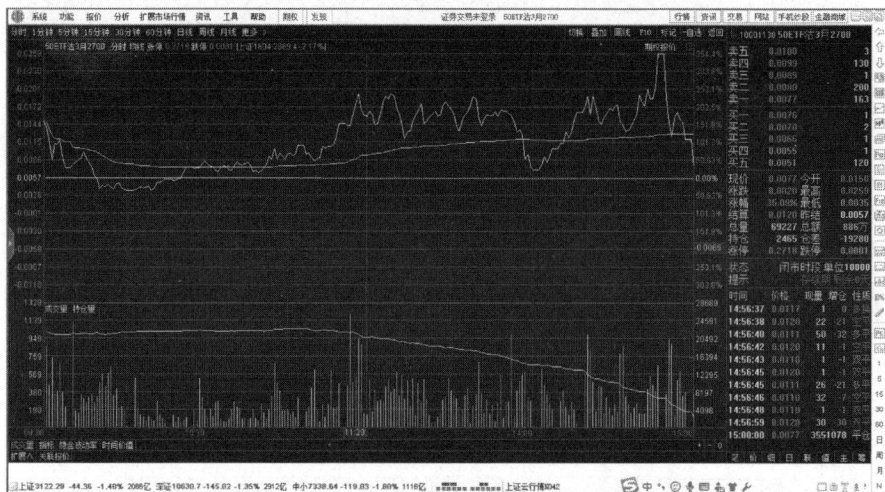

图 4-65　2018 年 3 月 28 日 50ETF 沽 3 月 2700 合约走势

体会:由于 3 月未盈利,为了保住部分本金可以玩下个月,会患得患失,上午一直在频繁地止损和反手。本来前一日市值和账户金额还较多,结果一折腾,前日持有的合约比上一日上涨,但总市值减少了不少。

感觉到两边都做还是比较困难,如果频繁止损和追高,节奏不对往往亏得更快。如果是单边行情,做错一头,自然要反手做另一头。

每次的行情都是新的,要沉着应对,想好对策,不要像无头苍蝇一样没有章法,这才是常胜、大胜之道!

47

短线抄底分批止盈——日内翻番

2018 年 3—4 月初,大盘刚从暴跌中恢复过来,往上涨压力重重,我观察到有几次高开后认沽都出现了日内赚 30%～100% 的机会。

2018 年 3 月 27 日,受隔夜美股大涨影响,50ETF 跳空高开 1.3%,如图 4-66 所示,4 月认沽合约低开 40%,3 月合约低开 50%～70%。

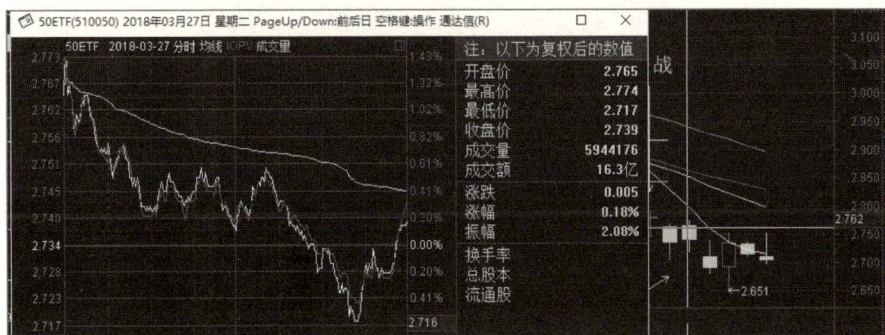

图 4-66　2018 年 3 月 27 日 50ETF 走势

随后标的逐渐走低(A 股有高开低走的习惯),认沽期权逐渐走高,50ETF 沽 3 月 2800 合约最低为 300 元/张(低开近 60%),如图 4-67 所示,最后尾盘收盘价为 800 元/张左右,当时我在 450 元/张时买入,下午在 700 多元/张时开始平仓。

50ETF 沽 3 月 2750 合约低开超过 60%,如图 4-68 所示,最低为 110 元/张,最后翻红到 300 多元/张,当天低点买入、高点卖出,利润高达 200% 以上。

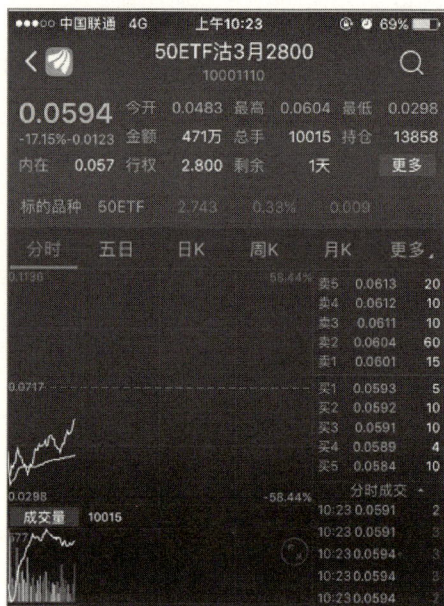

图 4-67 2018 年 3 月 27 日 50ETF 沽 3 月 2800 合约走势

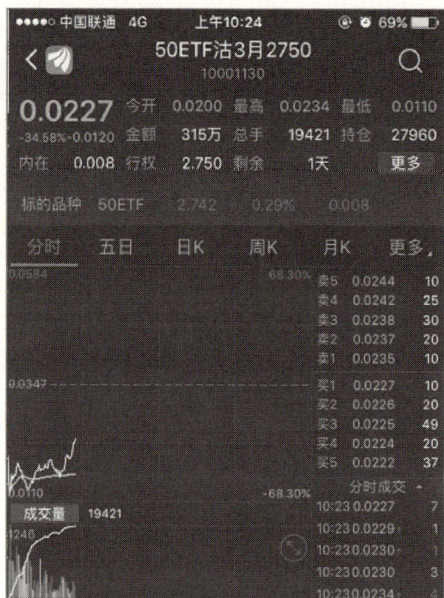

图 4-68 2018 年 3 月 27 日 50ETF 沽 3 月 2750 合约走势

如果当时买入 4 月认沽期权，也会有 50%以上利润，如图 4-69～图 4-71 所示。

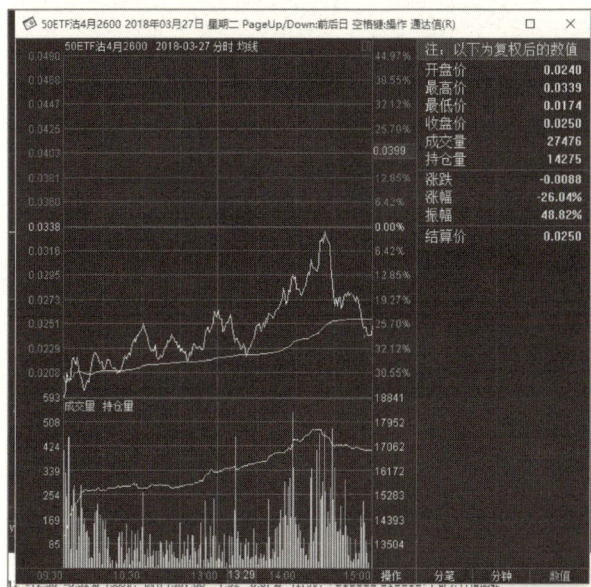

图 4-69　2018 年 3 月 27 日 50ETF 沽 4 月 2600 合约走势

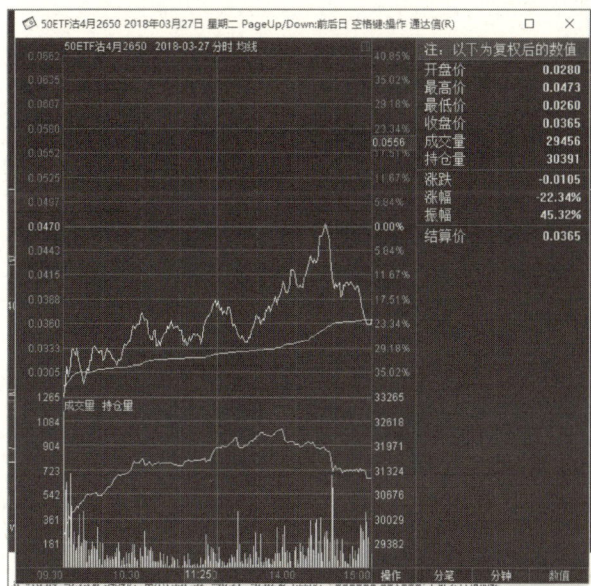

图 4-70　2018 年 3 月 27 日 50ETF 沽 4 月 2650 合约走势

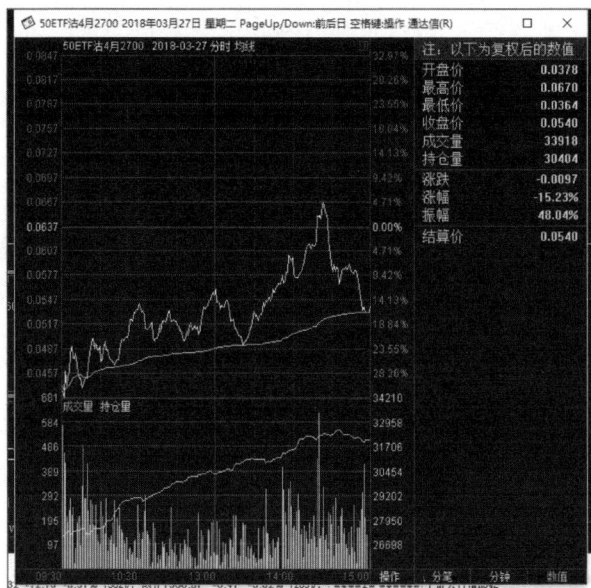

图 4-71　2018 年 3 月 27 日 50ETF 沽 4 月 2700 合约走势

2018 年 4 月 2 日，标的下探后一路走高，最高触碰 30 分钟 MA20，即 2.75 元，随后震荡走低，如图 4-72 所示。低价买入认沽期权同样可以获得 30%～50% 的收入，如图 4-73～图 4-75 所示。

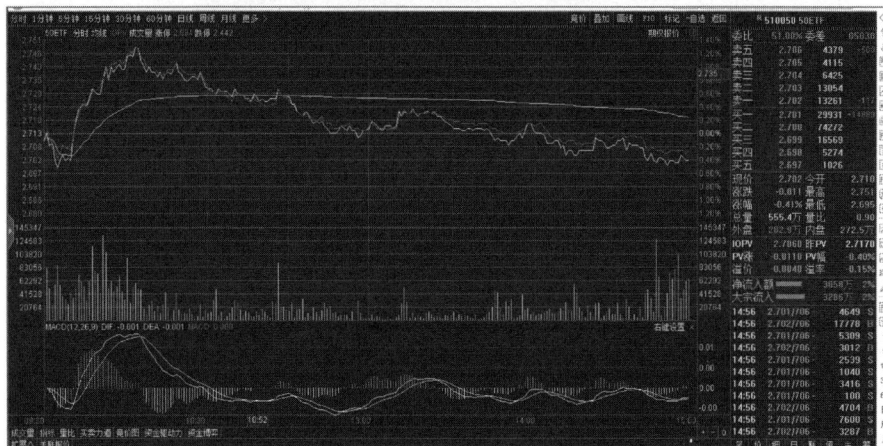

图 4-72　2018 年 4 月 2 日 50ETF 走势

如图 4-73 所示，在标识 1 处买入是刀口舔血的行为，因为还在下跌途中，在标识 2 处买入是勇敢的抄底者的行为，在站上均线的 3 处买入是比较稳妥的。

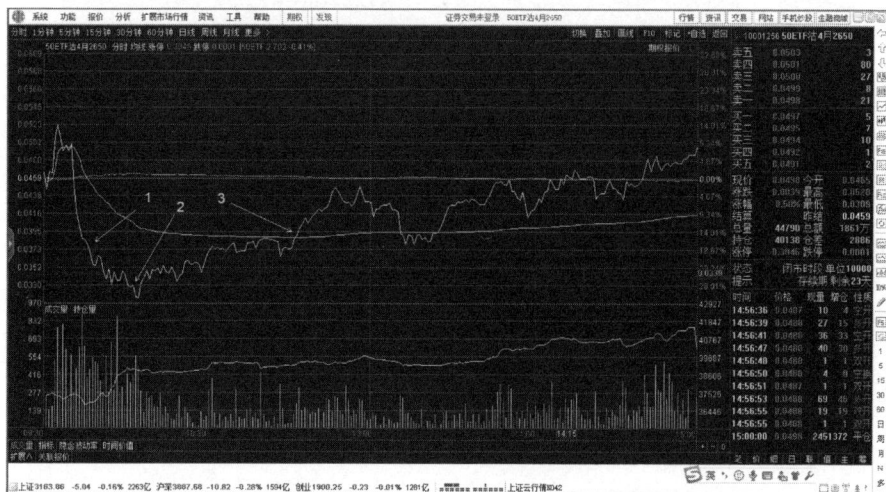

图 4-73　2018 年 4 月 2 日 50ETF 沽 4 月 2650 合约走势

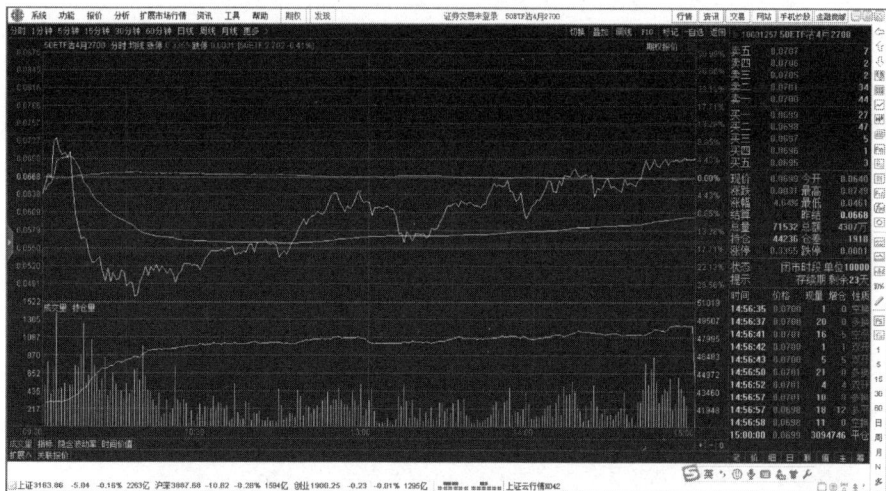

图 4-74　2018 年 4 月 2 日 50ETF 沽 4 月 2700 合约走势

图 4-75　2018 年 4 月 2 日 50ETF 沽 4 月 2750 合约走势

2018 年 4 月 13 日实例如下。

又是一天内认沽期权涨 50%～100% 的行情。

早晨 50ETF 受前一晚特朗普说不打贸易战的影响或者其他原因，跳空高开，并冲高，随后走低，三次站不上日内均线，随后一直运行在均线下方并不断走低。午后开盘稍有反弹，形成分时小的顶背离，随后不断走低，在 IH1804 的带动下尾盘一波跳水，最后从涨 0.7% 到跌 0.9%，如图 4-76 所示。日内认沽再现涨 50%～100% 的机会，如图 4-77 和图 4-78 所示。

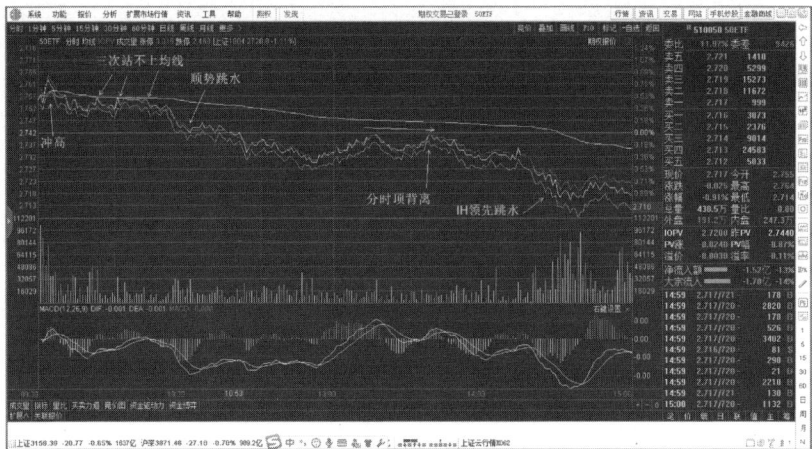

图 4-76　2018 年 4 月 13 日 50ETF 走势

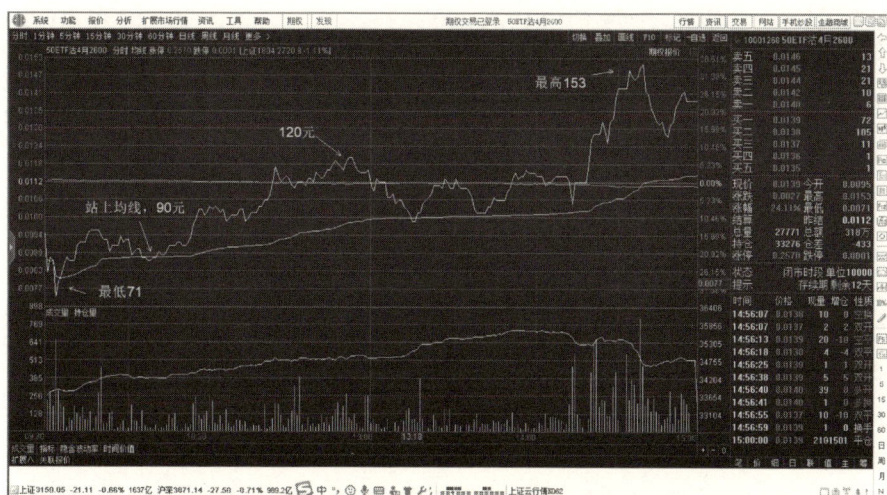

图 4-77　50ETF 沽 2018 年 4 月 2600 合约走势

图 4-78　50ETF 沽 2018 年 4 月 2700 合约走势

当天我用认购 2800（如图 4-79 和图 4-80 所示）义务仓操作，基于前期公众号提到这种高开低走的机会（如图 4-81 所示），使用的那部分资金要求收益比较稳健，收益预期不高，相当于降低了杠杆率，用虚值义务仓做容错性更好。

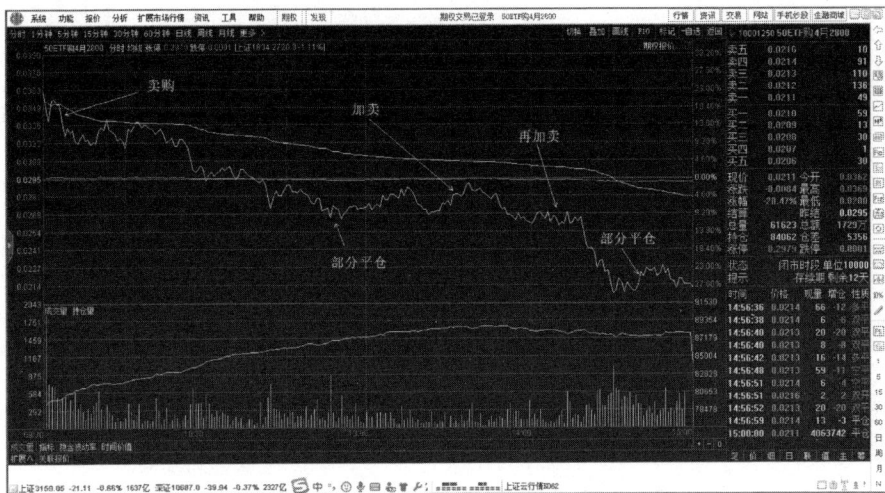

图 4-79　50ETF 购 2018 年 4 月 2800 合约走势

图 4-80　当日操作记录

图 4-81　前期总结的偏弱势认沽的日内翻番机会

分析：基于以上高开低走的抄底认沽操作，我认为有以下几个前提。

（1）当前是偏空走势，高开后在大概率情况下会走低。

（2）高开后认沽期权大幅走低，跌 30%左右。

（3）标的高开低走，站不上当日均线或直接跌破均线。

（4）主要成分股不要大幅反弹。

（5）认沽期权先打底仓，最好等站上均线再加仓。

（6）不要投入太多，可以一次投入 1 万元左右，赚到30%～100%即可，要分批止盈。

（7）设好止损，因为认沽已跌 30%～50%，当日再次大幅下跌的可能性不大，当然如果是极强市，就不要做认沽（或者做认购），或者及时止损。

（8）如果想获取较大收益，到期时间比较长的期权可选择 200～400 元/张的合约，很快到期的期权可以选择 100 多元/张的合约博一下。

同样，在牛市里，标的低开高走，也可以用认购进行操作。

48

标的涨停期权百倍——豆粕期权

2018 年清明节之前的中美贸易战真是搞得投资者心神不宁，在特朗普宣布 1000 亿美元的征税方案后，中国政府紧接着也开出了罚单——对美国进口的大豆、飞机等征税，其中对美豆加收 25% 的关税，当时美豆期货应声大跌 5%，然后慢慢爬上来回到了原来的高位。

细细想来，按美豆 1000 美分/蒲式耳①计算，加征关税后进口美豆成本将达 4000 元/吨，远高于按之前 3% 关税计算的 3300 元/吨，对应的豆粕成本将提高至 3650～3700 元/吨。如果美豆跌至 950 美分/蒲式耳，则进口成本提高至 3850 元/吨，豆粕成本提高至 3450～3500 元/吨。

豆粕是重要的猪饲料，我国 86.5% 的大豆来自进口，其中美豆占比达到 34.4%，截至 4 月 2 日，豆粕现货上涨至 3410 元/吨，较 3 月 29 日上涨 170 元/吨。此次豆粕上涨的主要原因是美国 2018 年大豆种植面积预估为 8898.2 万英亩②，比 2017 年的 9014.2 万英亩下降 116 万英亩，同时低于此前市场平均预期的 9091.9 万英亩。

如今中国正式对美豆加征关税，势必再进一步推高豆粕、玉米等原料价格，饲料成本进一步增加，这无疑又对饲料价格产生重要影响。

在国务院宣布对美豆加征 25% 关税的同时，价格一直上涨的豆粕等植物蛋白

---

① 1 蒲式耳大豆=27.100 千克。
② 1 英亩=0.004047 平方公里。

原料开始全部停止报价。4 月 4 日豆粕的最新报价为 3230～3370 元/吨，上涨 20～30 元/吨。据行业人士分析，大家都是惊弓之鸟，在清明节放假期间期货市场不开，在下个周一（4 月 9 日）估计涨停。

果不其然，4 月 9 日开盘后豆粕 1805 合约涨停（如图 4-82 所示），涨幅为 7%，随后在获利盘的汹涌而出下快速回落，企稳后继续反弹，收盘价涨 4.57%。

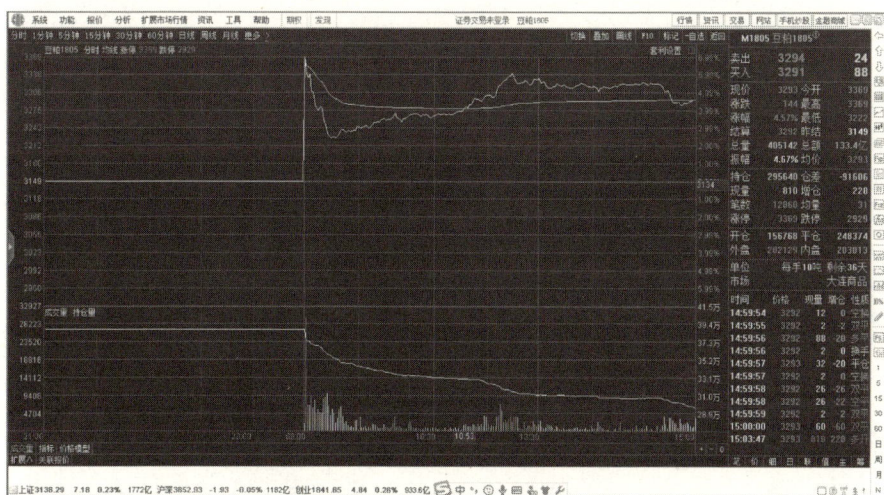

图 4-82　2018 年 4 月 9 日豆粕 1805 合约走势

由于 4 月 10 日是 5 月合约的最后交易日，充分展示了末日期权的疯狂，一些认购合约的走势如图 4-83～图 4-86 所示，部分合约涨幅近百倍！

大商所(权)	主力/标的	最新价	涨跌	IV	HV20	买价	卖价	挂单量	最高价	最低
豆粕期权 201805	m HOT	3380	▲187(5.86%)	23.04	29.10	3378	3380	1226×7	3400	337
	m 1805	3350	▲201(6.38%)	133.79	28.66	3350	3353	272×142	3369	332

价	买价	最新价	IV	成交量	持仓量	IV涨跌	涨跌幅	1天	涨跌幅	IV涨跌	持仓量	成交量	IV	最新价	买价	卖价
	162		36.94		3026	0.00		2950	300.00%	23.65	7636	302	75.69	2	0.5	4
	113		41.92		2712	0.00		3000	-60.00%	35.27	10968	120	84.91	1	1	2
	120		45.05		2200	0.00		3050		51.21	10714		94.96		0.5	1.5
202	100.5	202	41.60	128	4608	0.00	192.75%	3100	-90.00%	67.09	7164	80	107.89	2	2	5
	172	259.5	151.67	536	5544	111.41	556.96%	3150	-60.49%	86.22	3248	48	123.58	16	2	15.5
169	99	99	41.66	930	7298	0.00	395.00%	3200		105.11	1084		143.33		3	47
120	100.5	100	42.86	1346	6448	0.00	1076.47%	3250	-79.00%	120.42	504	2	165.46	23	6.5	140
108	101	101	100.56	570	11632	53.89	3266.67%	3300		130.51	432		189.28		15	189
9.5	51	51	55.16	38	5966	10.27	5000.00%	3350		145.66	434		213.43		3	239
98	1	20	37.27	102	6868	-14.58	3900.00%	3400		152.89	268		236.72		31.5	288
	1		21.76		46	21.76		3450		258.19	20		258.19			338
218	1		30.25		86	30.25		3500		0.00	0		0.00			388

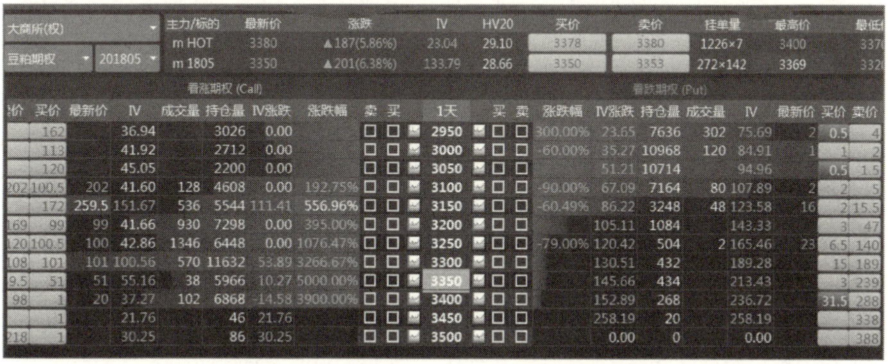

图 4-83　开盘后不久 5 月主要合约的涨幅

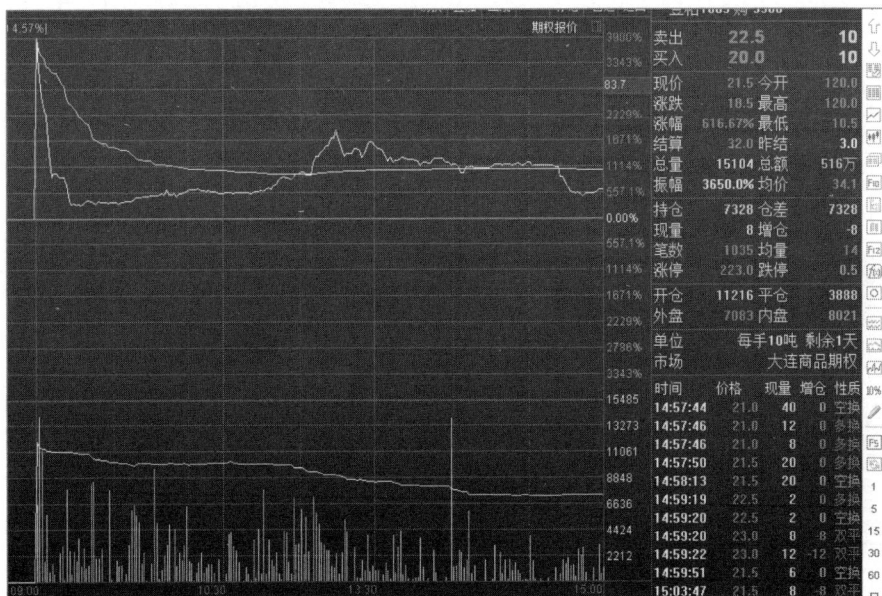

图 4-84　豆粕 1805-购-3300 合约日内走势

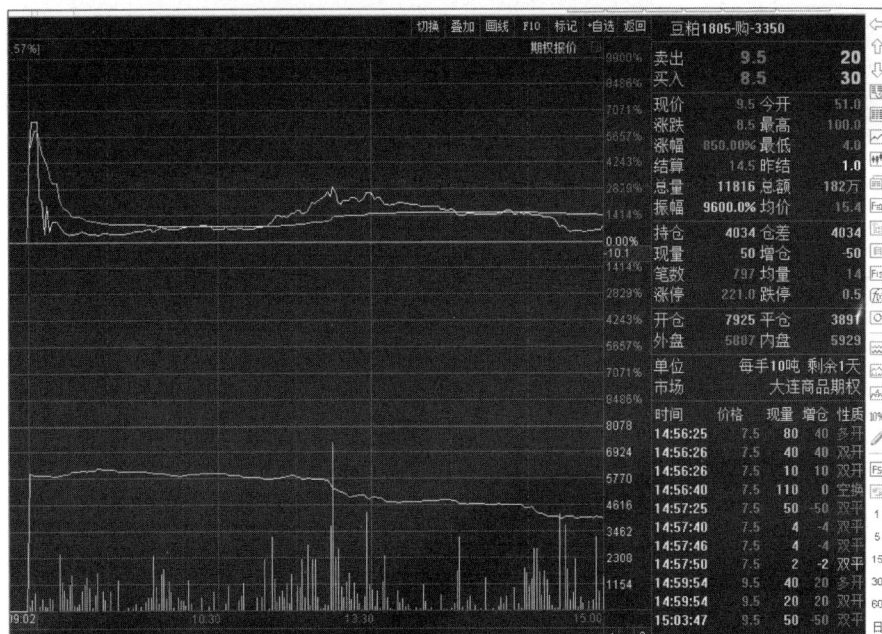

图 4-85　豆粕 1805-购-3350 合约日内走势

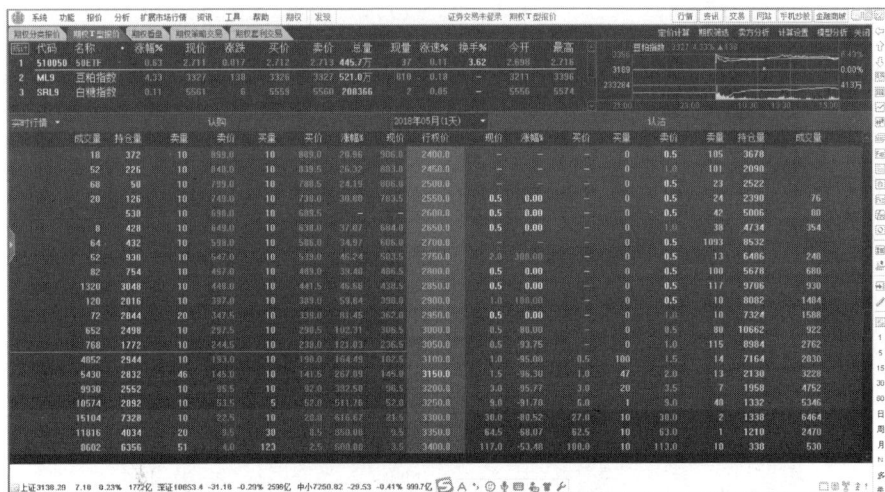

图 4-86　2018 年 4 月 9 日收盘情况

最近一段时间的走势如下。

豆粕 1805-购-3000 合约走势如图 4-87 所示，2 月初最低为 9 元/张，3 月初最高为 186 元/张，3 月末最低为 40 元/张，4 月 9 日最高为 343.5 元/张。

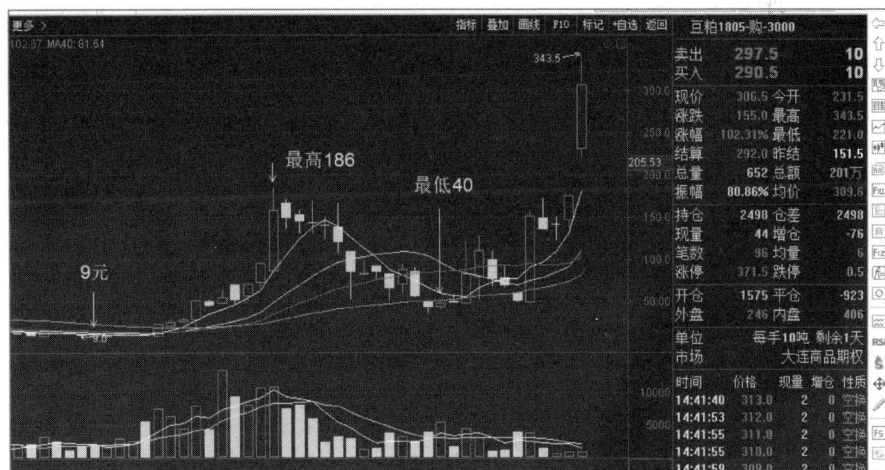

图 4-87　豆粕 1805-购-3000 合约走势

豆粕 1805-购-3100 合约走势如图 4-88 所示，2 月初最低为 3.5 元/张，3 月初最高为 106 元/张，3 月末最低为 5 元/张，4 月 9 日最高为 237 元/张。

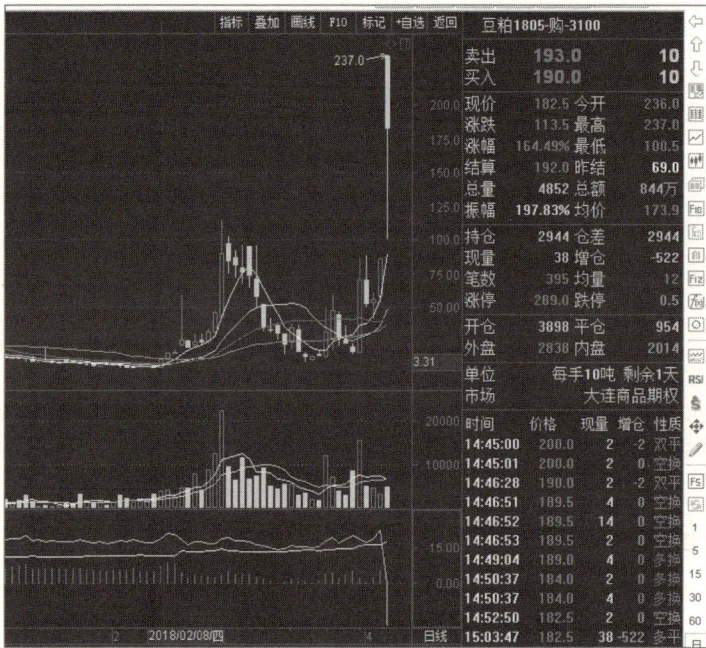

图 4-88　豆粕 1805-购-3100 合约走势

　　豆粕 1805-购-3150 合约走势如图 4-89 所示，2 月初最低为 2.5 元/张，3 月初最高为 85 元/张，3 月末最低为 5.5 元/张，4 月 9 日最高为 259.5 元/张。

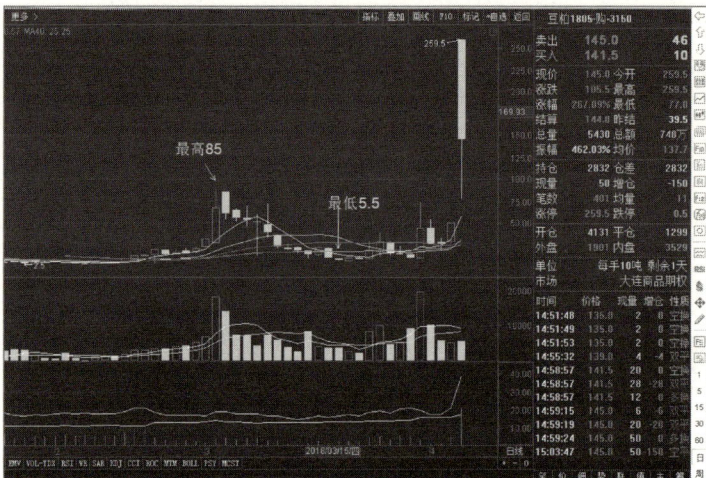

图 4-89　豆粕 1805-购-3150 合约走势

豆粕 1805-购-3200 合约走势如图 4-90 所示，3 月 21 日最低为 3.5 元/张，4 月
9 日最高为 210 元/张。我在 40 元/张时买入，在 4 元/张时止损！错失了大的利润。

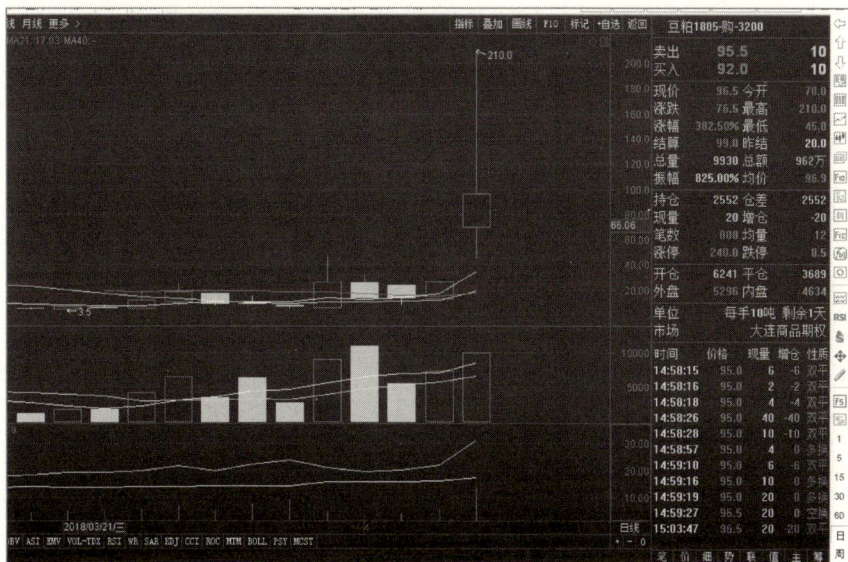

图 4-90　豆粕 1805-购-3200 合约走势

豆粕 1805-购-3250 合约走势如图 4-91 所示，3 月 21 日最低为 2.5 元/张，4
月 9 日最高为 120 元/张。

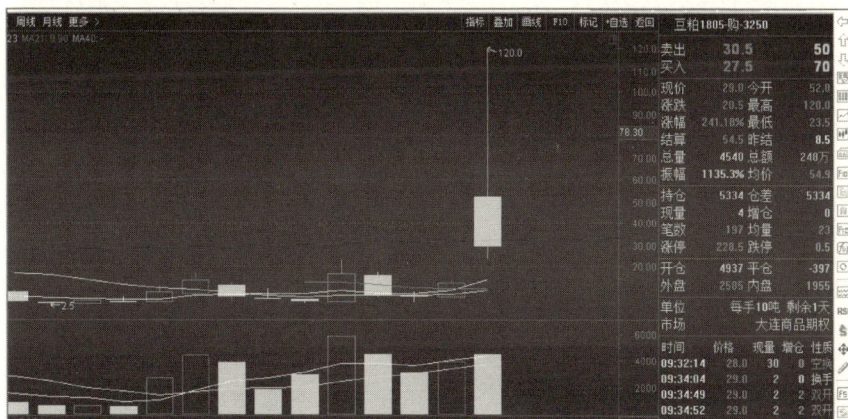

图 4-91　豆粕 1805-购-3250 合约走势

豆粕 1805-购-3350 合约走势如图 4-92 所示，3 月 21 日最低为 1.5 元/张，4 月 9 日最高为 100 元/张。

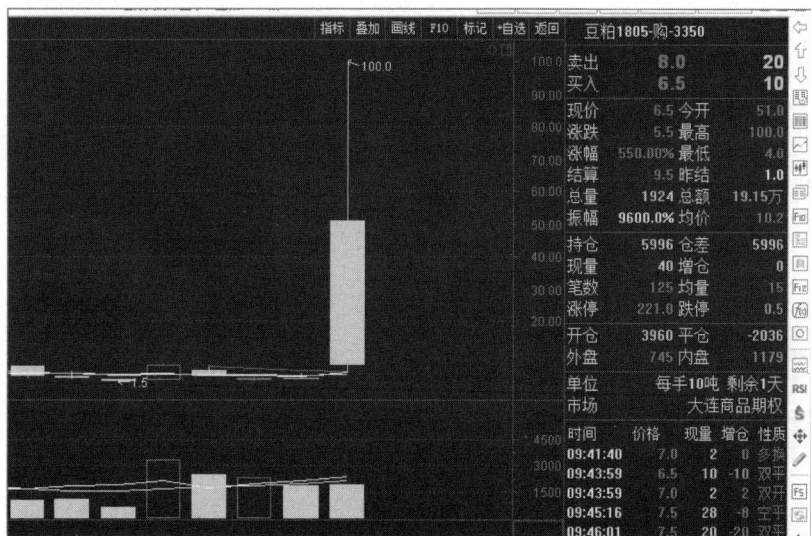

图 4-92　豆粕 1805-购-购 5 月 3350 合约走势

从上述波段可以看出，如果你错过了第一波 20 倍的机会，不要遗憾，很快又来了一波 50 倍的机会，就看怎么抓住了。商品期权真是一个神奇的品种。

豆粕期权和 50ETF 期权相比，我感受到豆粕期权主要特点有以下几点。

（1）豆粕期权主力合约少，在一年中只有 1、5、9 三个月为主力月份，其他月份都不是主力月份，成交量和持仓量很差，不像 50ETF 每个月都有到期合约，因为豆粕期权持续时间长，所以不会每个月都赚大钱。

（2）商品的波动比股票指数大，使投资者可以得到更多彩票的机会，可能会有每次赚几十倍甚至上百倍的机会。

（3）商品期货波动大、时间长，有时候顺势，哪怕手头的期权合约接近归零，都有机会翻倍，可以赚大钱（多么痛的领悟）。

（4）即使期权合约快到期了，虚值合约也不像 50ETF 合约那样时间价值衰减很快，有了更大幅度波动的可能。

（5）豆粕期权的流动性不行，点差特别大。但是，对投资者进行苦口婆心的教育不如在一轮大行情时引导他们入场效果好。

（6）由于豆粕期货/期权的**结算价**和**前收盘价**不同，实际涨跌幅往往要自己计算才准确。

参与商品期权满月小结：

我之前早就听闻豆粕期权和白糖期权，在软件里看过行情，但是看到成交量很差，也没有行情，所以一直没开户，在看到春节后豆粕期权来了一波 20 倍的大行情后，在 2018 年 3 月初急匆匆开通了商品期权。3 月初转入资金进场，立即买在一个高点（豆粕 1805-购-3100 合约和豆粕 1805-购-3000 合约，当时豆粕 1805合约在 3100 点附近），随后忍受了很久的浮亏，期间一直没有平仓，同时买入了少量白糖认沽期权，但把握不好白糖期权的走势，不再做白糖期权。3 月 27 日左右加仓，3 月 29 日晚上美国农业部种植意向报告宣布重大利好后豆粕期权大涨，走平两天后再加了一次仓（豆粕 1805-购-3100 合约，豆粕 1805-购-3200 合约），恰逢清明节期间贸易战，中国对美国进口大豆加收 25%关税，次日豆粕 1805 合约以 7%的涨停价开盘，期权合约大涨几倍、几十倍，从上午一直开始卖到中午平稳后再加仓，豆粕 1805-购-3200 合约（30 元/张）再赚 2 倍（90 元/张），随后平仓等张数换成豆粕 1805-购-3300 合约（20 元/张）博末日突破，同时留住部分金额等平稳后买 9 月合约。末日豆粕 1805 合约大跌，豆粕 1805-购-3300 合约归零，豆粕 1805-购-3250 合约也归零，所幸大部分豆粕 1805-购-3250 合约已经平仓。至此完成了惊心动魄的一个月的商品期权的体验，赚了一些，如图 4-93 所示。

持仓	行权	委托	成交	预备单	条件单	止损单	资金	合约							
标的 ▲	合约号	买卖	相对结算价	相对收盘价		总合	可用	今仓	今可用	开仓价		盈亏	市值	保证金	投保
m1805	m1805-C-3100	买	实值	实值		22	22	0	0	60.34		36665	49,940		投机
m1805	m1805-C-3200	买	实值	实值		40	40	0	0	26.10		43360	53,800		投机
m1809	m1809-C-3100	买	实值	实值		25	25	0	0	167.50		35125	77,000		投机
3个						87						115150	180,740	0	

图 4-93　2018 年 4 月 9 日早晨商品期权账户持仓

之间请教了一些高手，了解了一些农产品基本面、供需、季节性、天气影响方面的知识。中间盯过一周的夜盘，感到太累了，于是放弃了。

中间操作的时间节点如图 4-94～图 4-96 所示，追高买入，有过深度浮亏，又加仓又反转，最后还赚了一些。里面的事件驱动和外部影响真是太大了，戏剧性和神奇的事情往往就在前后几天内发生。止损后又大涨，买入后深套的情况会发生。我知道了商品期权只要还没有到期，就会有各种情况出现。要做好资金管理和合约的配置，如果行情大趋势配合，那么还真是挺有意思。

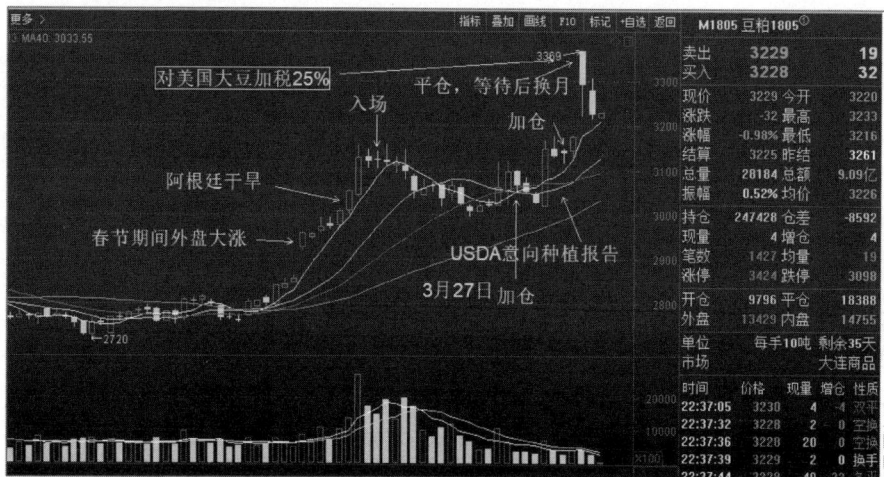

图 4-94　2018 年 2—3 月豆粕 1805 合约走势及关键时间节点

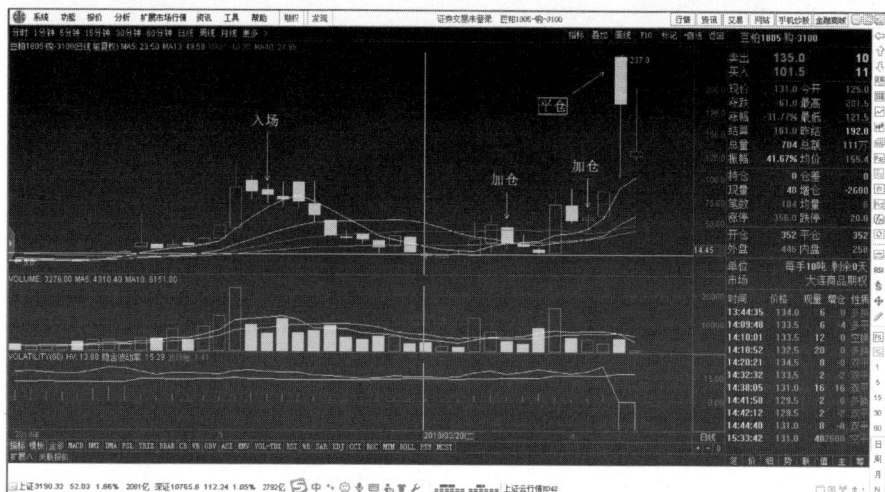

图 4-95　操作主要合约（豆粕 1805-购-3100 合约）的进出时间节点

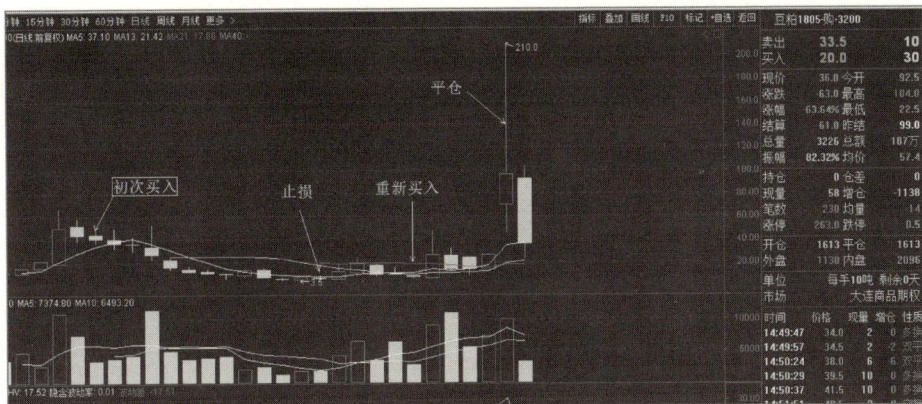

图 4-96　操作的主要合约（豆粕 1805-购-3200 合约）的进出时间节点

　　如图 4-97 和图 4-98 所示，豆粕期权的末日轮波动比 50ETF 期权的大多了，上涨时涨幅可以达到几十倍，下跌时从 100 多元/张可以跌到 0.5 元/张。从几万元涨到几百万元，从几百万元又到归零，就是瞬间的事。

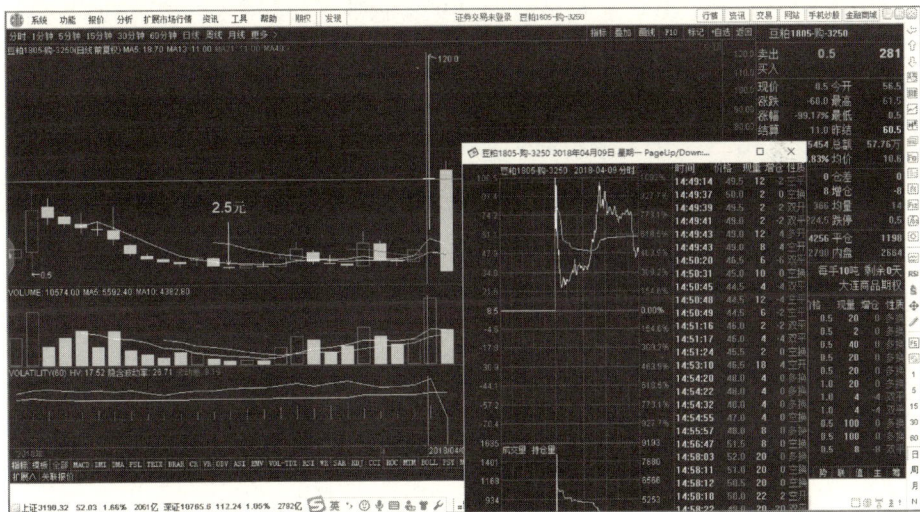

图 4-97　过山车一样的末日轮（豆粕 1805-购-3250 合约）

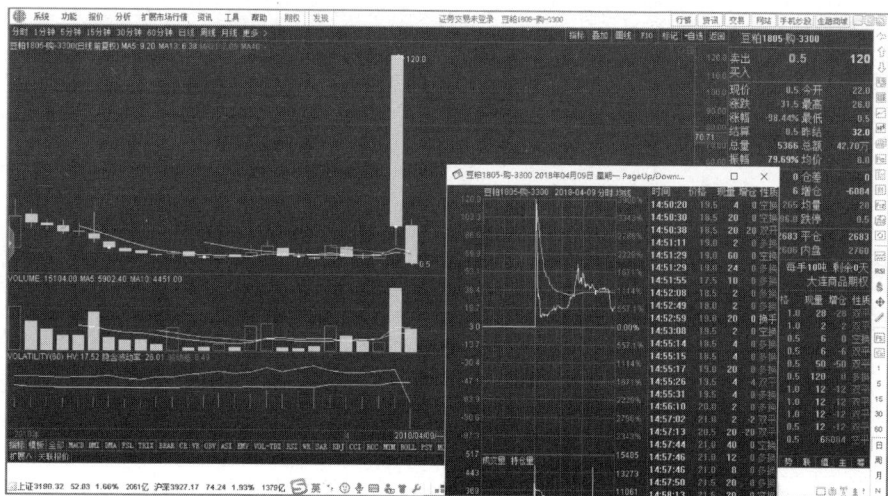

图 4-98　过山车一样的末日轮（豆粕 1805-购-3300 合约）

我感觉在末日轮时做对的一件事情是：标的在 3300 点附近时把价格较高的豆粕 1805-购-3250 合约（60 多元/张，图 4-97）换成了等张数的豆粕 1805-购-3300 合约（20 多元/张），腾出资金，并保证上涨时能享受收益，下跌时锁定最大亏损，结果锁定了亏损。

几点体会如下。

（1）只要不到最后，就有无限可能，彩票可能中大奖。

（2）开跨式在豆粕期权里应用的机会更多，包括末日轮时开跨和买入认沽。

（3）豆粕期权的波动很大，常常爆赚和爆亏交替发生。

（4）商品期权流通性不好，点差非常巨大，成本和利润差别很大，尤其是在极端行情时。

（5）事件驱动、基本面、技术分析和 50ETF 期权的区别比较大。

（6）未来 9 月合约较远，很贵，短期内暴利的机会很少，但是如果有波段做，那么应该也不差。

（7）如果做好波段，则会有巨大的收益，不过如果做反了则会亏得很惨。

（8）商品期权适合做长线和波段，要跟住大趋势。

（9）坚持！一定要坚持，坚持在场，或者坚持关注，才是回本和获利的途径。

（10）嗅觉要灵敏，反应要快，对新事物的接受要快，并快速行动！

豆粕1805-购-3150合约如图4-99所示，2月初最低为2.5元，3月初最高为85元，3月末最低为5.5元，4月9日最高为259.5元。如果完美把握两个波段，收益为(85/2.5)×(259.5/5.5)≈1604倍！即使扣除点差额，理论上还是存在上千倍的神话的！不过做反了就要承受好几次亏损。

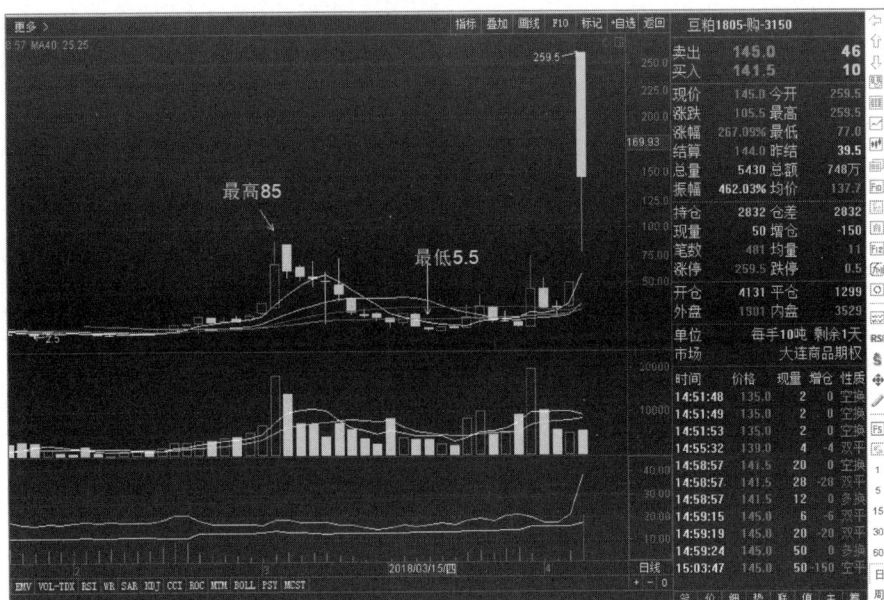

图4-99　豆粕1805-购-3150合约走势

49

区间震荡更好容错——卖方小赚

2018 年 4 月，50ETF 在较大范围内震荡，期间国际、国内大事频发，人心惶惶而后又峰回路转，技术指标常常失效。在这几个月里，期权投资者普遍憔悴了很多，主要原因是短期熬夜集中学习了区块链、期权定价、中东地缘政治、叙利亚危机、国际法、WTO、贸易战、301 条款、区域规划（海南/雄安）、集成电路（芯片设计开发及产业链），并且激起了空前的爱国热情，但就是没有明显赚到钱。

1）行情回顾

本月 50ETF 开盘价为 2.692 元（3 月 29 日），收盘价为 2.693 元，最高价为 2.795 元，最低价为 2.618 元（如图 4-100 所示），区间涨幅为 0.19%，区间振幅为 6.76%（如图 4-101 所示），前半个月银行股大跌，上证指数和上证 50 创几个月来新低。从 3 月 29 日起按持仓算，4 月期权（如图 4-102～图 4-108 所示）认购无一赚钱，从 3200 合约到 2700 合约全部归零，归零合约 9 个，认沽无一赚钱，从后来加挂的 2450 合约到 2700 合约全部归零，归零合约 5 个，唯有坚持下来的卖方和波段操作者赚了一些利润。

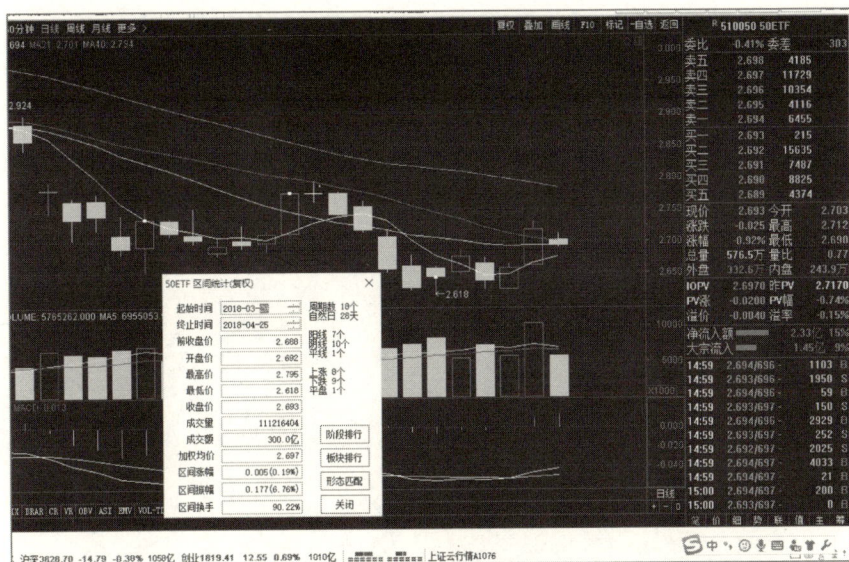

图 4-100　2018 年 4 月 50ETF 走势

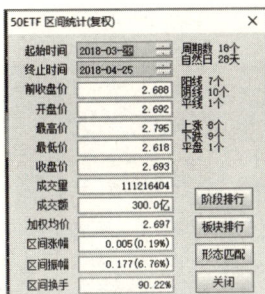

图 4-101　2018 年 4 月 50ETF 区间统计

图 4-102　4 月合约收盘价格

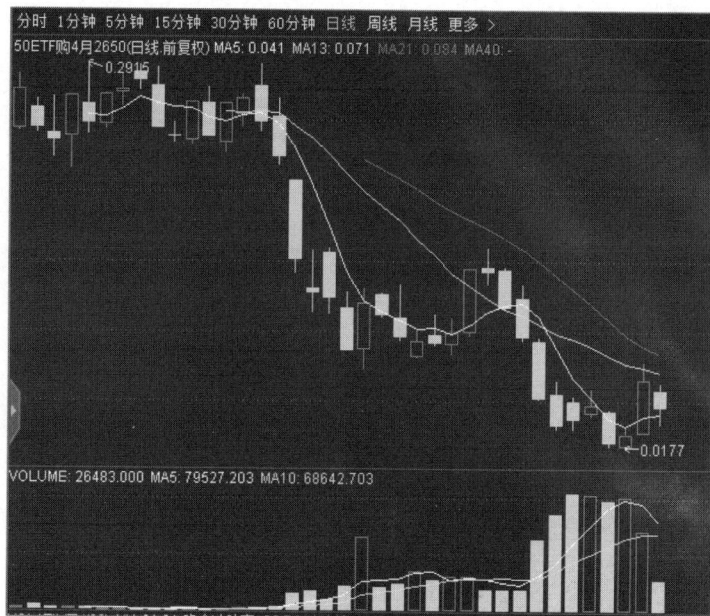

图 4-103　50ETF 购 4 月 2650 合约月度走势

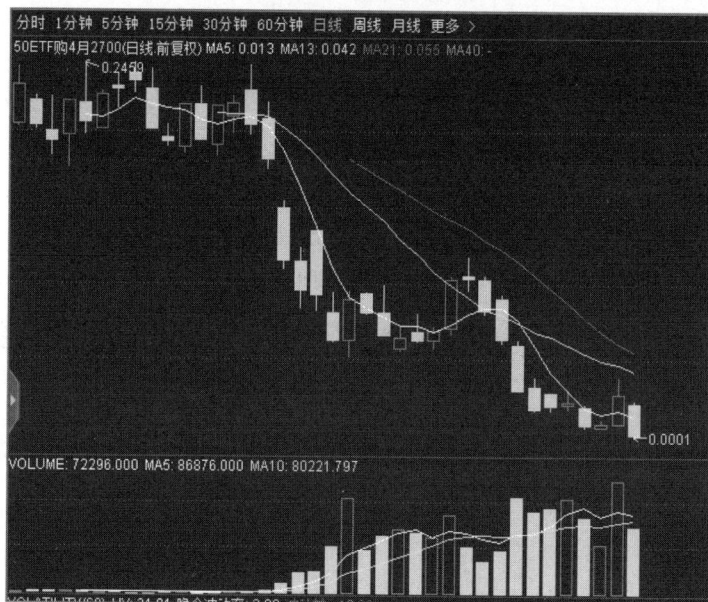

图 4-104　50ETF 购 4 月 2700 合约月度走势

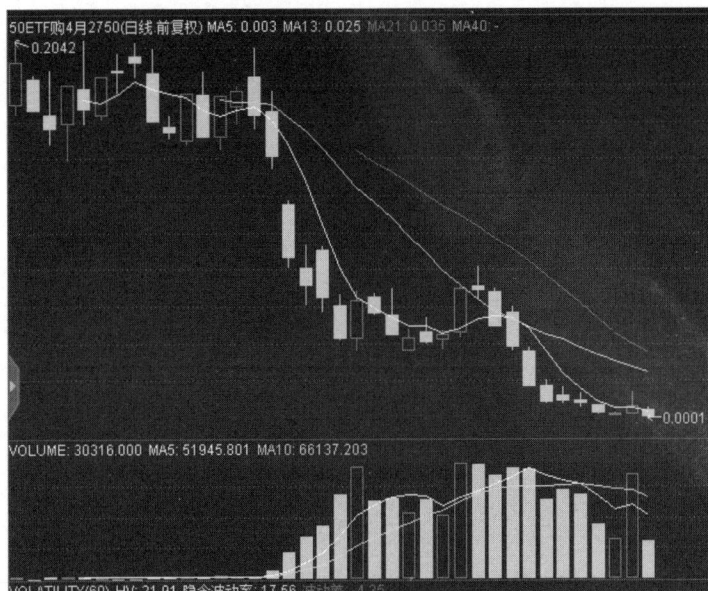

图 4-105　50ETF 购 4 月 2750 合约月度走势

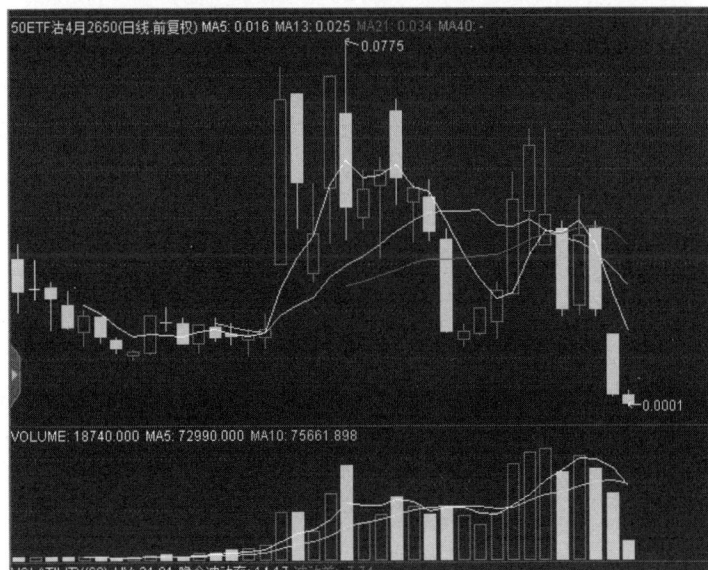

图 4-106　50ETF 沽 4 月 2650 合约月度走势

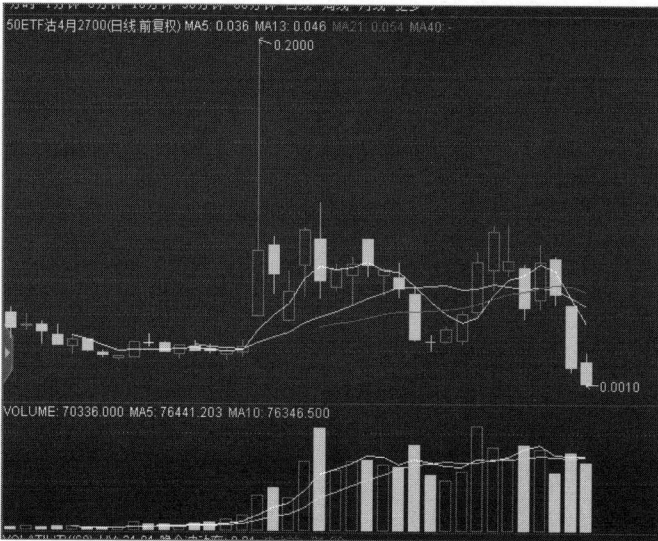

图 4-107　50ETF 沽 4 月 2700 合约月度走势

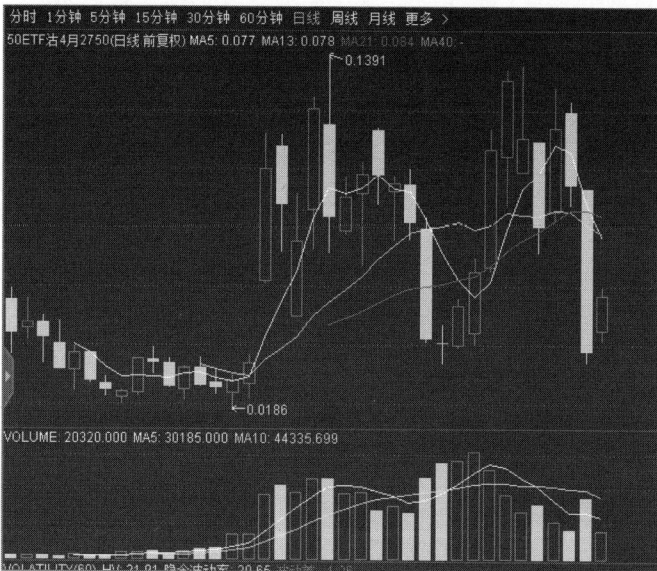

图 4-108　50ETF 沽 4 月 2750 合约月度走势

彩票提前一天（4 月 24 日）开奖，真正末日反而没彩票了，购 4 月 2700 合约最大涨幅为 387%（如图 4-109 所示），购 4 月 2750 合约最大涨幅为 636%（如图 4-110

所示），购 4 月 2800 合约最大涨幅为 900%（如图 4-111 所示），真是可遇不可求。

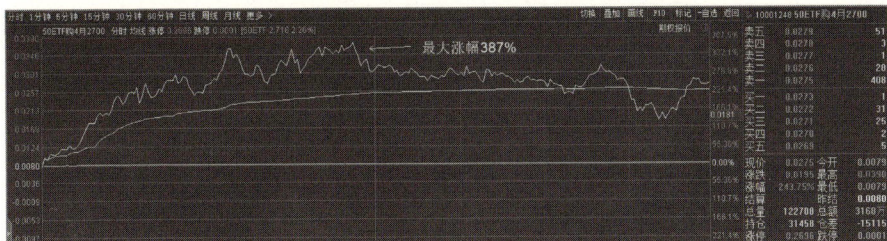

图 4-109　4 月 24 日购 4 月 2700 合约走势

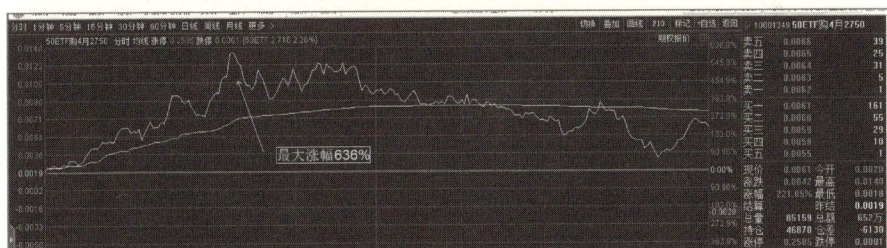

图 4-110　4 月 24 日购 4 月 2750 合约走势

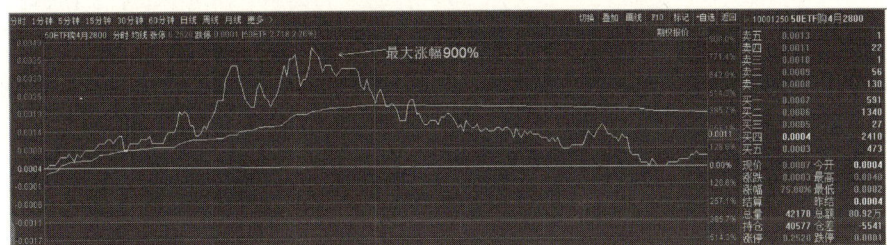

图 4-111　4 月 24 日购 4 月 2800 合约走势

2）个人操作

在 3 月残值的基础上进行 4 月操作，首批即只有 6 万元，因为近期外部"黑天鹅"频发，看涨的氛围不浓，而且是大跌之后的喘息期，预计难以大涨，所以先从实值 50ETF 沽 4 月 2800 合约开始做，投入不多，也是作为持有的大量股票的保护，不曾想赚了大钱。期间中美贸易战、口水战频发，美国对叙利亚空袭，甚至在清明节期间利空和利好交织，假日期间意念盘涨停又跌停，随后军工股大涨。后来，从 50ETF 沽 4 月 2800 合约逐渐换到 50ETF 沽 4 月 2750 和部分 2700 合约，然而经历了两三次反弹，也就是两三次跌幅为 50% 的洗礼，最后在倒数第四天时盈亏平衡，最后三天 50ETF 走出底部拉大阳，认沽期权爆亏（如图 4-112 所示）。

风险度 97.09% 实时风险度 88.95% 风险状态 关注 资金总额 335089.88 总权益 350340.38 可用保证金 10482.3
0.00 期权市值 -10408.00 平仓盈亏 -52346.60

持仓合约 自选合约 套利策略 备兑股份

合约代码	合约名称	类型	持仓	可平	买入成本价	买入成本	平仓盈亏
10001248	50ETF购4月2700	义务	40	40	0.0088	3511.20	-3951.20
10001249	50ETF购4月2750	义务	1	1	-0.8434	-8434.00	8433.00
10001250	50ETF购4月2800	义务	1	1	-2.3702	-23702.30	23701.30
10001257	50ETF沽4月2700	权利	10	10	0.3694	36942.80	-36462.80
10001258	50ETF沽4月2750	权利	10	10	0.5218	52179.60	-46699.60
10001259	50ETF沽4月2800	权利	1	1	-0.3007	-3006.70	4080.70
10001247	50ETF购4月2650	义务	40	40	-0.0449	-17960.00	960.00
	合计7		103	103		39530.60	-49938.60

图 4-112　4 月账户盈亏图

在 4 月 10 日左右转入一笔资金做卖方，因为近期波动不大，标的在缓慢下降的趋势中上有压力下有支撑，做虚值卖方比较稳妥，卖出开仓 50ETF 购 4 月 2800 合约并在月中波段操作，在 4 月 11 日最高点（20 日均线左右）2.793 元（如图 4-113 所示）加仓卖出 50ETF 购 4 月 2800 合约，时价为 500 元/张（如图 4-114 和图 4-115 所示），随后 50ETF 购 4 月 2800 合约快速下跌，卖方轻松获利 10%，随后转仓卖 50ETF 购 4 月 2750 合约，再之后卖出 50ETF 购 4 月 2700 合约，最后三四天市价为 60 元/张，但在 50ETF 购 4 月 2700 合约上栽了跟头，最高涨到 380 元/张，所幸最后一天扛下来，50ETF 购 4 月 2700 合约归零，期间有部分仓位止损，最后在该合约上稍有亏损。总的来说，卖方 15 天盈利 9.5%（如图 4-116 所示）。

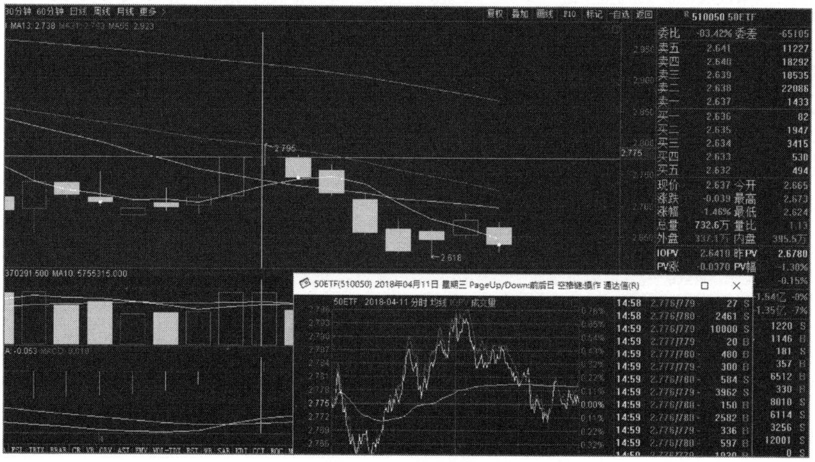

图 4-113　4 月 11 日 50ETF 走势

图 4-114　4 月 11 日卖出开仓 50ETF 购 4 月 2800 合约

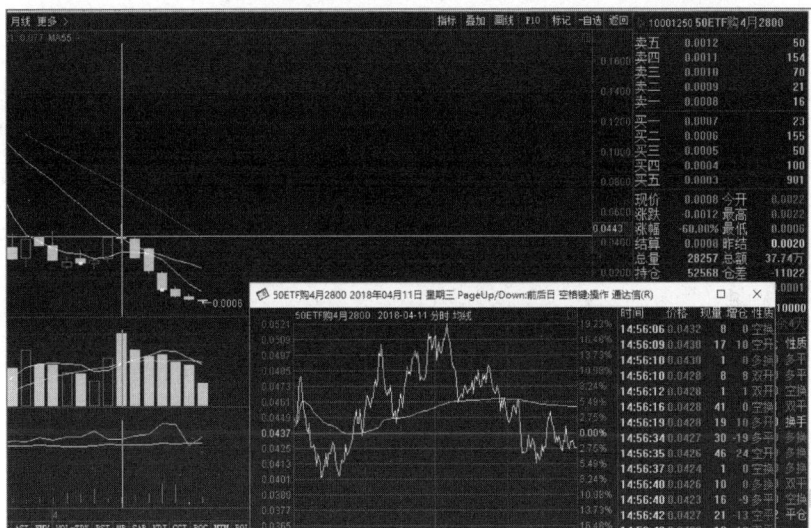

图 4-115　50ETF 购 4 月 2800 合约在 4 月 11 日走势

图 4-116　4 月卖方策略盈亏图

有人会问我，为什么看空却用认购义务仓做呢？

那是因为在波动率较高、时间价值较高，而预期波动不会很大，或者不会明显朝哪个方向变动时，虚值义务仓的容错性和确定性很好，比如 4 月 18 日，50ETF 尾盘小幅回调，全日上涨，最后上涨 0.65%，收盘价为 2.643 元（如图 4-117 所示），而 50ETF 购 4 月 2800 合约从涨 60% 快速跳水到翻绿（如图 4-118 所示），下午标的小幅回调，虚值认沽也不反弹（如图 4-119 所示），这就是虚值义务仓的魅力。再回味一下这个月认购、认沽的走势，标的波动但是虚值认购、认沽期权不跟的现象更加明显。当然，如果看标的方向性波动比较坚决，就用少量资金的权利仓做，效果也不错。

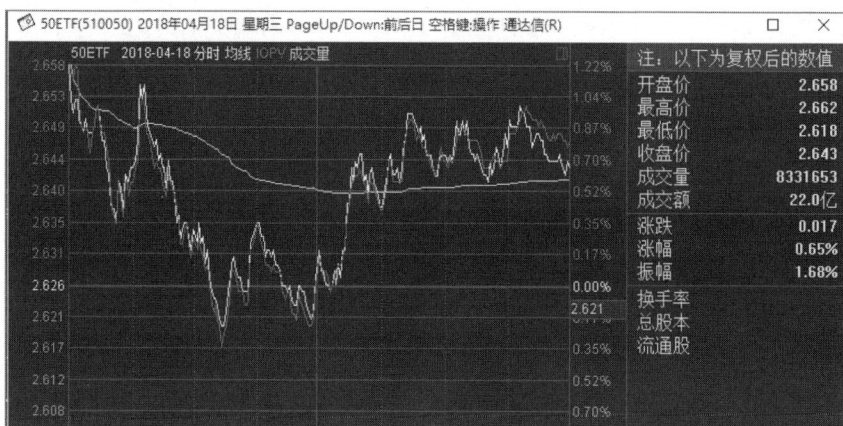

图 4-117　4 月 18 日 50ETF 走势

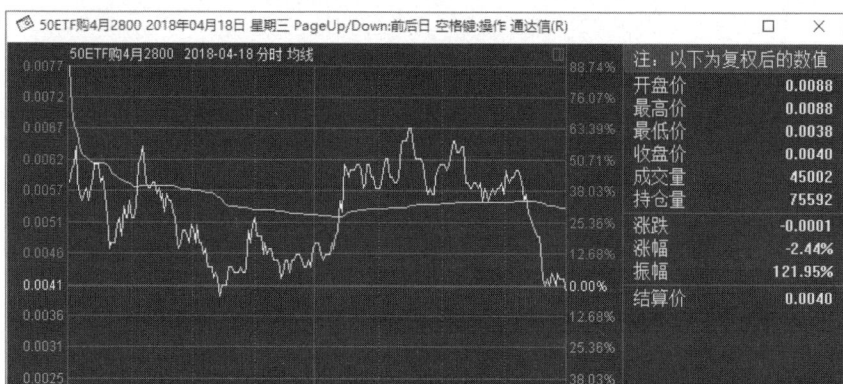

图 4-118　4 月 18 日 50ETF 购 4 月 2800 合约走势

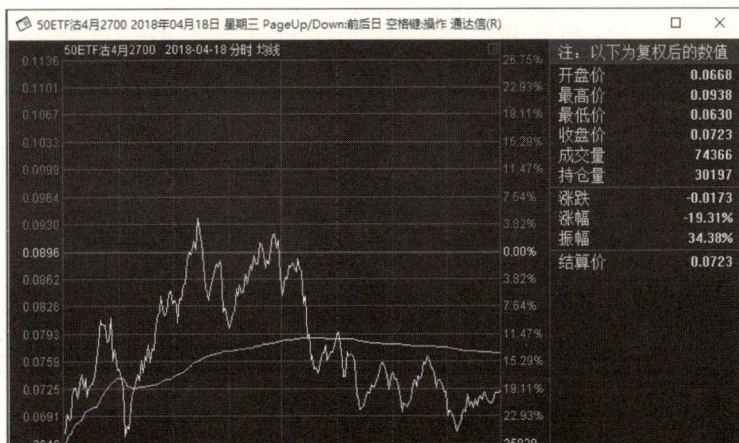

图 4-119 4 月 18 日 50ETF 沽 4 月 2700 合约走势

3）心得体会

（1）当行情不好、趋势不明朗时少投入，资金管理是期权投资的保命之道，在刀剑横飞的时候不要无保护地冲在前面，要留足子弹等待大行情。

（2）一般震荡行情多用卖方策略，尤其是现在参与的人比较多，波动率居高不下，时间价值非常丰厚，虚值期权义务仓在做好对冲的前提下利润也不错。我的认购义务仓和认沽权利仓，就当是做了股票的下行保护和类似备兑开仓了，而股票获利非常丰厚，远远超过认沽期权的亏损。

（3）卖方也不必时时在场，可以适当做波段。本来卖方预期收益就不高，比如卖出开仓一个合约，初始价格为 300 元/张，顺着你的方向走，如果到 200 元/张跌不动了，就可以先平掉，等它反弹到 300 元/张再继续卖，几个来回后，获利远远大于 300 元/张，也就是月收益会超过 10%。

（4）不管是卖方还是买方，都需要懂得休息。

（5）戒贪，无论是卖方还是买方，要适可而止，在行情不利时，戒贪。

4）需要改进

（1）做好对冲。本月末期大幅波动加大，常常承受日内跌 30%～50% 的浮亏，如果能做好波段就行了。原有的期权持仓可以不做波段，但是可以预留资金买入反向期权合约对冲，哪怕只进行半天的对冲也好。最后一周常常是今天认购涨 30%，认沽跌 40%，第二天认沽涨 40%，认购跌 50%，如果做好日内的对冲，就能减少不少亏损。

（2）卖方不能满仓。本月常常满仓做卖方，风险度高于 100%，券商打电话来要求平仓，往往逢高平仓损失较多，如果仓位低，在耐心等待一段时间后虚值期权往往很快会跌回去，最后还是会赚到那个价值的损耗。

（3）注意快到期风险。本来前面的卖购和买沽都很好，但和以前一样不较早换月，最后三天标的反弹，损失较多，还是要把一定的仓位平掉或换月，避免盈利变亏损。

（4）客观看待变化。前期一直是空头趋势，利空消息非常多，最后 4 月 23 日释放利好，以及技术面 60 分钟底背离金叉，标的反弹，这时应该注意风险，确定是否应该转势，更改原有持仓。

（5）最后几天不要太贪心。本来卖出开仓 50ETF 购 4 月 2800 合约和 50ETF 购 4 月 2750 合约做得非常好，最后非要在标的 2.63 元左右去赚 50ETF 购 4 月购 2700 合约 60 元/张的利润，结果标的大涨，虚值 50ETF 购 4 月 2700 合约从 80 元/张开盘到最高 374 元/张，卖方巨额浮亏，差点回吐很多利润（如图 4-120 所示）。

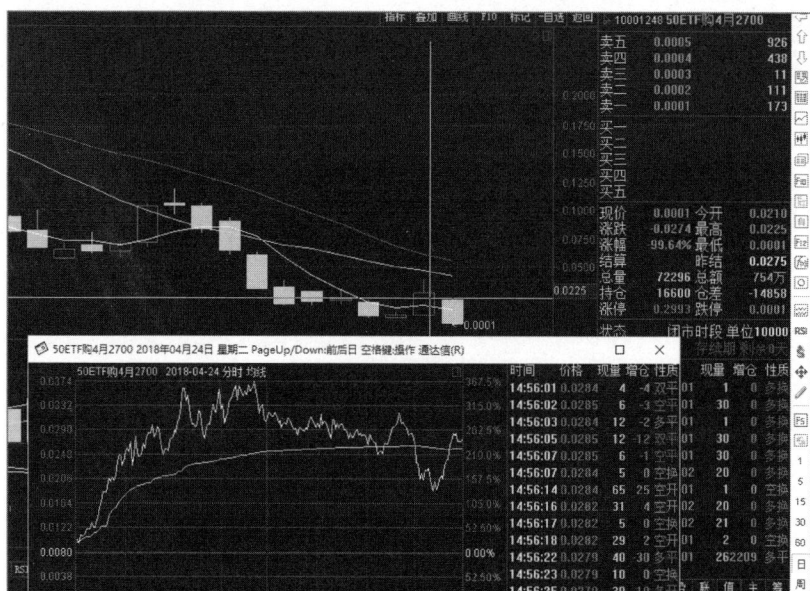

图 4-120　4 月 24 日虚值 50ETF 购 4 月 2700 合约走势

（6）前半个月波动不大，短线和波段做得不亦乐乎，但最后 8 天波动很大，反而没怎么做，就靠硬扛，其实如果最后几天做好波段，那么利润会很丰厚。

（7）有的人在期权到期日前的周二翻倍，然后在周三到期日全部买进虚值期权，结果最后归零，一个月的努力抵不过最后一天的亏损，资金管理还是大问题。

总的来说，这是令人不舒服的月份，虽然投入的资金不多，但是市值总是在成本线附近晃悠，今天赚一万元明天亏一万元，心理的波动也比较大，常常头晕，其实资金不多，既亏不了太多，也赚不了太多。而无论是大赚还是大亏，心态都会比较平和，正如炒股一样，大多数人的股票都是亏或赚 5%～10%卖掉的，翻倍的股票和腰斩的股票都是不要看的。

心态还需要锻炼。

小马过河，沃野千里！

50

贸易免战标的高开——但别冲动

2018 年 5 月 21 日，周末传来消息称中美贸易战免战，这对股市来说是大利好！大家都盼望股市大涨！当日中小板和创业板涨幅还不错。

1）当日盘面情况

存在大量的获利盘出逃和套牢盘解套。当天开盘后的 50ETF 走势如图 4-121 所示。

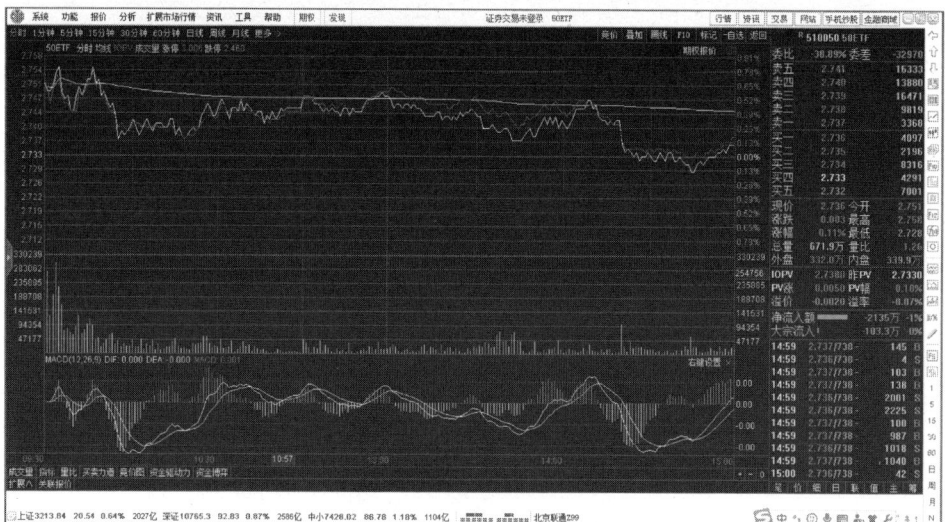

图 4-121　5 月 21 日 50ETF 走势

高开低走，一度翻绿。同日认购期权高开低走，损失巨大（如图 4-122～图 4-125 所示）！

图 4-122　5 月 21 日 50ETF 购 5 月 2650 合约走势

图 4-123　5 月 21 日 50ETF 购 5 月 2700 合约走势

图 4-124　5 月 21 日 50ETF 购 5 月 2750 合约走势

图 4-125　5 月 21 日 50ETF 购 5 月 2800 合约走势

2）原本可以避免大亏的几个因素

（1）事前。在前述篇章《下单前后稍等片刻——让子弹飞》里描述过，下单前后要等等，不要匆匆买卖。在这一天，如果前 5～15 分钟不下单，让"子弹飞一会儿"再决定，效果就会好得多。

（2）历史。2017年国庆节期间高开低走，冲动交易追涨买入深受其害。

2017年10月9日50ETF走势如图4-126所示，与2018年5月21日相似，而因为2017年10月9日追高的期权到期时间还早，所以没有这次惨。

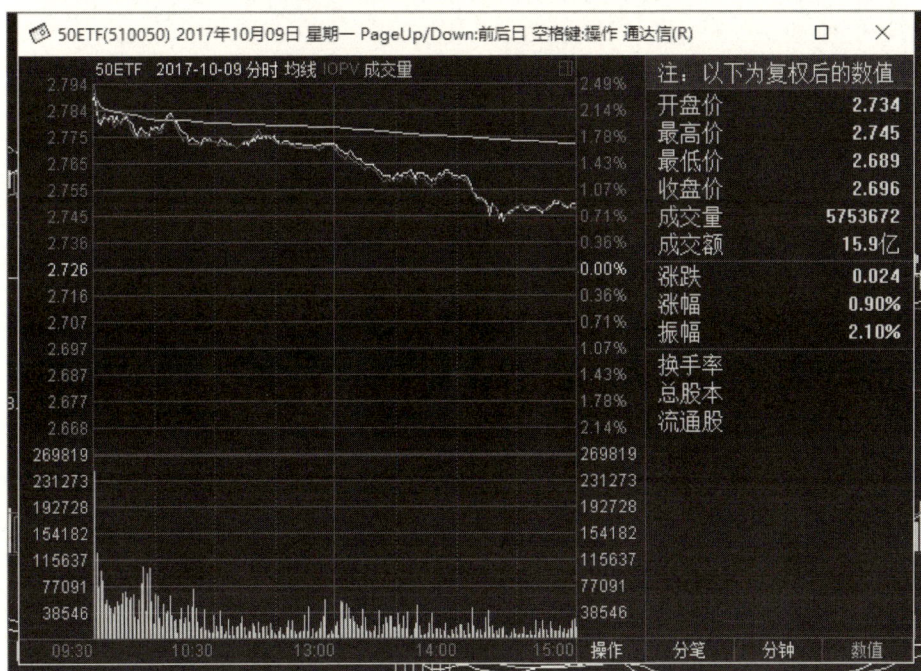

图4-126　2017年10月9日50ETF走势

（3）盘中观察。从波动率来看，早盘高开后，认购期权的波动率非常高（29.5%），但马上开始走低（波动率收盘为18%），前一日丰厚获利盘在止盈，我在70元/张左右买的50ETF购5月2750合约（如图4-127所示）高开到300元/张，获利达3倍以上！这时，一般人的想法肯定是止盈！止盈！

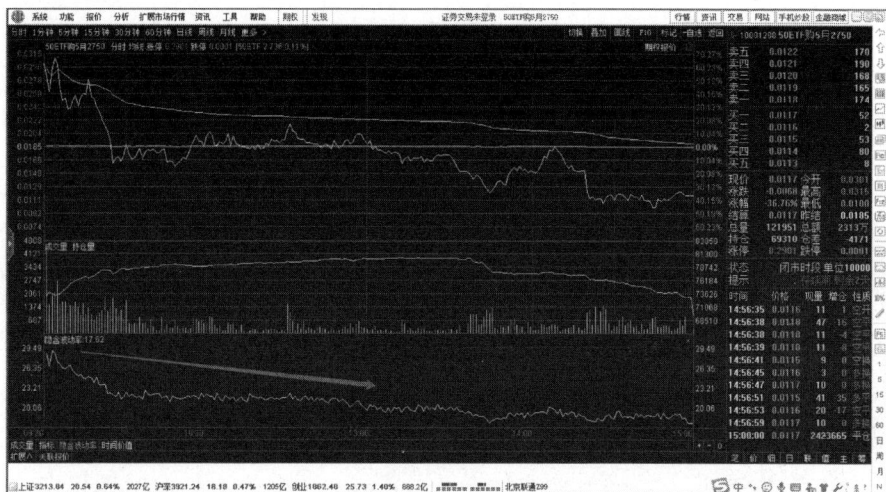

图 4-127　5 月 21 日 50ETF 购 5 月 2750 及其波动率走势

从期权论坛波动率指数（如图 4-128 所示）来看，也是一路走低的。

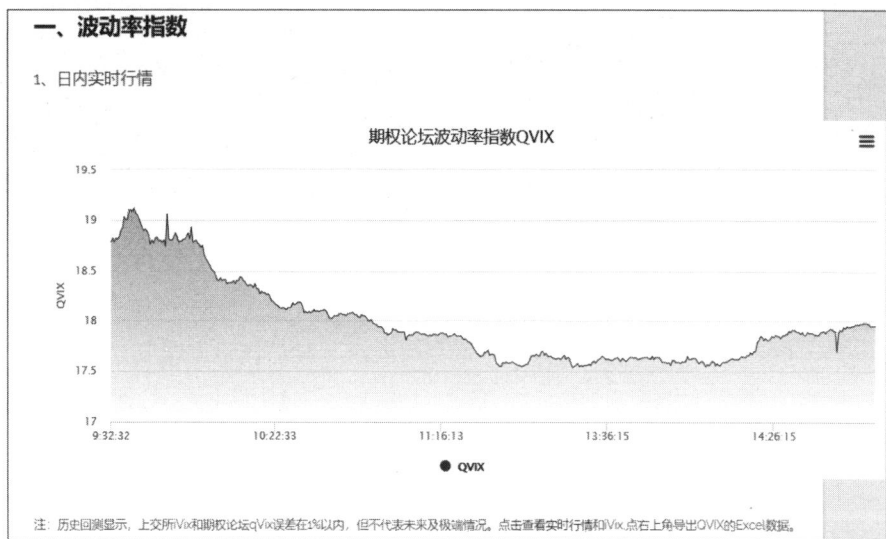

图 4-128　期权论坛波动率指数走势

从 50ETF 走势（如图 4-129 所示）来看，第二轮冲高之后均未能站上均线，导致买购方失去耐心，波动率迅速下降。

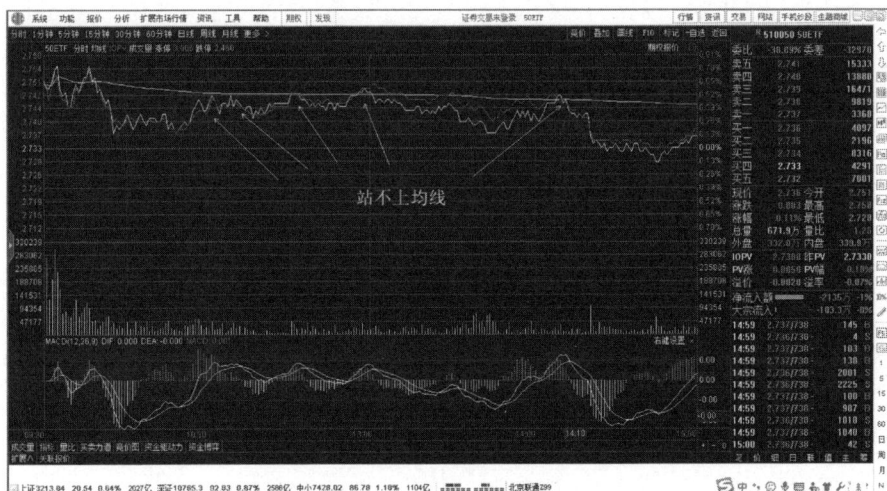

图 4-129   50ETF 日内走势及均线

（4）应对。如果不考虑接下来的走势，单从当日情况来看，早盘应该不要急于下手，等几分钟到十几分钟再决定，那么肯定不会决定马上买认购甚至虚值认购。而前一日买入的，在获利丰厚之后也可以考虑平仓。对于早盘追高买入的，单考虑当日走势，应该止损。

总之，综合上述因素，当日操作应该是：①管住手，等一会；②翻历史，防低走；③细看盘，判走势；④有应对，设止损。

51

降波过程一路躺赚——卖方都对

2018 年 5 月，50ETF 经历 4 月 27 日的单针探底 2.603 元后，便开始了缓慢上涨回升的过程。期间贸易战有所缓和，让人深深地怀念 2015 年 5 月的见底回升开始一轮大行情的牛市，随着 5 月 6 日中美贸易第一轮谈判结果较好的靴子落地，50ETF 开始了一段反弹的过程，在这个过程中，波动率狂降。随后跌跌撞撞，中美贸易第二轮谈判开始，宣布两国不打贸易战，要发展，50ETF 出现了大幅高开，随后回落三天。

1) 行情回顾

4 月期权合约行权日 50ETF 前收盘价为 2.693 元（4 月 25 日），收盘价为 2.672 元，最高价为 2.758 元，最低价为 2.603 元，区间涨幅为-0.78%，区间振幅为 5.95%（如图 4-130 所示），涨幅和振幅比 4 月小，没有大涨和大跌，上证指数和上证 50 创几个月来的新低，然后回升。5 月期权（如图 4-131 所示）从 4 月 26 日起按持仓算，认购无一赚钱，从 3000 合约到 2700 合约全部归零，归零合约 7 个，认沽无一赚钱，从后来加挂的 2450 合约到 2650 合约全部归零，归零合约 5 个（如图 4-132～图 4-140 所示），唯有扛住的卖方和波段操作者赚了一些利润。彩票和末日轮是 50ETF 沽 5 月 2700 合约（如图 4-141 所示）。

3—5 月收盘价均在 2.79 元附近（如图 4-142 所示），期权论坛波动率指数（QVIX）（如图 4-143 所示）从 5 月初最高的 26%降到 5 月 23 日的 18.57%，权利仓深受其害，而义务仓开仓后不用管，到月底看就是赚钱。

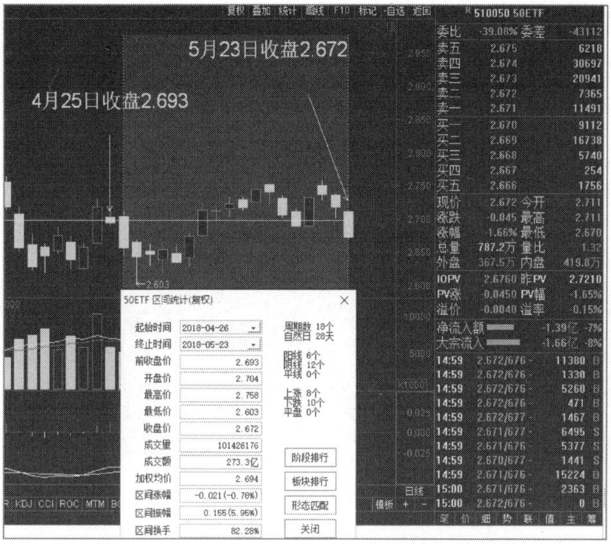

图 4-130　2018 年 5 月行权月 50ETF 振幅

图 4-131　2018 年 5 月合约行权日收盘价

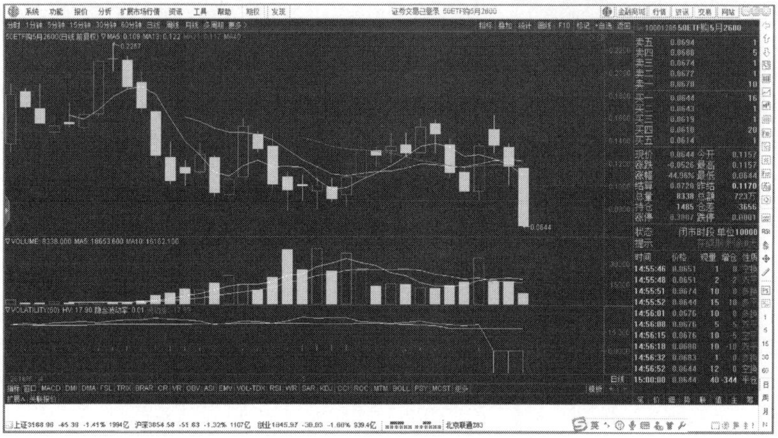

图 4-132　50ETF 购 5 月 2600 合约月度走势

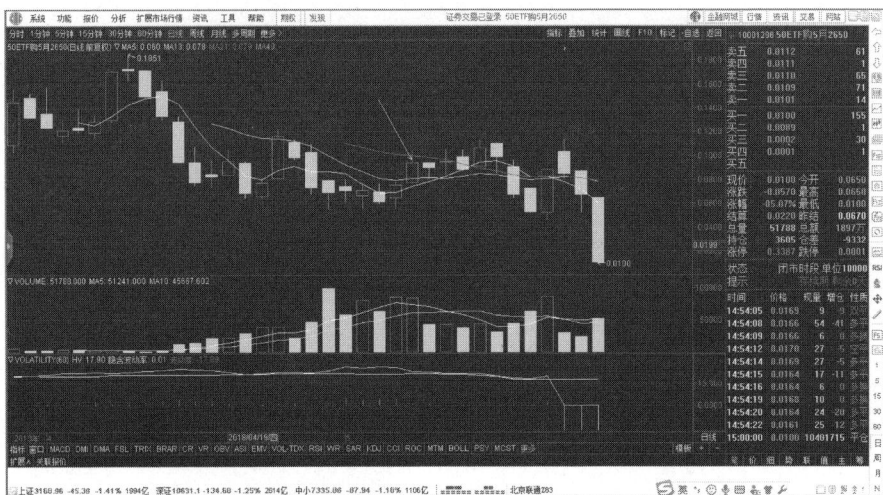

图 4-133　50ETF 购 5 月 2650 合约月度走势

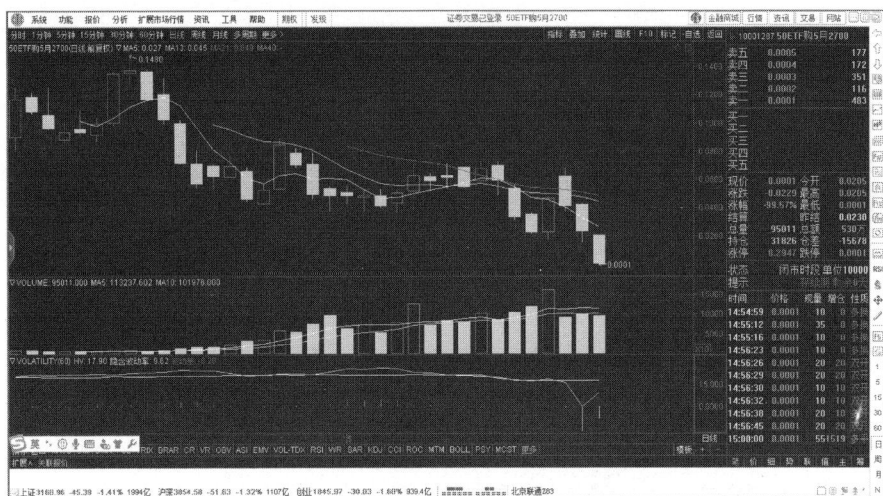

图 4-134　50ETF 购 5 月 2700 合约月度走势

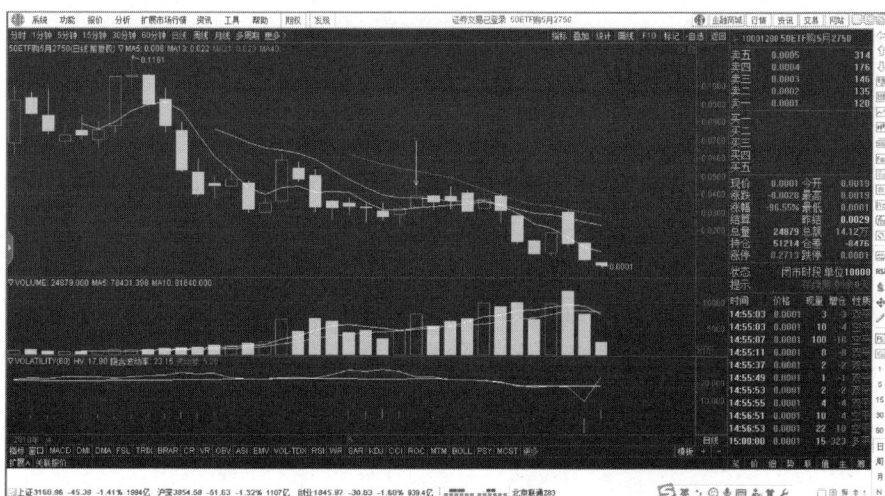

图 4-135　50ETF 购 5 月 2750 合约月度走势

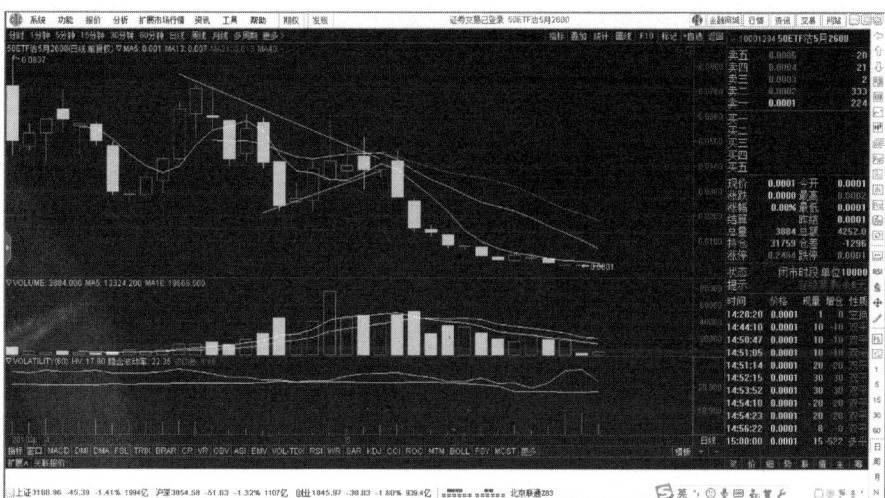

图 4-136　50ETF 沽 5 月 2600 合约月度走势

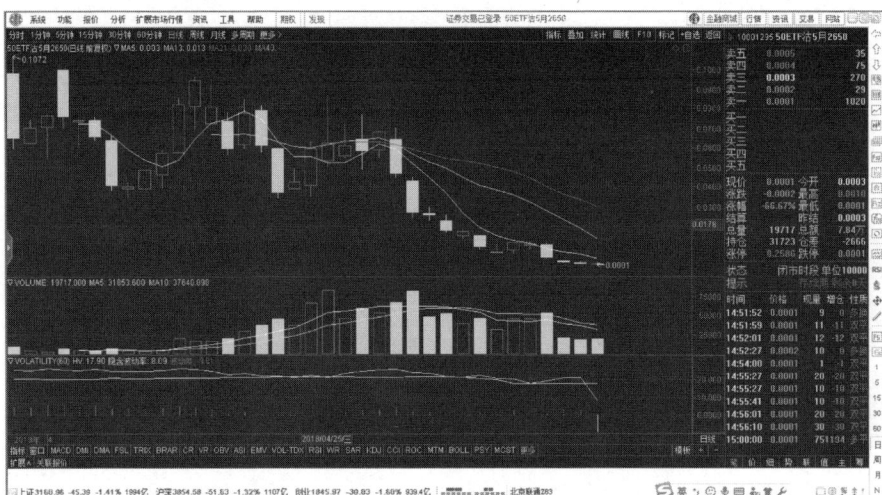

图 4-137　50ETF 沽 5 月 2650 合约月度走势

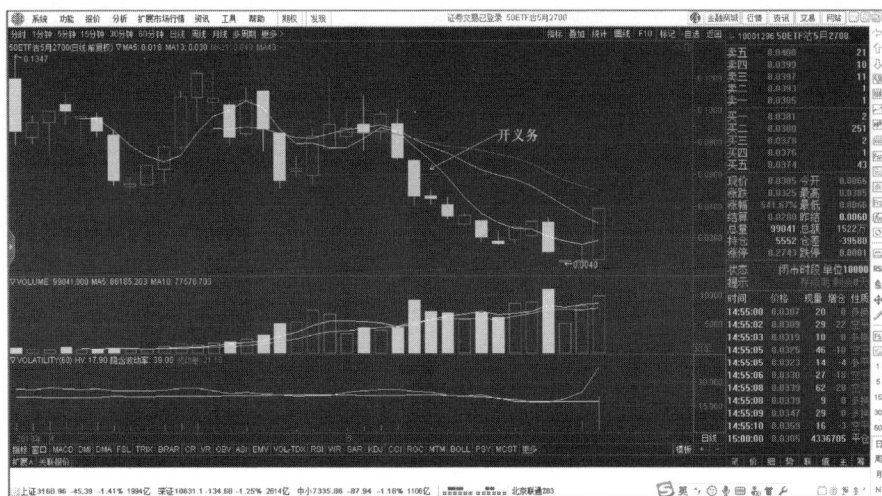

图 4-138　50ETF 沽 5 月 2700 合约月度走势

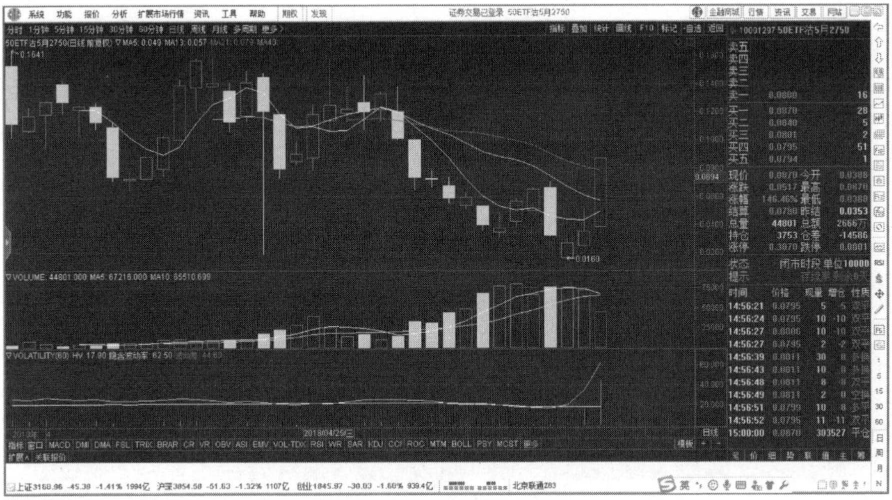

图 4-139　50ETF 沽 5 月 2750 月度走势

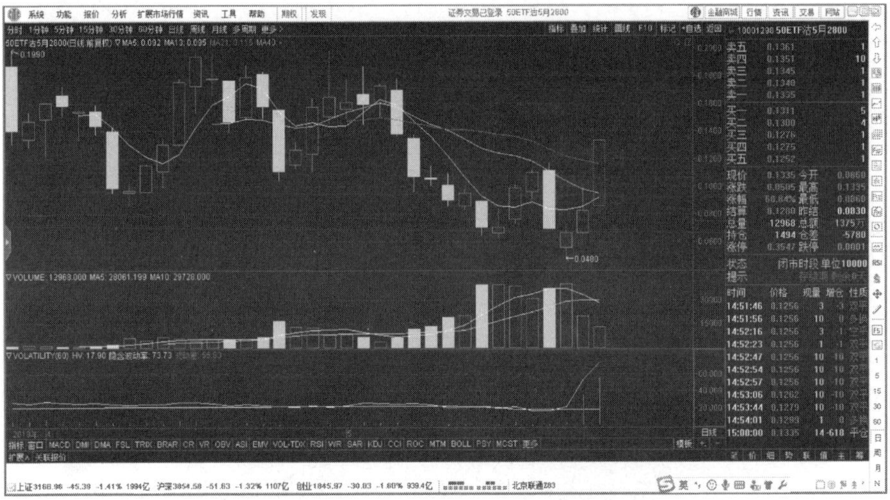

图 4-140　50ETF 沽 5 月 2800 月度走势

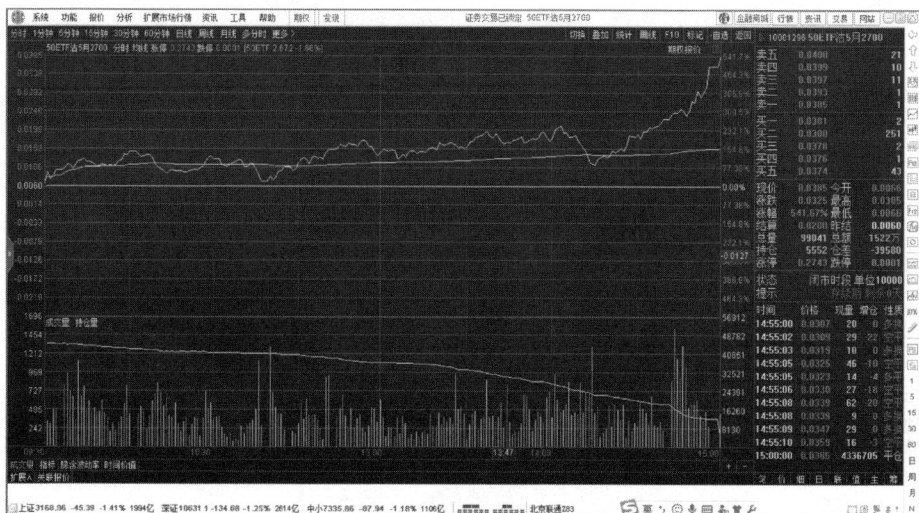

图 4-141　5 月 23 日末日轮 50ETF 沽 5 月 2700 合约

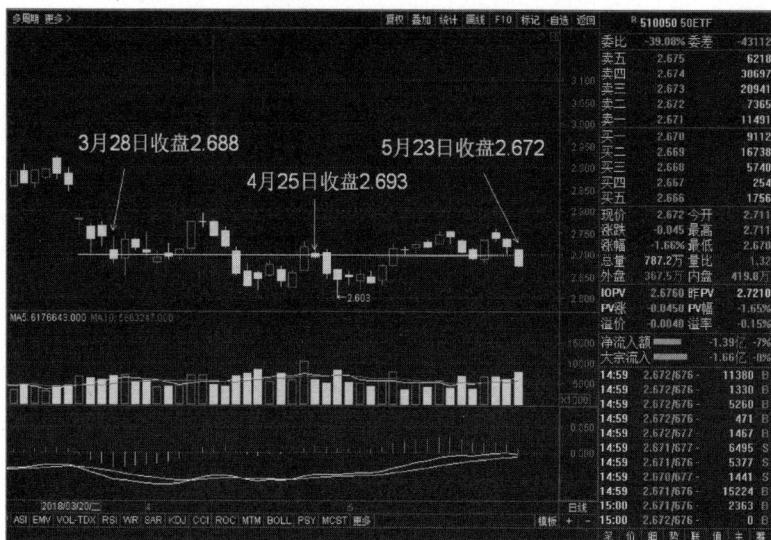

图 4-142　2018 年 3—5 月 50ETF 走势

2）个人操作

在 4 月残值和卖方利润的基础上进行 5 月操作，首批只有 6 万元，后来将权利方投入金额加到 15 万元左右。初步认为，跌势已过，看涨的氛围不浓，而且是大跌之后的喘息期，预计难以大涨，所以先从实值 50ETF 购 5 月 2650 合约开始买。权利仓跌跌撞撞，上涨后部分换到平值 50ETF 购 5 月 2700 合约，后来两者有涨有跌，最后在 21 日开始逐渐平仓，23 日早晨看到弱势难改，将余量平仓，躲过后面的大跌归零。

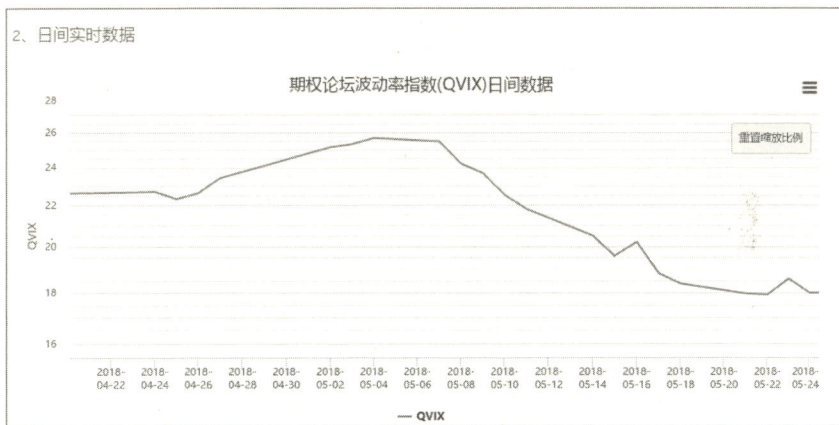

图 4-143　期权论坛波动率指数（QVIX）走势

期间，5 月 18 日觉得中美贸易第二轮谈判应该不会有坏消息，便在上午买入轻度虚值 50ETF 购 5 月 2750 合约（如图 4-144 所示），买入价格约为 70 元/张（如图 4-145 所示），下午迅速拉到 180 元/张，周一继续拉升到了 300 元/张（如图 4-146 所示），可惜有些贪心了，获利 3 倍仍没有及时平仓。

图 4-144　5 月 18 日 50ETF 购 5 月 2750 走势

图 4-145　5 月 18 日期权操作

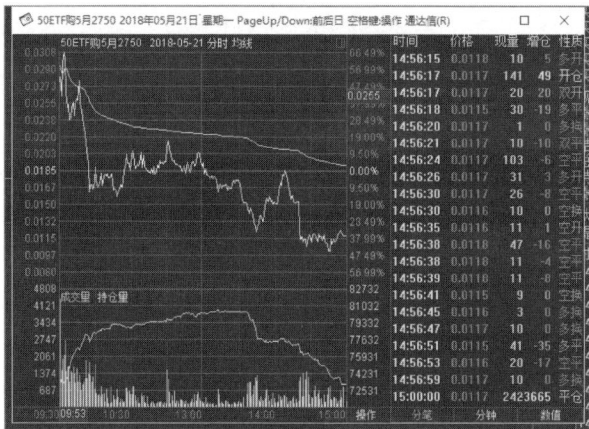

图 4-146　5 月 21 日 50ETF 购 5 月 2750 合约走势

本月做得比较好的是卖方。

在 5 月 4 日中美贸易谈判前觉得可以买跨，但周末出消息后市场一片平静，于是判断贸易谈判影响不大，很可能会降波，可能是带方向卖方的好机会（如图 4-147 所示）。

图 4-147　5 月 4 日、7 日在公众号发文

5 月 7 日，卖出中国平安和格力电器股票，中国平安卖出价为 61 元多，而到 5 月 23 日，股价还是 61 元多（如图 4-148 所示）。

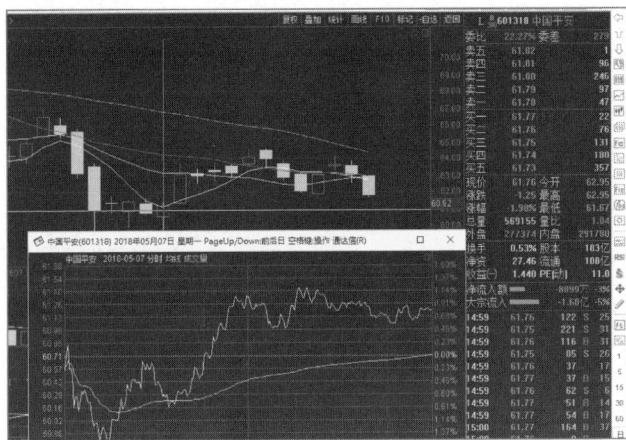

图 4-148　2018 年 5 月中国平安走势

卖出股票的资金中有 47 万元用来卖出开仓平值 50ETF 沽 5 月 2700 合约（如图 4-149 所示），5 月 8 日卖出开仓，价格为 500 多元/张（如图 4-150 所示），21 日买入平仓，价格约为 50 元/张（如图 4-151 所示），利润率为 12.3%（如图 4-152 和图 4-153 所示）。

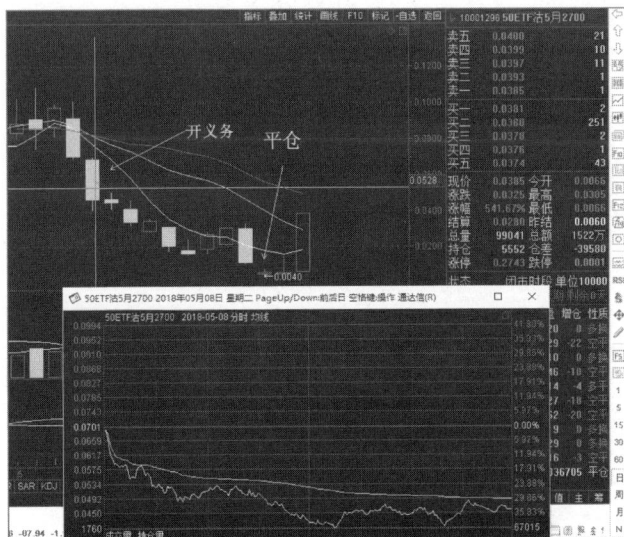

图 4-149　2018 年 50ETF 沽 5 月 2700 合约走势

发生日期	成交时间	合约代码	合约名称	证券代码	持仓类别	买卖	开平	备兑标志	业务状态	成交价格
20180508	09:36:48	10001296	50ETF沽5月2700	510050	义务方	卖出	开仓	非备兑	成交	0.0596
20180508	09:38:09	10001296	50ETF沽5月2700	510050	义务方	卖出	开仓	非备兑	成交	0.0586
20180508	09:39:34	10001290	50ETF购5月2850	510050	权利方	买入	开仓	非备兑	成交	0.0108
20180508	09:40:20	10001296	50ETF沽5月2700	510050	义务方	卖出	开仓	非备兑	成交	0.0588
20180508	09:44:45	10001296	50ETF沽5月2700	510050	义务方	卖出	开仓	非备兑	成交	0.0555
20180508	09:44:49	10001296	50ETF沽5月2700	510050	义务方	卖出	开仓	非备兑	成交	0.0555
20180508	09:48:15	10001296	50ETF沽5月2700	510050	义务方	卖出	开仓	非备兑	成交	0.0552

图 4-150　5 月 8 日期权操作

发生日期	成交时间	合约代码	合约名称	证券代码	持仓类别	买卖	开平	备兑标志	业务状态	成交价格
20180521	09:46:56	10001296	50ETF沽5月2700	510050	义务方	买入	平仓	非备兑	成交	0.0051
20180521	09:46:56	10001296	50ETF沽5月2700	510050	义务方	买入	平仓	非备兑	成交	0.0051
20180521	09:46:56	10001296	50ETF沽5月2700	510050	义务方	买入	平仓	非备兑	成交	0.0051
20180521	09:47:12	10001132	50ETF沽6月2750	510050	义务方	卖出	开仓	非备兑	成交	0.0515
20180521	09:47:16	10001132	50ETF沽6月2750	510050	义务方	卖出	开仓	非备兑	成交	0.0516

图 4-151　5 月 21 日期权操作

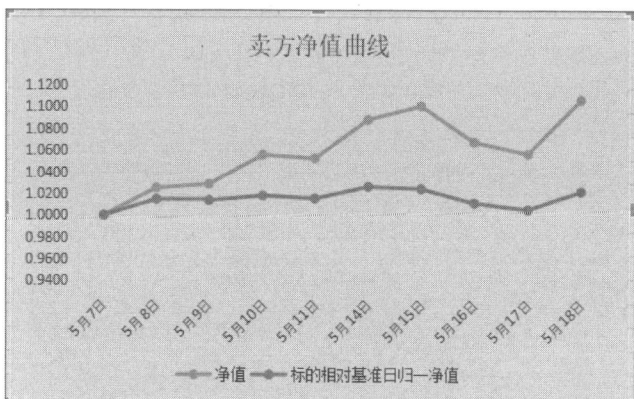

图 4-152　5 月卖方净值曲线

图 4-153　5 月卖方盈利截图

最后 3 天没有抓住认沽的机会，末日 50ETF 沽 5 月 2700 合约权利方在 140 元/张左右买入 2 次（如图 4-154 所示），但止损了，没有赚钱。

20180523	09:59:27	10001296	50ETF沽5月2700	510050	权利方	买入	开仓	非备兑	成交	0.0143
20180523	09:59:48	10001286	50ETF购5月2650	510050	权利方	卖出	平仓	非备兑	成交	0.0450
20180523	10:00:14	10001286	50ETF购5月2650	510050	权利方	卖出	平仓	非备兑	成交	0.0454
20180523	10:00:18	10001296	50ETF沽5月2700	510050	权利方	卖出	平仓	非备兑	成交	0.0140

图 4-154　5 月 23 日期权操作

3）经验

5 月和前两个月一样，又是开盘价和收盘价基本一样、波动率很高、时间价值很高，到最后绝大多数月份都没有赚钱。持有的认购合约买得太早，也没有赚钱，但是做卖方的认沽获利不错。

（1）权利仓需静待时机。在行情不明朗和宽幅波动但未突破的情况下，长期持有的权利仓要少做，或者要做好高抛低吸，快进快出。或者前半个月不做，后半个月小仓位做。

（2）机会偏爱有准备、有思考的头脑。及时、敏锐的反应非常重要。注意外部事件对波动率的影响，在这个月初，因为大家担心中美贸易战，所以波动率高达 26%，随后消息一出，市场非常平静，这时要注意是用权利仓还是义务仓操作。5 月 8 日，标的价格为 2.7 元左右，平值 50ETF 购 5 月 2700 合约为 700 元/张，后来标的价格涨到 2.75 元，该合约只有 800 元/张，而平值 50ETF 沽 5 月合约的价格分别为 700 元/张、50 元/张。可见，用权利仓做几乎没有获利，而义务仓获利不少。期权的 3 个维度为标的、波动率、时间。其中，时间最好判断，一直在流失，而波动率相对容易判断，当前所处的是高位还是低位，市场情绪的影响会引导它是走高还是走低，暴涨、暴跌后的波动率回潮，判断的准确度相对好一些，而标的的短期波动是最难判断的。

（3）卖方没有那么可怕。券商的宣传语都是说，卖方"收益有限，风险无限"，这只是理论上和你可用保证金无穷的情况。当卖方风险度到 80%～90%时，如有浮亏，一般在不超过本金的 3%时券商就会打电话让你处理，要么追加保证金，要么减仓止损。而且，卖方和买方一样，也可以移仓、接力，在单边行情里同样适用（实值、平值也可以卖），能容纳更多的资金。因为在这样的行情里，一般人最多只敢投入 5～10 万元买权利仓，但敢于用 50～100 万元做义务仓，而卖方高的安全垫和充分的容错性大大提高了获利的概率。

（4）什么行情里做什么事。没有一招鲜，2017 年单边暴利权利仓的美好时光最近未出现，从 5 月主要合约来看，从最低到最高一般也就翻倍而已，如果不买在最低、卖在最高，那么往往难以获得大利润，同样也不能、不敢重仓博权利仓。

（5）这个月卖方还算好做。抓住起涨点顺势卖沽，当天就收获 200 多元/张，随后波动率下跌，标的价格缓慢爬升，几乎很少回撤。同时，仓位不能太高，防止经常出现风险度超过 100%要求强平而止损的现象。

4）需要改进

（1）戒贪。5 月 18 日买入 50ETF 购 5 月 2750 合约 100 张，价格为 70 多元/张，当天下午涨到 200 元/张时没卖，第二天涨到 300 元/张开盘，赚了快 4 倍不舍得卖，随后一路跌下来，最后还止损了。4 月初豆粕期权涨停高开时还知道要止盈，这次高开低走却没有及时止盈，而且也记得在去年国庆节期间也出现过类似高开低走的现象，但那次时间还早，后面还有机会。这次也和 4 月豆粕期权一样，在最后 3 天的末日轮没有果断止盈。

（2）要严格按技术指标行事。包括简单的站不上日内分时均线，形态破位，就要不计成本，先走再说。不要想着这个月没有赚大钱、这一单没有翻倍就不舍得走。

（3）最后几天要考虑移仓。因为本月权利仓未赚钱，所以没有早早移仓，怀着侥幸心理等最后几天，导致最后剩余部分仓位损失较大。最后的部分于周三下午跑路，义务仓周一高开也及时走掉，还算不错，但 6 月义务仓开仓太早，有浮亏。

（4）人性难改。从一些做末日轮的朋友处看出，贪婪和恐惧会导致难以决断，不能及时止盈，不敢果断入场。受前两个月标的收在 2.7 元附近双杀 2700 购沽合约的惯性思维影响，估计很少有人赚到 2700 沽彩票最后 5 倍的利润。同样，义务仓也在等该合约归零，结果狂涨，最后出现义务仓强平的奇观。

总之，水无常形，兵无常势，在不断变化的行情里，要适应市场，采取不同的策略，争取实现在大多数行情里都有对应的合适策略。不管是盈利还是亏损、投入资金的多少都是不断完善自己的过程。正如一位同学说的，今天期权赚了 30 多元，而股票亏了 8000 元，但还是很开心，因为验证了自己的操作和思路。

期权之路漫漫，我们将上下而求索！

五、学习篇

52

云游四海广结善缘——开阔眼界

目前，中国期权市场的开户人数大概是 25 万（截至 2017 年底，有一人多户现象）。有很多人不懂期权投资，投资了两个月亏钱了就不投资了，实际持续交易人员很少。公募基金有限制还没有多少进场，私募基金和资管产品在逐渐入场，资金规模逐渐变大。期权圈子本来就不大，如果封闭在自己的小圈子里，只看教科书，可能就没有大长进。应该充分利用网络，与各地的期权高手交流，闻名又不如见面，常常和本地、外地的一些期权朋友聊天，往往在不经意间就会碰撞出思维的火花。期权交易者的来源丰富多样，有从投资股票来的，有从投资期货来的，还有从投资外汇、从事海外期权交易来的，都有很多可学和科学之处。不像股票只能从看涨一个方向获利、期货可从涨跌两个方向获利，期权的交易方向和交易策略丰富多样，只要讨论往往就会有更多、更新的见解。对于不同行情，做单边的可以学人家卖跨的思路，做套利的可以学人家捡烟头的思路。

同时，贤者惺惺相惜，彼此欣赏、拍砖、分析、改进，都只会越交流越好，而不必担心自己的招数被别人学去。这个市场可容纳的资金很大，对于不同风险偏好和资金量的客户兼容并包，既可以单腿一个月赚几倍，也能包容每个月只赚 1%～4% 的稳健资金，1 万元有 1 万元的玩法，1000 万元有 1000 万元的玩法。不能拘泥于自己的小圈子而拒绝和外界交往。

小经验：通过期权 QQ 群、微信群，大家相互讨论，彼此促进、提醒，是保持投资的一个有利方式。

2018 年年初，我到上海参加了一个大型的期权活动，结识了不少期权界的前辈和各路英才，事后和很多人都保持了良好的联系，相互探讨了很多问题，也创造了一些合作机会，使自己提升很快。

53

脑中有货心中不慌——加强学习

不学习期权投资是不行的，首先要看经济学、金融学的书籍，先要掌握宏观经济学原理，然后要看证券投资类的书籍，要掌握基本原理、基本面分析、技术分析、交易心理等，最后要看期权类的书籍，比如《3 小时快学期权》《麦克米伦谈期权》《期权、期货和其他衍生品》《期权交易——核心策略与技巧》，不一而足。不要完全沉没在书本里，很多海外的期权书籍和中国当前的市场还是有差异的，而且里面引用的例子和期权合约的价格都未必合理，很多策略说的盈亏分析都过于理想化，国内目前还缺乏 50ETF 实战的通俗易懂的书籍，理论派比较多。此事还需躬行，只有把书本知识用于实践、指导实践，结合自己的操作不断改善，再回头看书本，才更有意思。我一共看了四五遍《3 小时快学期权》，每次操作后再看都有新的体会。

同样，除了向书本学，还要向市场学，在不同的行情中对自己的得失进行总结，再根据市场的表现制订相应的对策。还要向行内一些成功和失败的投资者学，期权博大精深，很多技巧、策略都是你不知他知的，如果成功的投资者能透露一二，比自己摸索要好得多。同样，吸收一些失败投资者的经验教训，不犯简单的错误，也能少交不少学费。

只有这样，当你看到市场上有变化时，才不会慌、不会不理解，因为那都是你在书本学习和实践中经历过的，比如升波降波、沽购同涨同跌、价格倒挂之类。

54

知其然知其所以然——人为我用

从一些QQ群友、微信群友的盈亏和心态中可以看出，有些人喜欢跟赚过大钱的人的策略，比如加大买方投入，裸卖购裸卖沽，或者学别人投入买认购，但是买入的合约比较虚，到月底行权日时，别人的合约翻倍，而自己的合约归零；还有些人学别人只学到一半，往往结果不尽如人意，别人赚大钱的时候他不能坚持到最后，只赚到一个大波段里的一小部分，别人亏损的时候他大亏，就怪别人是"害人精"，把他害惨了。

上述现象产生的原因有3个：一是学人学一半，或者一半都没学到，比如有群友学别人卖购，他是裸卖购，事后才知道别人是持有数百万银行股在卖购；还有人学我买认购，但是他没有学到我的资金管理策略，一投入就是大投入，还逆势补仓虚值合约，更加要命的是在一段凌厉的上涨已经结束后再裸买购成功的可能性降低了很多。二是人的心态不同，像有些人买股票赚2角钱就跑，要期望他在期权里有三五倍的浮盈而持有不动安如山，几乎不可能；还有些人忍受不了回撤，只要期权一下跌30%～50%就非常紧张，立马割肉，而割肉后就不能及时买回来，结果错过大好行情。三是对标的研究不够，不能准确判断高点和低点，从而出现半路下车和抄底过早的现象。

归根到底，还是要根据不同的形势和自己的风险偏好真正构建一套属于自己的良好的交易系统，不能只看到别人吃肉，却不知道别人在可能挨打时怎么应对。有的人喜欢做买方，有的人喜欢做卖方，有的人喜欢做跨，有的人喜欢套利，适合自己的才是最好的。

55

期权常胜必备特质——建护城河

两年来，在每次期权大行情过后，我的期权老师傅就会感慨，投资期权的人那么多，身边深度交流的人那么多，也有很多技术很好、炒股很厉害或者操作很快、很猛、很犀利的人，但为什么每次赚大钱的时候小马都在，而别人常常无法突破自己的收益区间？小马都是赚大亏小，而很多人都是亏的时候亏得很多，赚的时候赚得很少，或者赚了 5 倍、10 倍，但是本金投入又极少，来来回回往往覆盖不了亏损的成本，或者震荡行情来回折磨，在大行情来的时候不在场。刚巧有位朋友也问，为什么做期权的人那么多，只有你和为数不多的几个人每次都在场？还有有时候小马也亏，但是为什么期权账户市值又能很快达到上百万元？我思考了许多，觉得应该有下面几个方面的原因使我比别人做得稍微多了些、深了些（2016 年 8 月—2018 年 5 月期间）。

1）兴趣

俗话说，兴趣是最好的老师。在认识期权之后，再加上有所盈余，我对期权的兴趣非常浓，很多业余时间都用来研究期权、思考期权。在微信群里，从我这一手转发出去的消息只有期权、股市、投资的内容，而不会有其他方面的内容。我真佩服有些人涉猎广泛，而我的关注面如此狭窄。两年来，我对期权的理解和当时在同一个起跑线的朋友相比，是有一些进步了。有一次听证券公司期权部门的人讲课，他说期权是他将付出一生去做的事业。资本市场是我最强烈的兴趣点，伟大的投资者就是那种对此极度着迷，并有着极强获胜欲的一群人。

2）信念

首先说坚定的信念，要有在别人恐慌的时候果断买入，在别人盲目乐观的时候果断卖出的能力，对自己的交易系统有坚定的信心，不会轻易改弦易张，还要在投资的过程中面对大起大落时毫不改变既定的投资思路。

再说技术面上的信念，要有自己的一套技术分析方法或有一套学来的正确率较高的分析方法，不要常常更改。比如，你的技术分析方法的胜率是 60%，而别人的技术分析方法的胜率是 50%，如果你把两者结合起来则胜率可能是 60%×50%=30%，而不会提高。期权高赔率的特性决定了就算是 50%的胜率也能赚钱。然而，有时候考虑过多，迟疑加犹豫会降低胜率，往往得不偿失。市场上聪明的人很多，但仅仅聪明是不够的。

3）坚守

两年来，投资期权的朋友如过江之鲫，在我身边过了一波又一波，然而坚持下来一直投资的人，屈指可数，一直赚钱的人也永远就是那几个人。在群里，行情好的时候大家都发言踊跃，然而行情不太好的时候，发言的人明显少了，还是为数不多的那几个人。而一直坚守，坚持对期权研究，并且每天发分析报告或操作总结的人用一只手都能数过来。

2018 年 3 月，开通了豆粕期权，当时买在高位，买入即被套，随后一路阴跌，当时一起开户的几个朋友纷纷止损离场，不再关注豆粕期权，更加不看行情、不看分析报告，而后错过了 4 月初的 10 倍大行情。豆粕和白糖期权目前流动性还不好，但流动性需要大行情，苦口婆心地教育投资者不如来一场大行情。然而，只有平时锻炼好了本领，才会在风来的时候扬帆，起航远行。

期间有不少人因为没空操作期权，或者常常赚钱效应不明显就不再关注期权，这样往往就会丧失对市场的热度和敏感度，导致亏钱的时候不在，赚钱的时候也不在。接近市场，哪怕做做小单子，也能感受到市场的热度。

对一件正确和有前途的事情不要半途而废，期权是能适应涨跌横、穿越牛熊的品种，如果认真研究会有很多发现。

4）心态

不知为何，每个人的心态都不一样，可能心态跟人的成长历程，还有投资在该品种上的盈亏有关系吧。有的人在买入期权后，如果有一定的下跌，就会非常惊慌，不停地止损，往往在底部割肉，然后反转了又不敢追。或者不断地打电话说这说那，碎碎念，心理素质不太好，最后乱了阵脚，操作没有章法。而在赚钱时，往往会走得比较早，赚得不多就跑路，最后错失大利润。

投资，要扛得起亏，也要经得起赚，甚至后者更重要，要截短亏损让利润奔跑。这个过程需要非常好的心态。要心态非常平和，理性客观地看待市场走势，不要幻想交易。也要平和地面对盈亏，及时总结经验、吸取教训、有错就改。

看得到和做得到之间的距离很长，人性的恐惧和贪婪往往会光顾并不时影响正常思考和操作，要保持好心态、保持冷静和坚毅。

5）仓位

仓位管理和资金管理是期权盈利非常重要的一个因素。我见过很多人在亏的时候一点不含糊，投入十几万元，甚至几十万元，不断补仓，最后惨遭归零，然后没钱投资了，在大行情来临的时候只投入一万多元，最后这一万多元赚了 10 倍，又有多大的效果呢？还是不能挽回前面的损失。可以每个月固定投入一定金额，管住自己的手不再追加，盈利或亏损也不会差别很大。还可以在顺势时加仓，逆势时不补仓，顺应趋势操作。还有的人不管行情好坏，都买入 2000 张权利仓，然而，大幅波动的行情不是常态，期权价格里有较多的是时间价值，权利仓获利难度较大，在没行情时如此投入，亏损几次就会元气大伤。

一般来说，我在每次赚大钱后，会把利润的 50%～80%取走买股票或者用于其他支出，把剩下的部分继续投资，而亏钱的时候事实上我都是先小资金投入试水，如果对了就再加仓，如果错了不割肉的话，则较少逆势加仓。在有的月份我投入得极少，就会错得极少，而在每次赚大钱时，投入的金额基本就是那么多，不多也不少。这样可以保证有多次投资的本金，不会捉襟见肘。

6）总结

因为某个契机，我开始写公众号和本系列文章，在一些有意思、有特点的交易日后及时将自己的交易记录、当时操作的缘由、事后的思考、以后面对这种情况怎么做记录下来，而且对一些特殊现象，如 2018 年 2 月 6—9 日的波动率异常，我问了很多期权交易老手和高手，得到了不同的解释，并在 2 个月后还在思考这个问题。将自己的错误记录在案能够有效地避免重复犯错。事实证明，有很多错误我会犯第二次，但没有犯第三次。

我和别人都说过以上的几点，苦口婆心地劝说和现身说法，但是别人还是做不到，这是超脱于行情判断和跟随、超脱技术指标的。像企业家和武术大师一样，投资者的"护城河"不可能是有形的东西，也不是铭刻在心中的某种信念，而是在长期的操盘实践中形成的一种结构性优势，它结合了其性格特点、行事风格的一些内在因素，其核心就算是别人知道也无从复制。

期权投资，到最后投资的就是人心。

六、趣味篇

56

刀锋跳舞勇者游戏——末日之争

在期权合约快到期时，平值期权的 Gamma 值非常大，如果标的波动一分钱，期权合约就要波动 100 元/张，如 500 元/张的期权合约，很容易涨跌 100～200 元/张，胆大者可以参与末日轮交易，往往会有巨大的收益。2017 年 12 月行权日，50ETF 沽 12 月 2847A 合约收盘时大涨 42 倍，从最低 3 元/张到最高 501 元/张，涨幅为 167 倍，如图 6-1 所示。末日轮交易有以下几个要点。

（1）标的在行权日前最后三天或倒数第二天收盘时，最好收在某一行权价附近，以上下不超过 0.01 元为最佳，如 2.99～3.01 元最好，这样选择平值合约比较便宜，时间价值较小，成本最低，平值认购、认沽合约都可以为 20～200 元/张。

（2）预期波动较大，而不是较小，至少能超过一分钱，波动越大越好，否则就用卖跨了。最好有一个大体的方向判断，必须盯着两个方向的合约，随时可能转向。

（3）由于可能有一天亏完本金的风险，投入的资金不要太大，一万元左右就行。由于流动性问题，不可能卖在最高价，还会有多次熔断，成交时间很少。图 6-1 所示的合约在末日下午有 13 次熔断，一次熔断时间为 3 分钟，有 39 分钟不能交易。

（4）可以不止损，但一定要注意止盈，因为是最后到期日，所以在下午遇到流动性风险时，如果不止盈，你就只能是纸上富贵一回，并不能全部平仓到手。

（5）对标的趋势有倾向性的判断就做单边，觉得不稳妥就买跨。2017 年 12

月合约最后是认沽大涨，应当做认沽，做买跨也行。如果发现做单边不对，就不要补仓！要赶快看另一个方向的机会！不要在这个方向上消耗时间。

（6）心态要好，末日轮不用太多资金参与，不要患得患失，得之我幸，不得我命，不要影响大局观，慌了阵脚。

（7）如果开盘时标的不在某行权价附近，但在运行一段时间后到了某行权价附近，就可以再次开买入跨式。

图 6-1　2017 年 12 月 27 日 50ETF 沽 12 月 2847A 合约走势

小贴士：心理账户和沉没成本

对于期权彩票，如果原来高价买入后跌了很多，那么一般人都是想割肉卖掉留下点本金；如果当彩票和末日轮来买，就为图便宜，那心态就会好很多，会舍得花一点钱去买。

比如，5 万元买的期权跌到了 5000 元想留点本金，但是如果这时开新仓买 5000元的彩票或末日轮就会舍得。其实，这金额和期权是一样的。

57

梦想总归是要有的——期权彩票

彩票是指买入的很便宜的期权合约。在一段时间后如果趋势符合你买入的方向，它的涨幅会非常惊人。彩票属于花钱少办大事，对人很有吸引力。彩票的参与条件有以下几个。

（1）期权合约价格范围为 1～100 元/张。

（2）距离到期期限在 15 天内。

（3）当前隐含波动率在 15% 之内最好。

（4）本月持仓合约有 300% 以上的利润，或者 30 万元以上的利润（有的人每个月专门投入几千到几万元买彩票）。

（5）彩票的虚值程度在 0.15 元之内（即标的价格是 3.05 元，最多买到认购 3200 合约或认沽 2950 合约），不过在极端行情下，有的合约会超过你的想象，有近千倍的利润。

（6）不论是涨势还是跌势（例如，2017 年 50ETF 购 11 月 3000 合约从 7 元/张涨到 899 元/张），在一段凌厉攻势之后的休整横盘期，波动率都会下降，期权的时间价值消耗比较便宜，但如果只是横盘休整后期继续朝原来方向运动，期权就会有较强的爆发力。

（7）在涨（跌）了很久后，反向合约价格极其便宜（例如，2017 年 11 月 20 日左右，50ETF 沽 12 月 2847A 合约从 60 元/张涨到 600 多元/张）。

（8）要用一个账户或者固定的一笔资金坚持做、经常做，不要重仓，也许可能亏 9 次，但只要有 1 次赚了 10 倍就能回本。

（9）如果是在"黑天鹅"频发的时期，则要多关注认沽的彩票。

（10）如果不能准确判断，可以一路上设下埋伏，把不同行权价的彩票都买些。

最痛点理论在期权末日轮彩票上的应用：在期权到期前的最后一周，当正股价格低于最痛点价位时，买入行权价为标的价到最痛点价之间（含）的看涨期权；当正股价格高于最痛点价位时，购买行权价为标的价到最痛点价之间（含）的看跌期权。切记盘中及时止盈。

经典案例一：

2017 年 50ETF 购 11 月 3000 合约走势如图 6-2 所示，随着标的大幅上涨，该合约从最低 7 元/张涨到 899 元/张，收益最高达 120 多倍。那时，11 月中旬 50ETF 在 2.85 元左右横盘，该合约被打到 20 元/张以下，然而 11 月下旬 50ETF 突然开始大涨，涨到接近 3.1 元，该合约也迅速爆发，那是我第一次看到如此暴利的期权合约，也赚到了一部分利润。

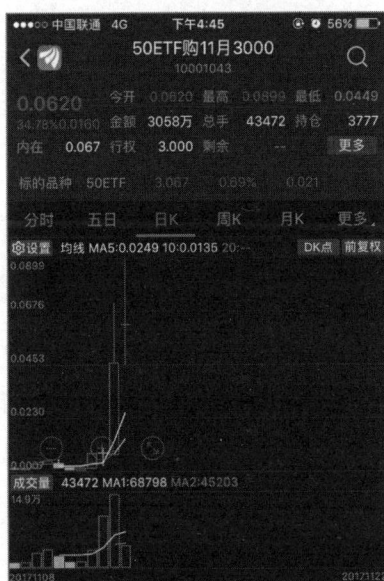

图 6-2　2017 年 50ETF 购 11 月 3000 合约走势

经典案例二：

2018 年 1 月底买入 2 月极度虚值认沽合约,如 50ETF 沽 2 月 2700 合约、50ETF 沽 2 月 2900 合约,2 月 6—9 日标的大幅快跌,最后几天内的收益如图 6-3 和图 6-4 所示,2900 合约从 9 元/张涨到 2443 元/张,涨了 200 多倍,2700 合约最高涨了近千倍！某群友在 2018 年 2 月投入 5 万元买认沽彩票,最后获利 200 多万元,如图 6-5 所示。东方财富网股吧里有投资者买入的认沽也是非常便宜的彩票（100 元/张以内）,累计获利 8 倍,如图 6-6 所示。

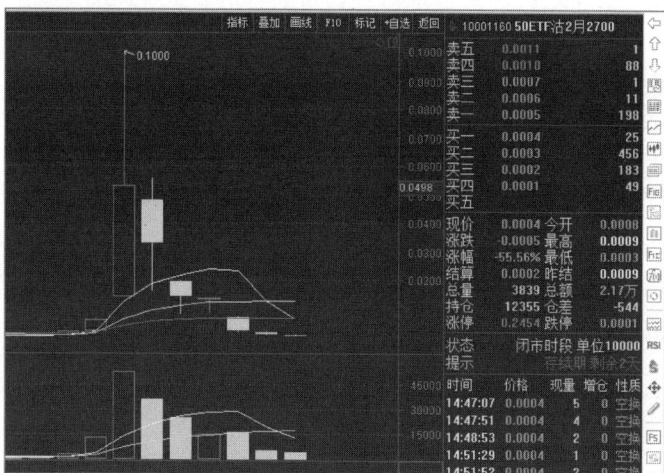

图 6-3　2018 年 50ETF 沽 2 月 2700 合约走势

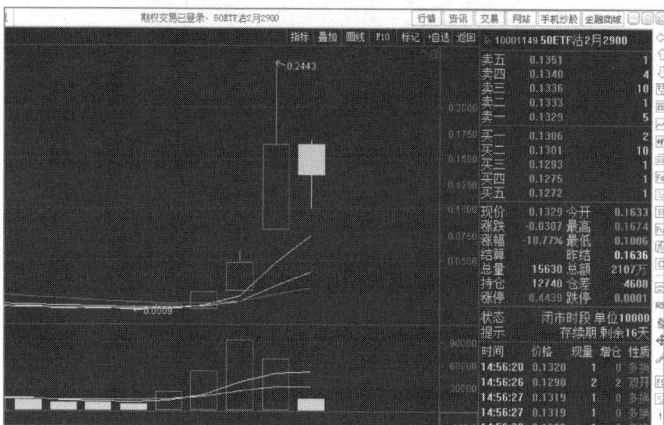

图 6-4　2018 年 50ETF 沽 2 月 2900 合约走势

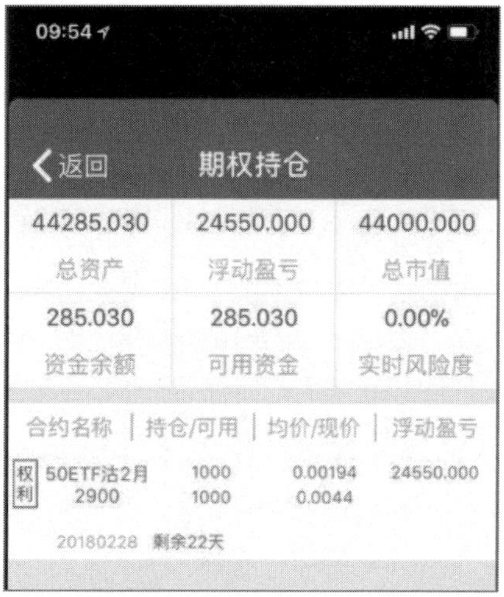

图 6-5　一位群友 2018 年 2 月期权持仓明细

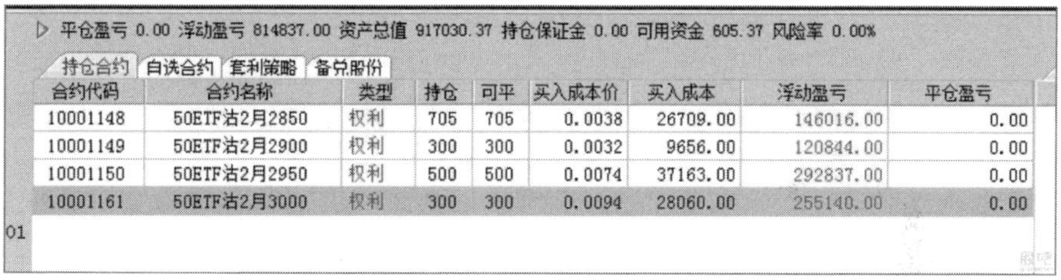
▷ 平仓盈亏 0.00 浮动盈亏 814837.00 资产总值 917030.37 持仓保证金 0.00 可用资金 605.37 风险率 0.00%

持仓合约 | 自选合约 | 套利策略 | 备兑股份

合约代码	合约名称	类型	持仓	可平	买入成本价	买入成本	浮动盈亏	平仓盈亏
10001148	50ETF沽2月2850	权利	705	705	0.0038	26709.00	146016.00	0.00
10001149	50ETF沽2月2900	权利	300	300	0.0032	9656.00	120844.00	0.00
10001150	50ETF沽2月2950	权利	500	500	0.0074	37163.00	292837.00	0.00
10001161	50ETF沽2月3000	权利	300	300	0.0094	28060.00	255140.00	0.00

图 6-6　东方财富网股吧里有投资者买入的认沽持仓

末日轮和彩票并不会常常出现，切记不可作为主策略天天沉迷其中，只能是小赌怡情（但实际上 2017 年 11 月认购、12 月认沽，2018 年 1 月认购、2 月和 3 月认沽都有彩票）!

58

深度虚值颗粒归仓——捡个烟头

期权的**捡烟头**的意思是，当最后还剩几个交易日时，那种非常便宜的虚值合约可能只有几元/张或十几元/张，这时候可以做它的卖方，获取 99.99%的确定性收益，卖出一张极度虚值合约的保证金大约为 1800 元，到期归零收益为 5～50 元，最后 7 天的收益为 0.5%～1.5%，如果长期积累，也非常可观。**为了控制极端风险，最好捡同向的烟头**，即如果持有认购权利仓，就卖极度虚值认购合约，如果持有认沽权利仓，就卖极度虚值认沽合约。当极端行情出现时，这些卖方出现浮亏，实际上你的买方赚了很多。烟头和彩票是对手盘，要记得止损。要根据自己对市场的判断、预期收益和风险承受能力选择虚值合约虚的程度。

如图 6-7 所示，如到期归零，2017 年 50ETF 购 12 月 2950 合约 7 天到期收益率为 35/2697=1.3%。

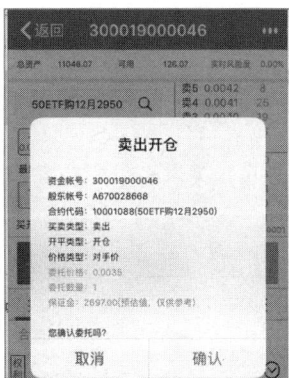

图 6-7　2017 年 50ETF 购 12 月 2950 合约卖出开仓保证金估算图

如图 6-8 所示，如到期归零，2017 年 50ETF 沽 12 月 2800 合约 7 天到期收益率为 27/2782=1.03%。

如图 6-9 所示，如到期归零，2017 年 50ETF 沽 12 月 2750 合约 7 天到期收益率为 7/2255=0.3%。

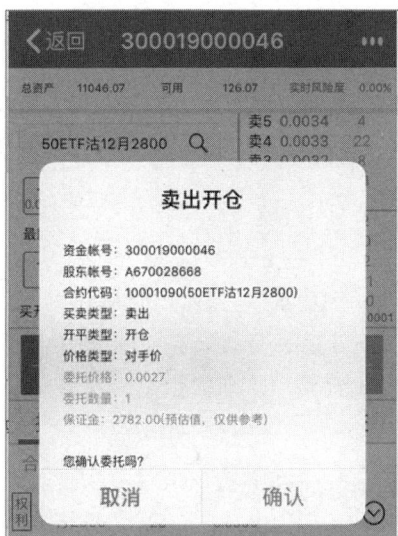

图 6-8　2017 年 50ETF 沽 12 月
2800 合约卖出开仓保证金估算图

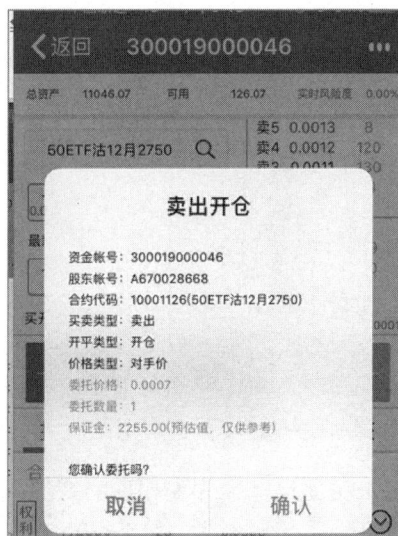

图 6-9　2017 年 50ETF 沽 12 月
2750 合约卖出开仓保证金估算图

59

事件驱动预期大波——买跨战法

相对于股票和期货，期权有很明显的优点——非线性杠杆，也就是收益和亏损的不对称性，买方如果投入1万元买入期权，其最大亏损就是1万元，但是如果大幅波动，那么利润可能不只3万、5万、10万元，从而派生出一种非常有优势的玩法——买入跨式（宽跨式）。

应用原理： 因为期权的非线性杠杆，所以买方的最大亏损为付出的权利金，理论上最大盈利无限。如果短期内市场有大幅波动，盈利就可能为数倍至数十倍。亏损最多为双方的权利金（持有到期），如提前平仓，一般不会亏掉双向权利金。操作方式为同时买入相同月份、相同数量的行权价相同（不同）的平值（虚值）认购和认沽期权，即为买入跨式（宽跨式），其中宽跨式的成本更低，但需要更大的波动才会盈利较好。

买入跨式盈亏如图6-10所示（左为跨式，右为宽跨式）。

应用场景：

（1）市场长时间窄幅震荡，预期将选择上涨或下跌方向，既可选择当月合约，又可选择远月合约。

（2）有重大事件即将发生，但是不知道是重大利好还是重大利空。

（3）期权接近行权日，预期标的会有大幅波动，但标的会往哪个方向波动并不清楚，此时可以买入跨式（宽跨式）博取大波动。

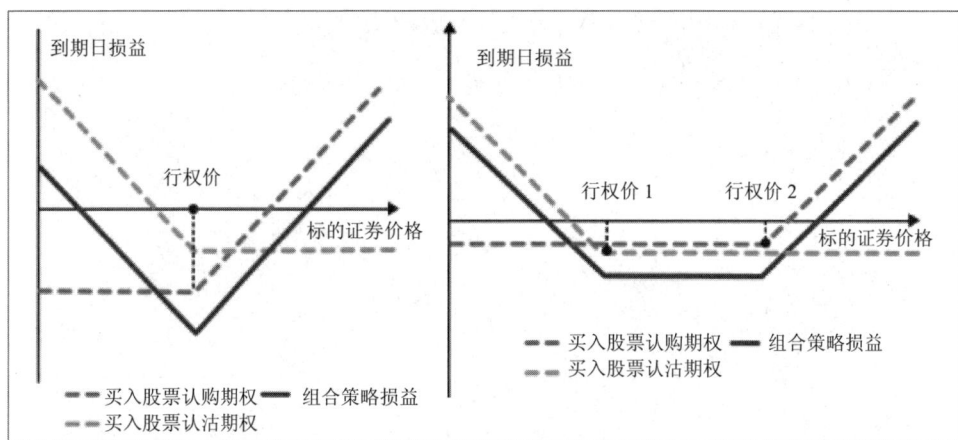

图 6-10 买入跨式和宽跨式的盈亏图

应用前提：

（1）预期有大幅波动。

（2）隐含波动率和时间价值最好不要太高。

善后处理：

在上述应用场景中，分别对应的情况如下。

（1）如果买入跨式后市场仍然没有大幅波动，则应当考虑时间价值的衰减。

（2）如果重大事件结果出来后，市场表现平稳，则应当平掉双向合约，基本只损失一天的时间价值和波动率升降。

（3）末日跨式期权如标的单边上涨或下跌，则亏损一方可以不管，让赚钱方向的期权合约保持利润奔跑，但要注意末日上下波动带来的期权波动巨大，以及虚值期权最后都归零。

实战举例：

（1）2017 年三四月和 2017 年 12 月末，波动率极低，标的窄幅震荡，2018 年 3 月 20 日左右，标的之前窄幅震荡，预期即将选择上涨或下跌方向。

2017 年 4 月，波动率低至 8%，此时买入宽跨式 50ETF 购 9 月 2500 合约和 50ETF 沽 9 月 2300 合约，如图 6-11 和图 6-12 所示，博后期突破。

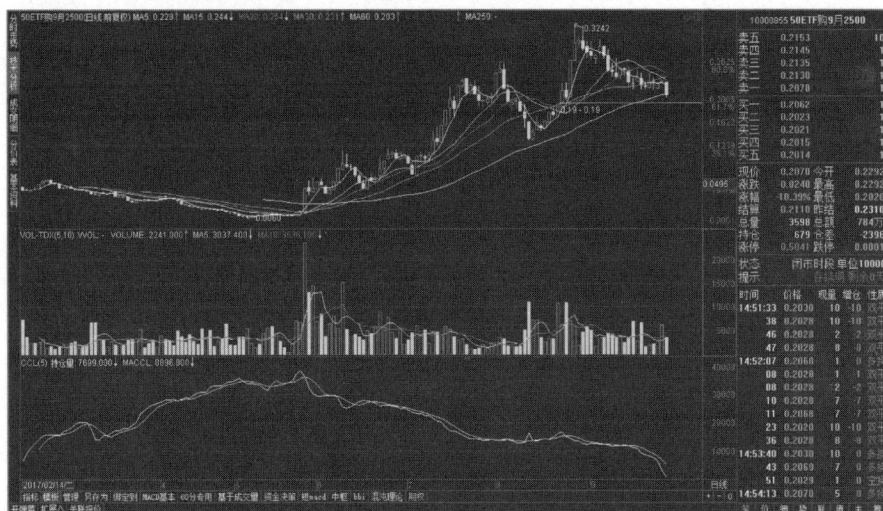

图 6-11　2017 年 50ETF 购 9 月 2500 合约走势

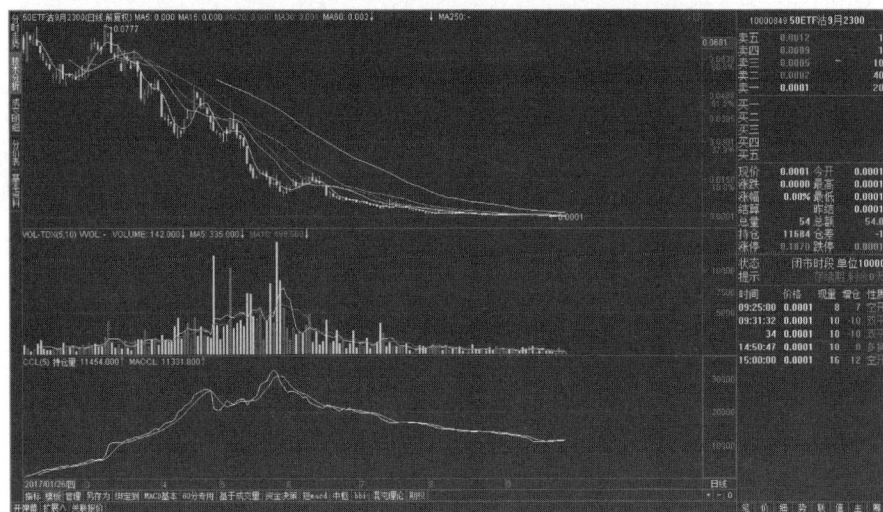

图 6-12　2017 年 50ETF 沽 9 月 2300 合约走势

（2）2018 年 3 月 22 日左右，美国加息前夕，同时买入认购和认沽合约，结果 23 日 50ETF 暴跌，各合约的涨跌幅、涨跌金额如图 6-13 和图 6-14 所示。

图 6-13　2018 年 3 月 50ETF 期权合约 3 月 23 日涨跌幅

认购					2018年03月(4天)	认沽				
卖价	买量	买价	涨幅%	现价	行权价	现价	涨幅%	买价	买量	卖价
0.1547	1	0.1546	-39.81	0.1547	2.6000	0.0091	1720.0	0.0090	94	0.0091
0.1096	1	0.1095	-47.05	0.1096	2.6500	0.0156	1850.0	0.0155	243	0.0156
0.0697	2	0.0685	-56.37	0.0685	2.7000	0.0290	1511.1	0.0290	64	0.0292
0.0390	31	0.0388	-63.92	0.0390	2.7500	0.0485	1143.6	0.0485	8	0.0486
0.0191	16	0.0190	-71.26	0.0190	2.8000	0.0769	540.83	0.0769	3	0.0777
0.0078	11	0.0077	-76.01	0.0077	2.8500	0.1128	302.86	0.1127	1	0.1128
0.0035	462	0.0032	-75.19	0.0032	2.9000	0.1621	175.68	0.1621	5	0.1635
0.0020	75	0.0019	-53.66	0.0019	2.9500	0.2097	108.45	0.2071	30	0.2097
0.0012	1	0.0011	-42.11	0.0011	3.0000	0.2573	74.80	0.2573	1	0.2600
0.0006	26	0.0005	-16.67	0.0005	3.1000	0.3569	45.91	0.3569	3	0.3603
0.0004	198	0.0003	0.00	0.0004	3.2000	0.4579	32.07	0.4566	5	0.4641
0.0005	37	0.0003	0.00	0.0003	3.3000	0.5575	24.89	0.5553	1	0.5649
0.0005	6	0.0003	0.00	0.0003	3.4000	0.6566	20.60	0.6539	1	0.6655
0.0005	3	0.0003	50.00	0.0003	3.5000	0.7569	16.90	0.7532	1	0.7664
0.0004	1	0.0003	50.00	0.0003	3.6000	0.8550	14.46	0.8523	1	0.8526

图 6-14　2018 年 3 月 50ETF 期权合约 3 月 23 日涨跌金额

认购					2018年03月(4天)	认沽					
虚实度%	溢价%	内在价	涨跌	现价	行权价	现价	涨跌	内在价	溢价%	虚实度%	波
6.96	-0.95	0.1810	-0.1023	0.1547	2.6000	0.0091	0.0086	–	6.84	-6.96	
4.94	-0.77	0.1310	-0.0974	0.1096	2.6500	0.0156	0.0148	–	5.27	-4.94	
3.00	-0.45	0.0810	-0.0885	0.0685	2.7000	0.0290	0.0272	–	3.96	-3.00	
1.13	0.29	0.0310	-0.0691	0.0390	2.7500	0.0485	0.0446	–	2.86	-1.13	
-0.68	1.37	–	-0.0471	0.0190	2.8000	0.0769	0.0649	0.0190	2.08	0.68	
-2.42	2.76	–	-0.0244	0.0077	2.8500	0.1128	0.0848	0.0690	1.57	2.42	
-4.10	4.39	–	-0.0097	0.0032	2.9000	0.1621	0.1033	0.1190	1.55	4.10	
-5.73	6.15	–	-0.0022	0.0019	2.9500	0.2097	0.1091	0.1690	1.46	5.73	
-7.30	7.91	–	-0.0008	0.0011	3.0000	0.2573	0.1101	0.2190	1.38	7.30	
-10.29	11.49	–	-0.0001	0.0005	3.1000	0.3569	0.1123	0.3190	1.36	10.29	
-13.09	15.08	0.0000	0.0000	0.0004	3.2000	0.4579	0.1112	0.4190	1.40	13.09	
-15.73	18.67	0.0000	0.0000	0.0003	3.3000	0.5575	0.1111	0.5190	1.38	15.73	
-18.21	22.27	0.0000	0.0000	0.0003	3.4000	0.6566	0.1135	0.6190	1.35	18.21	
-20.54	25.86	0.0001	0.0001	0.0003	3.5000	0.7569	0.1094	0.7190	1.36	20.54	
-22.75	29.46	0.0001	0.0001	0.0003	3.6000	0.8550	0.1080	0.8190	1.29	22.75	

　　认购期权大跌，认沽期权从翻倍到涨 18 倍，如果提前布局，则获利会非常丰厚。50ETF 购 3 月 2850 合约跌的金额为 244 元/张，50ETF 沽 3 月 2850 合约涨的金额为 848 元/张，前日 50ETF 收盘价为 2.854 元，按前日收盘价的成本为 321+280=601 元/组计算，获利为 848-244=604 元/组，利润略超 100%，如果选择宽跨式，买入 50ETF 购 3 月 2900 合约并买入 50ETF 沽 3 月 2800 合约，则成本为 129+120=249 元/组，利润为 649-97=552 元/组，利润率为 220%。

（3）2017 年 12 月 27 日为 12 月期权行权日，标的开盘价为 2.893 元，如图 6-15 所示，即 2.9 元附近，买入末日轮 50ETF 购 12 月 2900 合约和 50ETF 沽 12 月 2900 合约，如图 6-16 和图 6-17 所示，最后标的大跌 2%，认购 2900 合约归零，认沽 2900 合约涨幅为 458%，成本为 79+160=239 元/组，利润为 886–239=647 元/组，最大利润率为 247%，当然末日期权不可能最后几分钟平仓，但亏损的那个方向的期权如果不能变成实值回本，则会提前平仓止损。

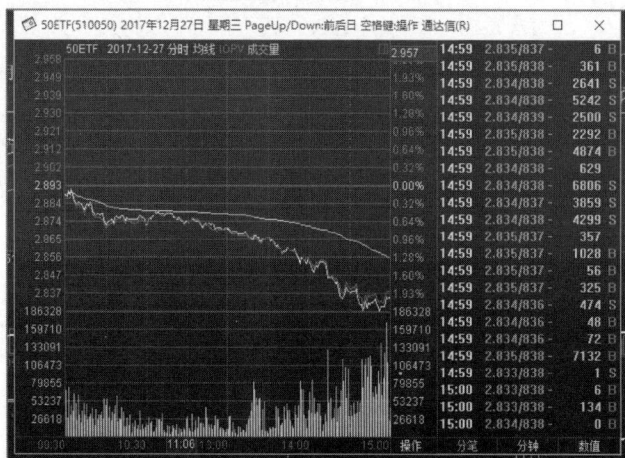

图 6-15　2017 年 12 月 27 日 50ETF 走势

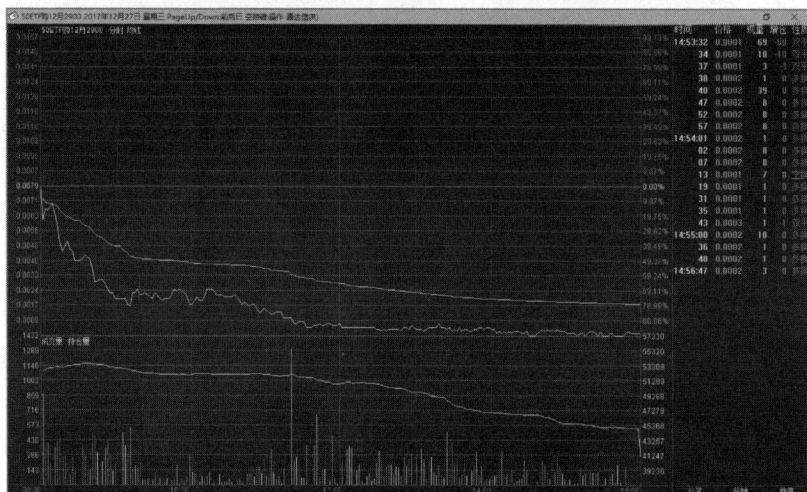

图 6-16　2017 年 12 月 27 日 50ETF 购 12 月 2900 合约走势

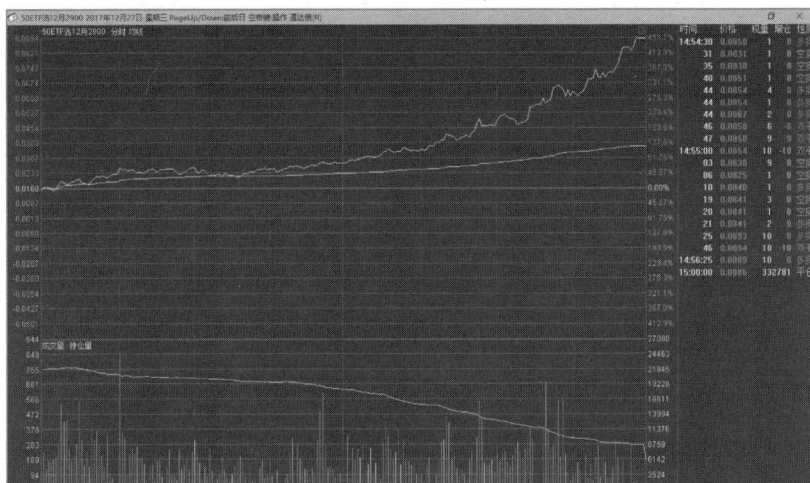

图 6-17　2017 年 12 月 27 日 50ETF 沽 12 月 2900 合约走势

（4）2018 年 3 月 30 日零时，美国农业部公布 2018 年美豆预期种植面积的报告，2018 年美国大豆种植面积为 8898.2 万英亩，低于市场预期，且低于 2017 年实际种植面积 9014.2 万英亩。报告利好刺激美豆攀至两周高位（如图 6-18 所示），国内油脂和油料齐受益，豆粕日内期货价格触及涨停（如图 6-19 和图 6-20 所示）。

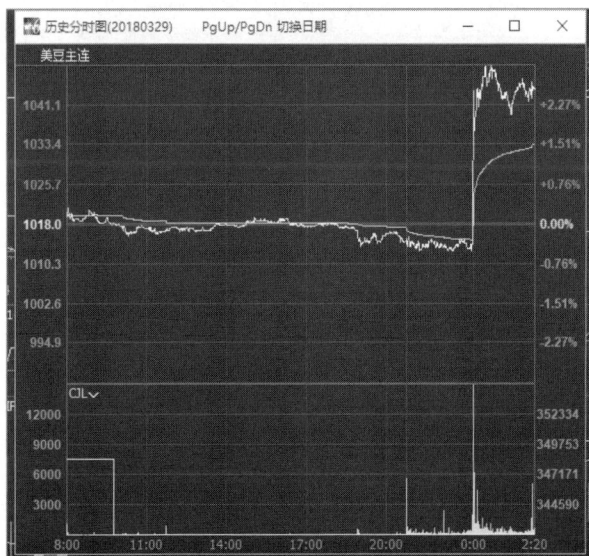

图 6-18　2018 年 3 月 29 日美豆主连走势

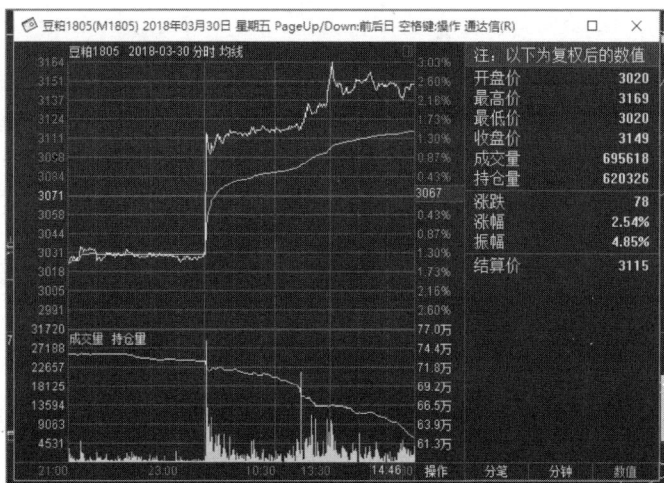

图 6-19　2018 年 3 月 30 日豆粕 1805 合约走势

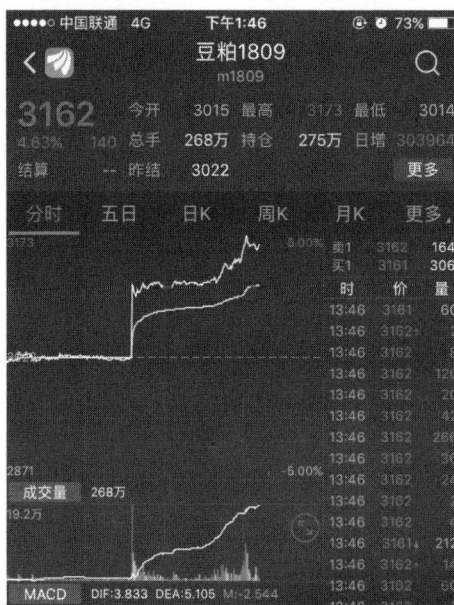

图 6-20　2018 年 3 月 30 日豆粕 1809 合约走势

　　事实上，美国农业部常常会按月公布一些重要数据（如图 6-21 所示），在预期有重大事件公布前夜，有聪明的投资人就进行了买跨的操作，导致 29 日夜盘沽购同涨。在前一日晚上，豆粕 1805 合约在 3030 点附近窄幅震荡，5 月期权合约只有很短的交易时间，时间价值也非常低，提供了绝佳的买跨和彩票机会，看涨合约 3150 从 10 元/张逐渐上涨到 13 元/张，认沽合约的夜盘也在上涨。

操作	策略1：买入跨式策略 （三选一）			策略1 平仓	策略2： 卖出跨式 策略	USDA 报告 发布	策略2 平仓
	提前3 天进场	提前2天 进场	提前1天 进场	卖出跨 式平仓	加倍卖出 开仓		买入跨 式平仓
时间	下午收 盘前	下午收 盘前	下午收 盘前	下午收盘前		晚上	下午收 盘前
4月	4/3	4/4	4/9	4/10		4/10	4/11
5月	5/7	5/8	5/9	5/10		5/10	5/11
6月	6/7	6/8	6/11	6/12		6/12	6/13
7月	7/9	7/10	7/11	7/12		7/12	7/13
8月	8/7	8/8	8/9	8/12		8/10	8/13
9月	9/7	9/10	9/11	9/12		9/12	9/13
10月	10/8	10/9	10/10	10/11		10/11	10/12
11月	11/5	11/6	11/7	11/8		11/8	11/9
12月	12/6	12/7	12/10	12/11		12/11	12/12

图 6-21   2018 年美国农业部报告发布时间（适用于豆粕期权）

目前发现，唯有期权能应对这样大的波动而做到在大概率情况下获利！

如图 6-22 和图 6-23 所示，29 日夜盘买入轻度虚值跨式组合豆粕 1805-购-3050 合约和豆粕 1805-沽-3000 合约，成本约为 33+25=58 元/组，如果消息出来后早晨大幅高开平掉，则卖的金额为 80+5=85 元/组，获利为 85/58−1≈46%。

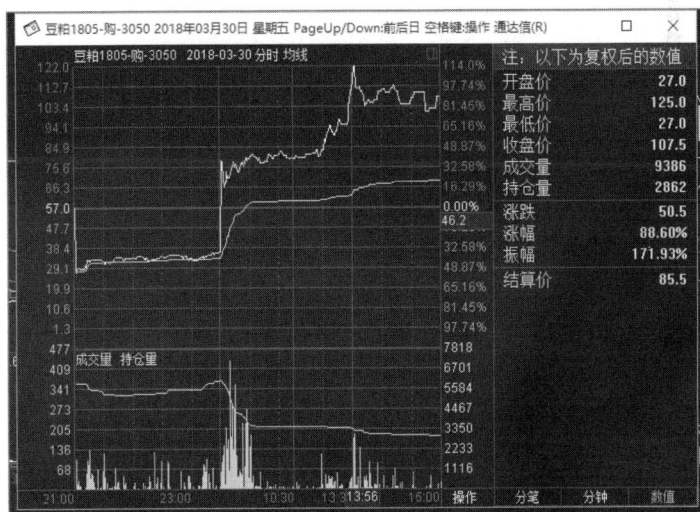

图 6-22   2018 年 3 月 30 日豆粕 1805-购-3050 合约走势

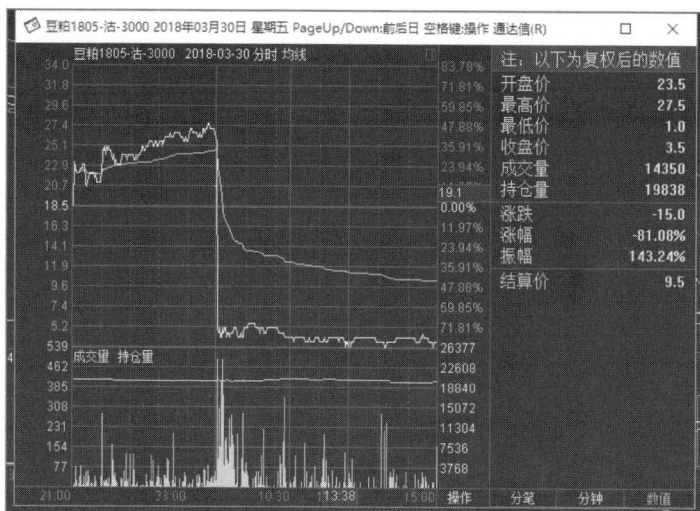

图 6-23　2018 年 3 月 30 日豆粕 1805-沽-3000 合约走势

如果预期标的有更大范围的波动，这时为了节约成本则可以买入中度虚值跨式组合豆粕 1805-购-3100 合约和豆粕 1805-沽-2950 合约，如图 6-24 和图 6-25 所示，成本约为 20+11=31 元/组，如果消息出来后早晨大幅高开平掉，则卖的金额为 51+2=53 元/组，获利为 53/31−1≈71%。

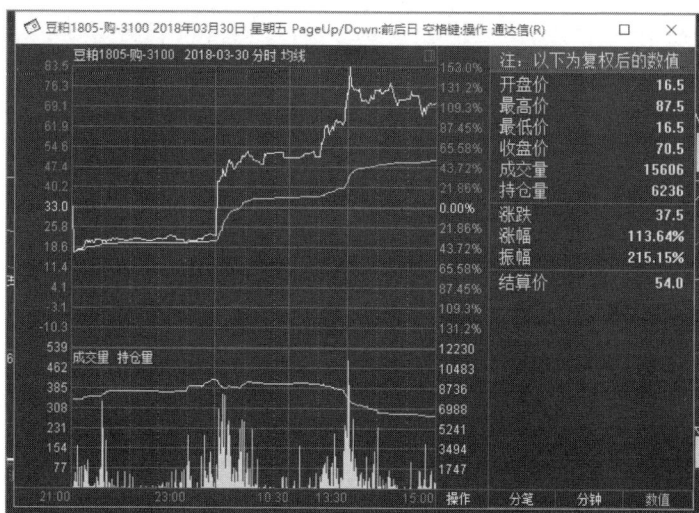

图 6-24　2018 年 3 月 30 日豆粕 1805-购-3100 合约走势

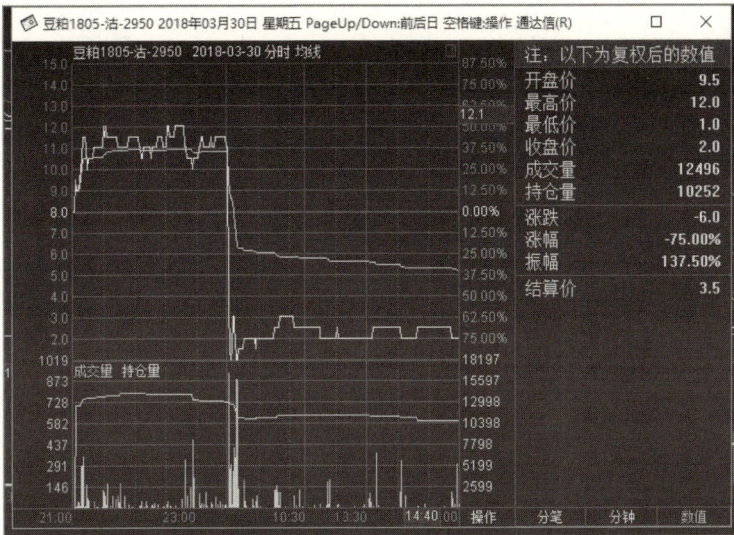

图 6-25　2018 年 3 月 30 日豆粕 1805-沽-2950 合约走势

　　当然，如果能预料到下午继续大涨，把认购合约留下，那么就会有更大的利润。

　　如果消息出来后没有大的波动，则损失的时间价值和降波的钱应该不会太多。

　　我此时持有了豆粕认购期权，刚解套并未平仓，如图 6-26 所示。

持仓	行权	委托	成交	预备单	条件单	止损单	资金	合约					
标的 ▲	合约号	买卖	相对结算价	相对收盘价	总仓	可用	今仓	今可用	开仓均价	盈亏	市值	备
m1805	m1805-C-3200	买	虚值	虚值	100	100	100	100	25.48	2520	28,000	
m1809	m1809-C-3100	买	实值	实值	17	17	7	7	158.85	4955	31,960	
2个					117					7475	59,960	

图 6-26　个人持仓的豆粕期权合约

60

用期权来抄底摸顶——代替股票

利用期权买方风险有限、收益无限的特点，可以小仓位代替相对应的股票抄底摸顶操作。

1. 抄底和抢反弹

当大盘（ETF/指数期权）、股票（个股期权）已经有较大的下跌或快速下跌后，预期会有反弹，这时可以用认购期权代替股票抄底，首先计算自己可承受的单次最大亏损和 ETF/股票对应的 Delta 值。

比如，本来计划买入 50 万元的股票，经过计算则可以只买入 2 万元的认购期权，如果抄底和抢反弹失败，那么这一笔最多只亏损 2 万元，而如果买入 50 万元股票，则不好预计亏损金额，若反弹成功，则 2 万元期权的获利和 50 万元股票产生的效果基本一样。

2. 猜顶

当股票涨到你都害怕产生大幅回撤时，除买入认沽做保险外，还可以把股票全部卖掉，计算 Delta 值后买入平值或虚一档认购期权。若股票还继续上涨，则对应的期权涨的金额和股票一致，不会踏空，如刚好是顶部，则最大损失还是投入期权的金额，亏损可计算。

比如，卖掉 50 万元股票，买入等 Delta 值的期权 2 万元，如继续上涨，则享受的收益相同，如开始下跌，则最大亏损只是 2 万元，可能比股票下跌空间小。

注意：这些假设未考虑波动率升降的影响，期权与大盘（ETF/指数期权）、股票的相关性应良好。

61

结构产品保本收益——买权博大

在有了期权后，市场上又多出一种更有意思的玩法，不管是对个人还是对机构产品都有效，玩法如下。

比如，有 1000 万元资金，其中 950 万元用来买年化收益为 5%的理财产品，其他 50 万元用来择机投资期权，这样一年到期后，这 1000 万元最少还是 1000 万元（除非无法兑付），而其他 50 万元根据一定的交易系统分批投入期权，最大亏损是归零，最大利润理论上无限，实际上也许能带来 10%～50%的利润，如图 6-27 和图 6-28 所示，图片来自爱期权公众号。

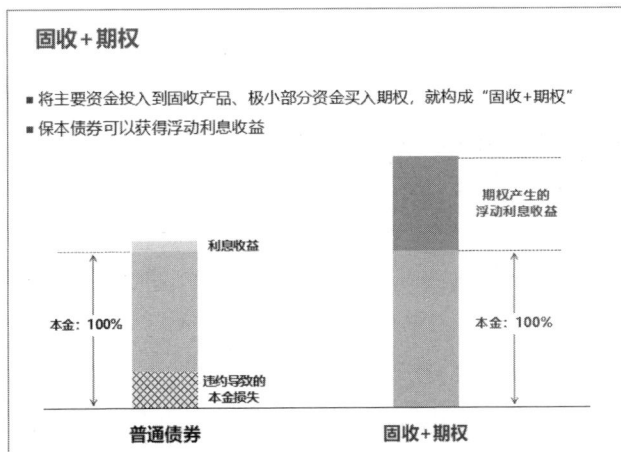

图 6-27　固收+期权产品的结构特点

固收+期权和传统债券相比具有 5 个方面的优势：同时具有权益类与固定收益类产品的特点，通过期权能够获得浮动利息收益，而且份额少，可以根据市场观点自由构建，随时可以平仓。

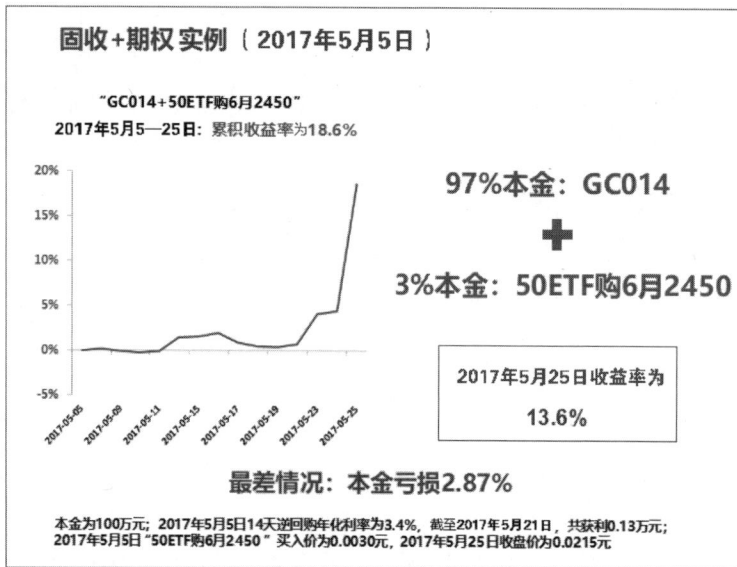

固收+期权 实例〔2017年5月5日〕

"GC014+50ETF购6月2450"
2017年5月5—25日： 累积收益率为18.6%

97%本金：GC014

＋

3%本金：50ETF购6月2450

2017年5月25日收益率为
13.6%

最差情况：本金亏损2.87%

本金为100万元；2017年5月5日14天逆回购年化利率为3.4%，截至2017年5月21日，共获利0.13万元；
2017年5月5日"50ETF购6月2450"买入价为0.0030元，2017年5月25日收盘价为0.0215元

图 6-28　固收+期权实例

投资 50 万元期权分为以下几种操作方法。

（1）一次买入期权。如果看准了趋势当然会赚很多，但如果趋势和持仓不是一个方向，又没带止损归零，则该产品最后只获得保本。

（2）分批定投期权。把 50 万元分成 10 份，每次投入 5 万元买入期权。按月来算，连续 10 个月同一个方向都归零的概率应该不大，如果有，那也是一开始方向就选错了。

（3）智能式投入期权。前提还是 50 万元资金分批投入，简单的办法是根据均线走势决定是投入多头还是空头，比如站上 5 日/20 日均线做多，未站上做空，或者 5 日均线上穿 20 日均线做多，之下做空或不做。

买入期权又有平值、虚值一档、虚值二档、实值一档等选择。

如当期投入有利润，一般会有以下 3 种做法。

（1）如某期有盈利，则在行权日之前把盈利的钱全取出来，投入到年化收益为 5%的理财产品里，保持每期本金一致，不追加本金。

（2）有盈利时将盈利金额均匀分配到剩余期限，继续定投。

（3）将利润留存，按之前的资金分配规则延期投入，直到该产品到期。

如按 2017 年投入认购期权来算，只要抓住几个大波段，利润就会非常丰厚。

七、展望篇

62

春江水暖鸭儿先试——尽早开户

强烈建议有条件、有资格的读者开通期权账户和第二个、第三个期权账户，以及给老婆或老公开通期权账户，包括股票期权账户和商品期权账户，原因有以下 4 点。

（1）牛市备用。根据周期律，中国股市每 2～3 年会有一波大的反弹，每 7 年有一波大的牛市，然而 2018 年纳入 MSCI（摩根士丹利资本国际公司）指数，蓝筹牛可能会提前，期权是最近 5 年股民从股市套牢中翻身的唯一机会，如果提前开户，则可以抢占先机。期权投资者的财富可以翻 4^{10} 倍，他们可以成为类似 20 世纪 80 年代"下海"、90 年代炒股，20 世纪 00 年代互联网创业、10 年代炒房，2013—2014 年开通融资融券第一批吃螃蟹的人。

（2）策略分离。如果有多个账户，则可以分开做当月合约和下月、下季度合约，可以避免看着当月合约长得快，下季度合约长得慢，而如果把季度合约换成当月合约，则最后风险不可控。有的人买了当月合约和季度合约，结果看季度合约长得太慢，就把季度合约平仓买当月合约，结果当月合约归零，如果保留季度月合约的话，最后就还能翻本。另外，可以把权利仓和义务仓分账户管理，把单腿和跨式分开管理，这样不易混淆。

（3）满仓彩票。如果你有多个账户，在一段凌厉的行情或者重大反转行情里已有非常丰厚的盈利，比如几十万元或上百万元，这时，就可以在另一个账户里买入 1000 张或 2000 张 10～50 元/张的合约，占用资金大概为 1 万～5 万元，甚至更低，在一波大行情时，这些虚值合约可能产生几十、上百倍的收益（参见前述章节中的彩票攻略）。2017 年 11—12 月，2018 年 1—3 月，均有人由几万元赚到了一两百万元。

（4）品种选择。在不同的阶段，上证 50ETF 期权、豆粕期权、白糖期权以及今后会上市的其他指数期权、个股期权、商品期权有着各自不同的趋势和行情，有时候某个品种在横盘，波动率又高，适合卖方，但那时候别的品种可能正在一个明显的上升或下降通道。还有的品种有明显的季节性和事件驱动属性，不必时时在场和时时多战线，但要保持适当关注，并做好及时切换，而不必在某个品种上苦熬。

63

人性弱点切肤之痛——教训总结

从我这两年期权交易的实战来看，常常出现 2017 年 8—9 月、12 月的几个问题，不过在后面的历练中，我已经逐渐改变心态，获得了丰富的经验，很多错误犯了两次之后，一般不会再犯第三次。

（1）仓位太重。2017 年 11 月行权日后买了 12 月合约金额 100 多万元，和 8 月一样都是仓位太重。回想了下，每次赚大钱的成本都不超过 30 万元，虽然 12 月预期较低，想着在现有资金的基础上能翻倍就可以了，不要求 5 倍或者 10 倍的利润。但毕竟仓位太重了，最后在亏损较大时也很难受。

（2）趋势不明朗加仓。2017 年 12 月和 11 月又搞反了，11 月时趋势很明显却不敢往上移仓，太保守。而 12 月趋势不明朗，却在大跌那天早晨加仓 20 万元认购 3100 合约，结果当天就被腰斩。

（3）不舍得割肉。每次月初的持仓有浮亏暂时可以忍受，后来想加仓做一把短线，结果短线变成长线，当天赚 30% 都不肯走，跌了更加不肯走。

（4）经验主义。以往看技术面，顶部后面往往有反抽，做双头，然而 2017 年 12 月没有。11 月上涨不回调，12 月下跌不反弹。

（5）不肯做认沽。以前做认沽被 50 指数突然拉起来搞怕了，2017 年 12 月和 2018 年 2 月即使投资 5 万元或者 10 万元做认沽也会好很多，要敢于反向开仓。

（6）存在幻想。期权权利方经常犯的最大错误就是存在幻想，想着会有朝自己有利方向的利好发生，于是持仓等，结果等到了归零。

64

不拘一格财富积累——各取所需

期权是一个神奇的工具，在这个市场上，交易维度的丰富让不同资金量大小、不同风险偏好的人都可以找到自己的财富积累方式，各取所需，各尽所能，赚取自己能力范围之内的钱。

如图 7-1 所示，期权有多维度的获利途径。之所以有多种获利途径，是因为影响期权价格的有几个因素，而不像股票或期货那样只有 1 个影响因素。期权的影响因素中标的的方向（通过判断方向盈利）、波动率（通过判断波动率盈利）、期权的时间价值（通过赚取时间价值盈利）是起关键作用的，所以可以通过对这 3 个因素的判断来盈利。

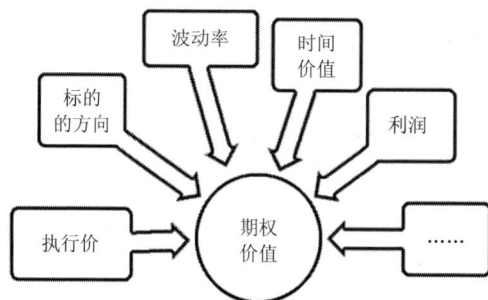

图 7-1　影响期权价值的几个维度

在通常情况下标的的方向是最难判断的，一般成功的概率为 20%～50%，趋势跟随的话概率会高一些，但是如果能判断准，获利会非常巨大，月化收益可达

100%～1000%，这适合风险偏好比较高和技术比较好的投资者。也可以通过最简单的赚取时间价值盈利，这个基本不用判断，只要做好方向性对冲就可以，但是收益比较低，做好对冲后一般一个月的收益可达 1%～10%，适合大资金和稳健性资金。还可以通过判断难度稍大的波动率盈利，当波动率低时，我们就做多波动率，当波动率高时我们就做空波动率，这样做的收益还是很可观的，而且判断波动率比判断方向容易，通过极端行情后波动率和时间价值的结合分析卖期权，甚至获利的概率高达 99%，月化收益也有 5%～10%，所以期权不一定要通过判断标的的方向盈利。

期权给我们提供了至少 3 种盈利途径，财富的积累不拘一格。期权穿越牛熊市并非空话，从方向、波动率等很多角度都可以找到无视行情的大概率交易，震荡时稳赚、大波动时大赚，这是期权的价值，只要专注专心，沿着正确的路走下去，期权产品未来将极具吸引力，稳健+强收益+全天候必能吸引大部分投资者。

小经验：

（1）2018 年 1 月，上证 50 18 连阳（如图 7-2 所示），判断标的做多的获利丰厚（如图 7-3 所示）。

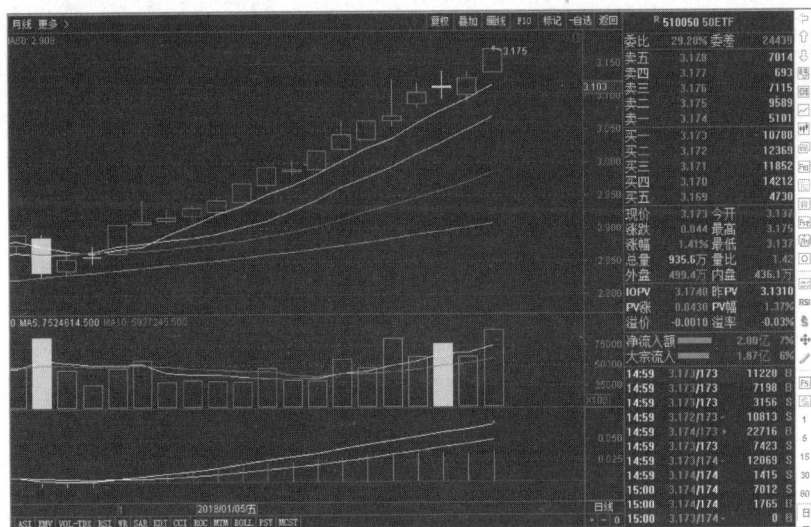

图 7-2　2018 年 1 月 50ETF 走势

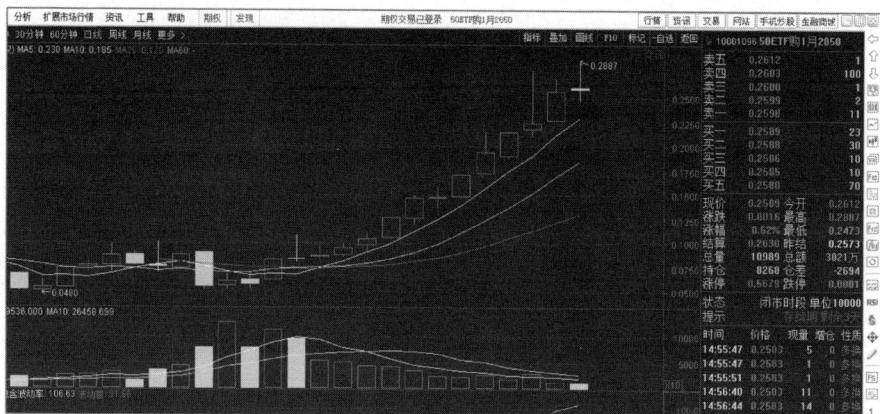

图 7-3　2018 年 50ETF 购 1 月 2850 合约走势

（2）在做好对冲后，通过期权卖方获取时间价值衰减的利润（如图 7-4 所示）。

图 7-4　2018 年 4 月合约 T 型报价

（3）波动率急剧升高后，在回落的过程中做空波动率获利。

2018 年 2 月 12 日，标的未继续大跌，如图 7-5 所示，波动率快速下降，做空波动率，认沽合约快速下跌，如图 7-6 所示，利润非常丰厚。

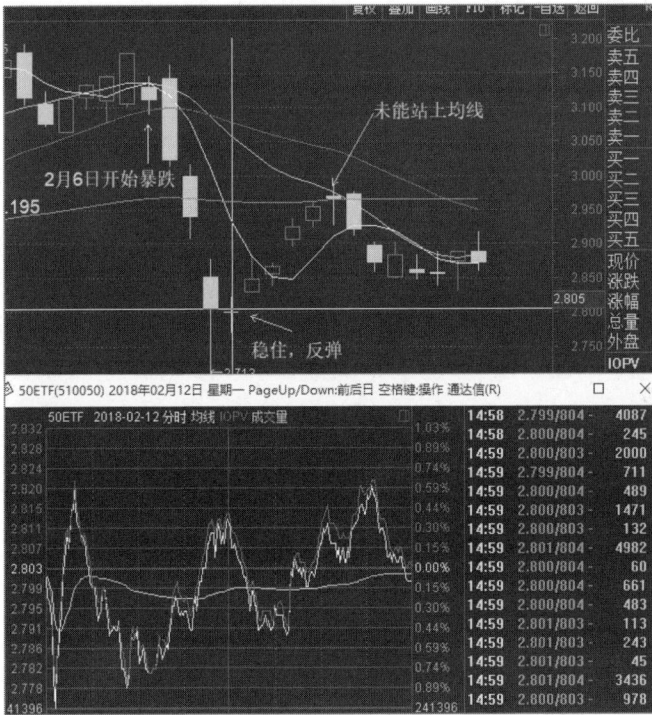

图 7-5　2018 年 2 月 12 日 50ETF 走势

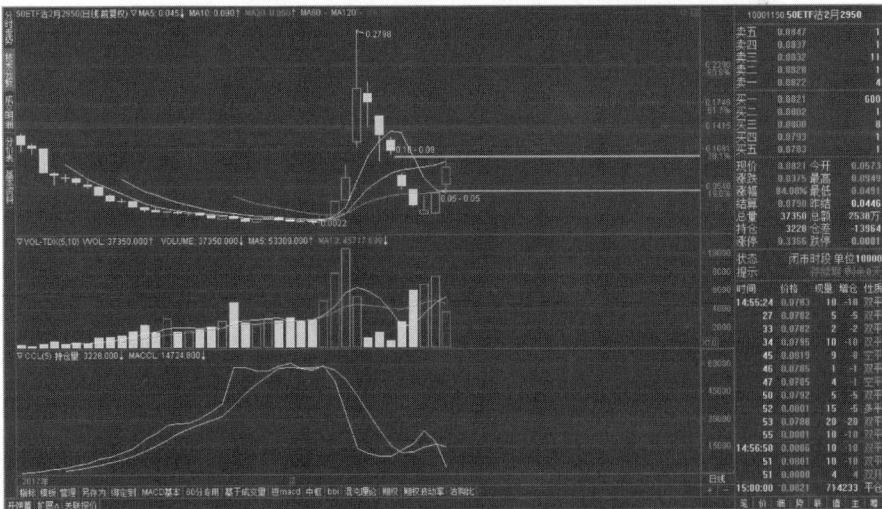

图 7-6　2018 年 50ETF 沽 2 月 2950 合约走势

65

东边不亮西边会亮——品种切换

目前，国内上市的期权品种有 3 个，上证 50ETF 期权、豆粕期权、白糖期权，未来还会推出更多的铜、农产品等商品期权，还会有沪深 300、深圳 100 以及个股期权，在中国香港也有期权和涡轮，美国也有指数期权和个股期权。

如果你只喜欢做趋势性行情，只想做买方赚取大波段，那么在条件和资金允许的情况下，就可以适当多关注几个品种，哪个好做做哪个，哪个有行情做哪个。

2017 年 5 月到 2018 年 1 月，50ETF 的趋势主要是上涨，做多是比较好的选择。而豆粕期权一直在横盘震荡，直到 2018 年 1 月末才开始突破，在这一阶段有的豆粕期权收益高达 20 倍。2017—2018 年一季度白糖期权的主要走势是震荡下跌。中国香港和美国期权主要是看指数和心仪的个股，做多和做空都有道理。

不同品种的周期可能不一致，也就是在大多数时候，总有品种存在较强的趋势性机会，要保持对市场的敏锐，做好技术准备、资金准备、账户准备、规则准备，总能抓住一些比较确定的机会，要随时调转船头。

从图 7-7～图 7-10 中可以看出，在同一阶段基本上都有一个品种有较强的趋势。趋势跟踪和趋势发现型交易者如果能敏锐地把握到跨品种的机会，则会收获很多。

能开通的品种要尽量开通，并小仓位试水，不用时时在场，但要保持关注，如果有大趋势行情，能参与一把就好。

小经验：2017 年主要投资上证 50ETF 期权，年底转小部分资金去美股投资个股期权，在短短 1 个多月里几百美元权利金赚了近 5000 美元。

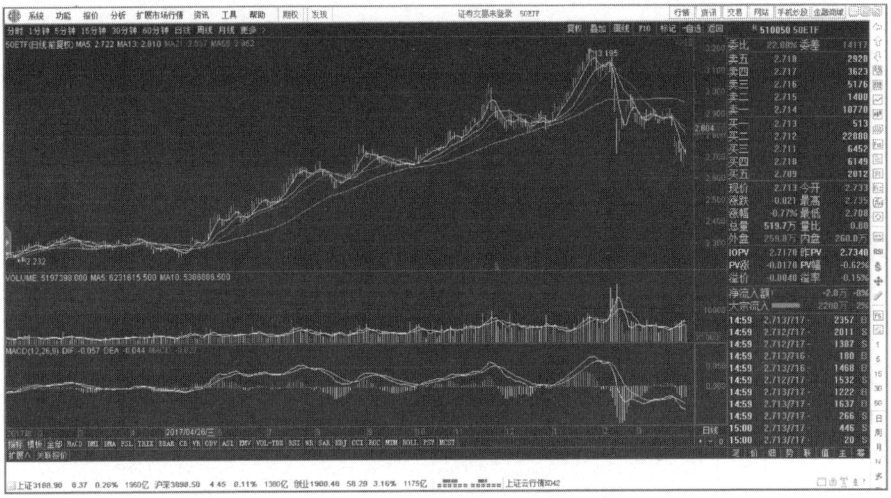

图 7-7 2017—2018 年 1 季度上证 50ETF 走势

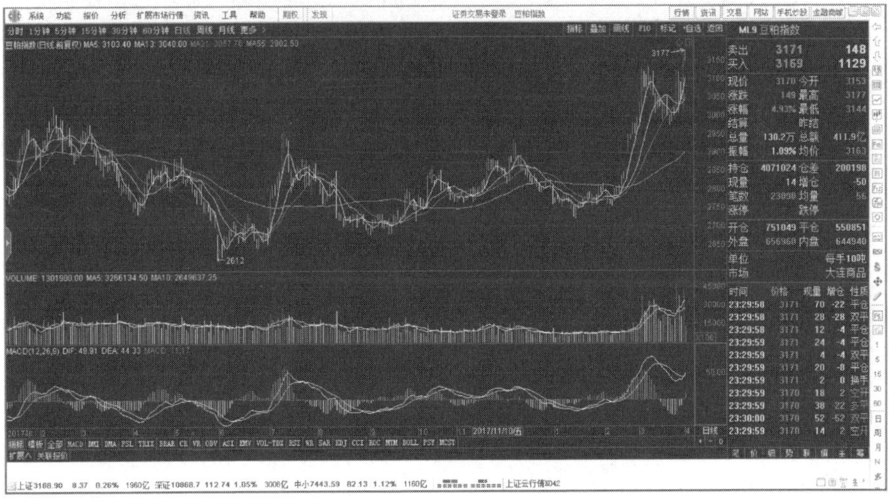

图 7-8 2017—2018 年 1 季度豆粕指数走势

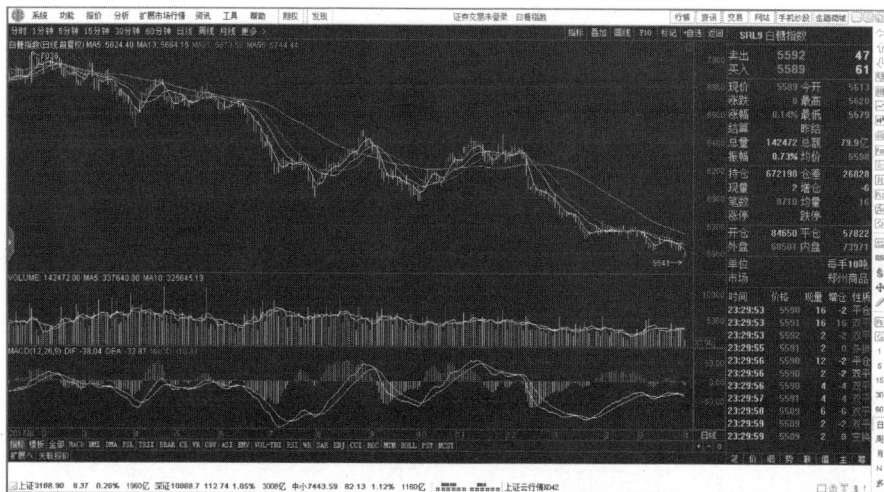

图 7-9 2017—2018 年 1 季度白糖指数走势

图 7-10 三者叠加走势，右侧上为上证 50ETF、中为豆粕、下为白糖

2018 年 2 月开通商品期权，抓住了豆粕期权的两波大行情。白糖期权趋势一直向下，较早做空（买沽/卖购）的话获利也不错。

表 7-1 为 50ETF 期权、豆粕期权、白糖期权的交易规则简明对比。

表 7-1 三个期权品种交易规则简图

合约标的物	华夏上证 50ETF	豆粕期货合约	白糖期货合约
合约类型	认购期权、认沽期权	看涨期权、看跌期权	看涨期权、看跌期权
交易单位	10000 份华夏上证 50ETF	1 手（10 吨）豆粕期货合约	1 手（10 吨）白糖期货合约
报价单位	元（人民币）/股	元（人民币）/吨	元（人民币）/吨
最小变动价位	0.0001 元/股	0.5 元/吨	0.5 元/吨
涨跌停板幅度	与上证 50ETF 涨跌停板幅度相同	与豆粕期货合约涨跌停板幅度相同	与白糖期货合约涨跌停板幅度相同
合约月份	当月、下月以及接下来的两个季度月	1、3、5、7、8、9、11、12 月	1、3、5、7、9、11 月
交易时间	每周一至周五上午 9:15—9:25，9:30—11:30，下午 13:00—15:00	每周一至周五上午 9:00—11:30，下午 13:30—15:00，以及交易所规定的其他时间	每周一至周五上午 9:00—11:30，下午 13:30—15:00，以及交易所规定的其他时间
最后交易日	合约到期月份的第四个星期三（遇法定节假日顺延）	标的期货合约交割月份前一个月的第五个交易日	期货交割月份前第二个月的倒数第五个交易日，以及交易所规定的其他日期
到期日	同最后交易日	同最后交易日	同最后交易日
行权价格	以上证 50ETF 前一交易日结算价为基准，按行权价格间距挂出 5 个实值期权、1 个平值期权和 5 个虚值期权。行权价格为 3 元时，行权价格间距为 0.05 元；3 元<行权价格≤5 元时，行权价格间距为 0.1 元；5 元<行权价格≤10 元时，行权价格间距为 0.25 元；10 元<行权价格≤20 元时，行权价格间距为 0.5 元；20 元<行权价格≤50 元时，行权价格间距为 1 元；50 元<行权价格≤100 元时，行权价格间距为 2.5 元；行权价格>100 元时，行权价格间距为 5 元	行权价格覆盖豆粕期货合约上一交易日结算价上下浮动 1.5 倍当日涨跌停板幅度对应的价格范围。行权价格≤2000 元/吨时，行权价格间距为 25 元/吨；2000 元/吨<行权价格≤5000 元/吨时，行权价格间距为 50 元/吨；行权价格>5000 元/吨时，行权价格间距为 100 元/吨	以白糖期货前一交易日结算价为基准，按行权价格间距挂出 5 个实值期权、1 个平值期权和 5 个虚值期权。行权价格≤3000 元/吨时，行权价格间距为 50 元/吨；3000 元/吨<行权价格≤10000 元/吨时，行权价格间距为 100 元/吨；行权价格>10000 元/吨时，行权价格间距为 200 元/吨
行权方式	欧式。买方只能在到期日提出行权申请	美式。买方可以在到期日之前任一交易日的交易时间，以及到期日 15:30 之前提出行权申请	美式。买方可以在到期日之前任一交易日的交易时间，以及到期日 15:30 之前提出行权申请
交易代码	认购期权：50ETF 沽合约月份行权价格 认沽期权：50ETF 沽合约月份行权价格	看涨期权：M-合约月份-C-行权价格 看跌期权：M-合约月份-P-行权价格	看涨期权：SR-合约月份-C-行权价格 看跌期权：SR-合约月份-P-行权价格
上市交易所	上海证券交易所	大连商品交易所	郑州商品交易所

66

身经百战迎来暖春——前途光明

期权在中国已经经历了 3 年的发展，市场状况、交易品种、持仓量、成交量、合约数量、投资者教育、投资者结构已经有了很大的改善，而且期权对资金量大小、风险偏好不同的投资者都可以容纳，将来随着沪深 300 期权、个股期权的上市，期权的策略、跨市场套利、保险作用将发挥得更好。而对于个人投资者来说，灵活运用好期权权利方的以小博大，期权义务方的确定性收益和低风险偏好，备兑开仓的增强收益，是丰富自己投资产品、提高投资能力、获取盈利的一个非常有利的工具，应当不断丰富自己的知识、提高能力，以便在各种行情中都能有恰当的策略应对。

三大股指期权一出台，资本市场的财富通道就完整了，技术和资金就并列了，技术变现的能力将大大增强，再也不必为融资头痛了。上证 50、沪深 300、中证 500 三者关联把控 A 股市场人为杠杆不如期权，人为杠杆一定失控，无法自调，要靠期权才能解决。现在 A 股个股都在往透明化走，以往只有少数人知道的主力行为，包括基本面、技术面、消息面，甚至包括主力操控，都逐一向市场传播，我个人发现 A 股个股快接近透明化了，神秘感全无。当 A 股个股透明化之后，也会有个股期权，那时将会有更多丰富多样的玩法和策略。

期权在中国资本市场必将有很大的发展，这颗金融衍生品皇冠上的明珠必将在未来大放异彩！